SV

Band 1427 der Bibliothek Suhrkamp

»Wo kommen auf einmal diese beiden sonderbaren Gestalten her, die langsam die Straße entlanggehen, gefolgt von tausend Zwergen? Ist das der Mann, den man wegen seiner sanften und grimmigen Gemütsart Loplop, den obersten der Vögel, nennt? ... Und die Frau, um deren Oberarm sich eine dünne Blutspur windet – sollte das etwa die Windsbraut sein?« So fragt Max Ernst in seiner Einleitung zur Titelgeschichte dieses 1988 von der »Windsbraut« zusammengestellten Bandes, der fünf weitere Erzählungen und zwei Romane (»Der kleine Francis« und »Unten«) enthält.

Leonora Carrington (geboren 1917) entfloh früh dem großbürgerlichen Milieu, um mit Max Ernst, »Loplop«, nach Paris und dann weiter nach Südfrankreich zu ziehen. Ihr Schlüsselroman »Der kleine Francis« (hier zum ersten Mal auf deutsch) schildert, phantastisch verkleidet, die Erlebnisse des Sommers 1937 im provenzalischen Saint-Martin-d'Ardèche. Max Ernst wurde nach Ausbruch des Krieges interniert. Als Carringtons Befreiungsbemühungen fehlschlugen, floh sie nach Spanien. Unterwegs wurde sie wahnsinnig. »Unten«, ihr berühmter Bericht, beschreibt den Abstieg in das Reich des Wahns und wie sie ihm unter Aufbietung aller Willenskräfte entkam – und endet mit einem Postskriptum aus dem Jahr 1987. Da wohnte Leonora Carrington, die Malerin, Autorin, Surrealistin, schon seit vielen Jahren, hochberühmt und kaum erreichbar, in Mexiko.

Leonora Carrington
Das Haus der Angst

Aus dem Französischen
und Englischen übersetzt
von Heribert Becker
und Edmund Jacoby
Nachwort von
Christiane Meyer-Thoss

Suhrkamp Verlag

Titel der 1988 im New Yorker Verlag
E. P. Dutton erschienenen Originalausgabe:
The House of Fear – Notes from Down Below

Erste Auflage 2019
Suhrkamp Verlag Berlin

Umschlag: Willy Fleckhaus
Satz: Hümmer GmbH, Waldbüttelbrunn
Printed in Germany
ISBN 978-3-518-24212-4

Das Haus der Angst

Max Ernst
Loplop stellt die Windsbraut *vor*

Auf der Schwelle des einzigen, aber überwältigend großen Hauses einer aus Donnerstein errichteten Stadt liegend, halten sich zwei Nachtigallen eng umschlungen. Das Schweigen der Sonne waltet über ihrem Treiben. Die Sonne streift ihren schwarzen Rock und ihre weiße Bluse ab.

Man sieht sie nicht mehr. Mit lautem Getöse bricht auf einmal die Nacht herein.

Seht diesen Mann dort: Bis zu den Knien im Wasser, steht er stolz da. Wilde Liebkosungen haben auf seinem herrlichen perlmutternen Leib ihre leuchtenden Spuren hinterlassen. Was zum Teufel treibt dieser Mann mit dem türkisfarbenen Blick, mit Lippen, die purpurrot sind von edlen Begierden? Dieser Mann hellt die Landschaft auf.

Was zum Teufel treibt diese weiße Wolke? Diese weiße Wolke entweicht zischend einem umgestürzten Korb. Sie beseelt die Natur.

Wo kommen diese beiden sonderbaren Gestalten her, die langsam die Straße entlanggehen, gefolgt von tausend Zwergen? Ist das der Mann, den man wegen seiner sanften und grimmigen Gemütsart Loplop, den obersten der Vögel, nennt? Auf seinem gewaltigen weißen Hut hat er mitten im Flug einen außergewöhnlichen Vogel mit smaragdgrünem Gefieder, mit krummem Schnabel, mit hartem Blick gestoppt. Er hat keine Angst. Er kommt aus dem Haus der Angst. Und die Frau, um deren Oberarm sich eine dünne Blutspur windet – sollte das niemand anderer als die Windsbraut sein?

Pferde an allen Fenstern: »Guten Tag, Cousin, guten Tag, Cousine. Welcher günstige Wind hat euch hergeweht?«

Ob günstiger oder widriger Wind – ich stelle euch die Windsbraut vor. Wer ist die Windsbraut? Kann sie lesen? Schreibt sie fehlerlos Französisch? Aus welchem Holze ist sie geschnitzt?
Aus dem Holze ihres intensiven Lebens, ihres Geheimnisses, ihrer Poesie. Sie hat nichts gelesen, doch sie hat alles getrunken. Sie kann nicht lesen. Und doch hat die Nachtigall sie auf dem Stein des Frühlings sitzend lesen gesehen. Und obwohl sie nicht laut las, hörten ihr die Tiere und die Pferde bewundernd zu.
Denn sie las DAS HAUS DER ANGST, diese wahre Geschichte, die ihr gleich lesen werdet, diese Geschichte, die in einer schönen, wahren und reinen Sprache geschrieben ist.

Das Haus der Angst

Eines Tages, gegen halb eins um die Mittagszeit, begegnete ich bei einem Spaziergang durch ein gewisses Stadtviertel einem Pferd, das mich anhielt. »Kommen Sie«, sagte es, »ich muß Ihnen etwas unter vier Augen zeigen.« Es wies mit dem Kopf auf eine enge, düstere Straße. »Ich habe keine Zeit«, erwiderte ich, und dennoch folgte ich ihm gegen meinen Willen. Wir gelangten zu einer Tür, an die pochte das Pferd mit seinem linken Huf. Die Tür öffnete sich. Wir traten ein. Ich werde zu spät zum Essen kommen, sagte ich mir. Vor mir standen ein paar Geschöpfe in Kirchengewändern. »Gehen Sie doch die Treppe hinauf«, sagten sie zu mir, »Sie werden unser hübsches Parkett sehen. Es ist ganz aus Türkis, und die einzelnen Dielen sind mit Gold zusammengefügt.« Verwundert über diese Gastfreundschaft nickte ich zustimmend und bedeutete dem Pferd, es möchte mir doch diesen Schatz zeigen. Die Treppe hatte riesige Stufen, doch wir stiegen mühelos hinauf, das Pferd und ich. »Wissen Sie, so schön ist es auch wieder nicht«, sagte es leise zu mir, »aber man muß ja irgendwie seinen Lebensunterhalt verdienen, nicht wahr?« Plötzlich sah man das Parkett, das den Boden eines großen, leeren Zimmers schmückte. Dieses Parkett war von leuchtend blauer Farbe, und seine einzelnen Dielen waren mit Gold zusammengefügt. Ich sah es mir höflich an, und das Pferd sagte mit nachdenklicher Miene: »Nun ja, sehen Sie, diese Beschäftigung ödet mich an, ich tue es nur des Geldes wegen. In Wirklichkeit aber gehöre ich nicht hierher. Ich werde Ihnen das da am nächsten Festtag zeigen!« Dieses Pferd ist tatsächlich kein gewöhnliches Pferd, sagte ich mir, das merkt man sofort. So entschloß ich mich, seine nähere Bekanntschaft zu machen:

»Ich werde auf Ihrem Fest sein«, versicherte ich. »Allmählich empfinde ich eine gewisse Sympathie für Sie.«

»Sie selber sind auch besser als die üblichen Gäste«, erwiderte das Pferd. »Ich bin sehr wohl imstande, gewöhnliche Leute von solchen zu unterscheiden, die ein gewisses Begriffsvermögen haben. Ich besitze die Gabe, eine Persönlichkeit auf Anhieb zu durchschauen.«

Ich lächelte beunruhigt.

»Und das Fest?«

»Das ist heute abend. Ziehen Sie sich warm an.«

Das war eine sonderbare Aufforderung, denn draußen war herrlichster Sonnenschein.

Als wir die im rückwärtigen Teil des Raums gelegene Treppe hinabstiegen, stellte ich erstaunt fest, daß das Pferd viel besser damit zurechtkam als ich. Die Kirchenleute waren weg, und ich verließ das Haus, ohne gesehen zu werden. »Um neun Uhr«, sagte das Pferd. »Ich hole Sie ab. Sagen Sie dem Pförtner Bescheid.«

Auf dem Heimweg fiel mir ein, daß ich das Pferd eigentlich zum Abendessen hätte einladen müssen. Auch egal, sagte ich mir. Ich kaufte einen Kopfsalat und Kartoffeln. Zu Hause angekommen, machte ich ein wenig Feuer, um mein Abendessen zuzubereiten. Ich trank Tee, dachte an die Ereignisse des Tages und vor allem an das Pferd, das ich trotz unserer noch kurzen Bekanntschaft bereits als einen Freund ansah. Ich hatte nur wenige Freunde und war glücklich, mit einem Pferd befreundet zu sein. Nach dem Essen rauchte ich eine Zigarette und dachte daran, wie herrlich es wäre auszugehen, statt mit mir selber zu plaudern und mich mit den ewig gleichen Geschichten, die ich mir fortwährend vorerzählte, zu Tode zu langweilen. Ich bin trotz meiner enormen Intelligenz und meines tadellosen Aussehens eine sehr langwei-

lige Person, und keiner weiß das besser als ich selber. Oft habe ich mir eingeredet, ich würde vielleicht, böte man mir nur die Gelegenheit dazu, der Mittelpunkt der intellektuellen Gesellschaft werden, aber durch das viele Plaudern mit mir selber neige ich dazu, immer wieder dieselben Dinge zu sagen. Nun ja, ich bin halt eine Einzelgängerin. Während ich so vor mich hin grübelte, klopfte mein Freund, das Pferd, mit solcher Wucht an meine Tür, daß ich fürchtete, die Nachbarn würden sich beschweren. »Ich komme«, rief ich.
In der Dunkelheit konnte ich kaum die Richtung erkennen, die wir einschlugen. Ich rannte neben dem Pferd her und hielt mich an seiner Mähne fest. Wenig später bemerkte ich vor, hinter und neben uns andere Pferde, deren Zahl in der weiträumigen Landschaft immer größer wurde. Sie blickten starr geradeaus, und jedes von ihnen hatte etwas Grünzeug im Maul. Sie waren in großer Eile, und der Boden erdröhnte unter dem Lärm ihrer Hufe. Es wurde beißend kalt.
»Dieses Fest findet jedes Jahr statt«, sagte das Pferd.
»Es sieht aber nicht so aus, als freuten sie sich darauf«, entgegnete ich.
»Wir besuchen das Schloß der Angst, sie ist die Hausherrin.«
Dieses Schloß lag nun vor uns, und das Pferd erklärte mir, es sei aus Steinen errichtet, in denen sich die Kälte des Winters speichere. »Innen ist es noch kälter«, sagte es. Beim Betreten des Hofes stellte ich fest, daß es nicht gelogen hatte. Alle Pferde zitterten vor Kälte und klapperten mit den Zähnen wie mit Kastagnetten. Ich hatte den Eindruck, daß sämtliche Pferde der Erde bei diesem Fest zugegen waren. Alle hatten verquollene, starr blickende Augen und gefrorenen Schaum vor dem Maul. Vor Entsetzen wagte ich nicht zu

sprechen. Im Gänsemarsch gelangten wir in einen großen, mit Pilzen und anderen Nachtgewächsen ausgeschmückten Raum. Alle Pferde setzten sich auf ihr Hinterteil und streckten die Vorderbeine steif von sich. Sie blickten um sich, ohne den Kopf zu bewegen, und dabei war nur das Weiß ihrer Augäpfel zu sehen. Ich hatte furchtbare Angst. Vor uns lag auf einem riesengroßen, in romantischer Art schräg gestellten Bett die Hausherrin: die Angst. Sie hatte eine entfernte Ähnlichkeit mit einem Pferd, aber einem sehr häßlichen. Ihr Morgenrock bestand aus lebenden Fledermäusen, die an den Flügeln zusammengenäht waren. Nach ihrem Zappeln zu urteilen, gefiel ihnen das gar nicht.

»Liebe Freunde«, sagte die Herrin und brach in Tränen aus, »dreihundertfünfundsechzig Tage lang habe ich überlegt, wie ich euch heute abend am besten unterhalten kann. Das Nachtmahl wird wie gewöhnlich sein. Jedem stehen drei Portionen zu. Aber außerdem habe ich ein neues Spiel für euch, das ich besonders originell finde, denn ich habe mir lange den Kopf darüber zerbrochen, wie ich es vervollkommnen könnte. Ich hoffe von ganzem Herzen, daß ihr alle beim Spielen dieses Spiels dieselbe Freude empfinden werdet, die ich selber beim Ersinnen seiner Regeln empfunden habe.«

Eine tiefe Stille folgte. Dann fuhr sie fort:

»Ich werde euch nun mit allen Einzelheiten bekannt machen. Ich werde selber das Amt des Schiedsrichters übernehmen, und wer gewonnen hat, entscheide ich. Ihr müßt alle so schnell wie möglich von einhundertzehn bis fünf zählen und dabei an euer eigenes Schicksal denken und Tränen für jene vergießen, die vor euch dahingegangen sind. Gleichzeitig müßt ihr mit dem linken Vorderhuf den Takt zu den *Wolgaschiffern*, mit dem rechten Vorderhuf zur *Marseillaise* und mit den beiden Hinterbeinen zu *Wo bist du, meine letzte Sommerrose?* klopfen. Ich habe mir noch ein paar andere Einzelheiten ausgedacht, aber die habe ich weggelassen, um das Spiel zu vereinfachen. Laßt uns jetzt anfangen, und vergeßt eines nicht: Ich kann zwar vielleicht nicht den ganzen Saal im Auge behalten, aber der liebe Gott sieht alles.«

Ich weiß nicht, ob es die Kälte war, die eine solche Begeisterung entfachte, jedenfalls begannen die Pferde mit den Hufen auf den Boden zu trampeln, als wollten sie hinab in die Abgründe der Erde. Ich rührte mich nicht vom Fleck, denn ich hoffte, die Herrin würde mich nicht sehen, aber ich hatte das bedrückende Gefühl, daß sie mich mit ihrem großen Auge (sie hatte nur eins, aber das war zehnmal größer als ein gewöhnliches Auge) sehr wohl bemerkte. Ich verharrte so fünfundzwanzig Minuten lang, aber …

Die ovale Dame

Die ovale Dame

Eine große, sehr schlanke Dame stand an ihrem Fenster. Auch das Fenster war sehr hoch und schmal. Das Gesicht dieser Dame war blaß und traurig. Sie bewegte sich nicht vom Fleck, und nichts rührte sich in dem Fenster außer der Fasanenfeder, die sie im Haar trug. Diese leicht zitternde Feder zog meinen Blick auf sich. Sie war so unruhig in diesem Fenster, wo sich sonst nichts rührte! Es war das siebente Mal, daß ich an dem besagten Fenster vorbeiging. Die traurige Dame stand immer noch unbewegt da, und trotz der Kälte, die an jenem Nachmittag herrschte, blieb ich stehen. Vielleicht waren die Möbel genauso lang und schmal wie sie und das Fenster. Vielleicht hatte sich die Katze, sofern es eine gab, ihren eleganten Proportionen angepaßt. Ich wollte es wissen, ich war krank vor Neugierde; mich überkam eine unwiderstehliche Lust, in das Haus hineinzugehen, nur um mir Klarheit zu verschaffen. Ehe ich recht begriff, was ich tat, stand ich im Eingang. Die Tür ging leise hinter mir zu, und zum ersten Mal in meinem Leben befand ich mich in einer richtigen Aristokratenwohnung. Es war überwältigend. Schon die Stille, die dort herrschte, war so vornehm, daß ich kaum zu atmen wagte. Und dann die unübertreffliche Eleganz der Möbel und Nippsachen. Jeder Stuhl war mindestens doppelt so hoch wie gewöhnliche Stühle und viel schmaler. Bei diesen Aristokraten waren sogar die Teller oval und nicht rund wie bei gewöhnlichen Leuten. In dem Salon, in dem sich die traurige Dame aufhielt, knisterte ein Feuer im Kamin, und ein Tisch war mit Tassen und mit Kuchen gedeckt. In der Nähe des Feuers wartete eine Teekanne in Ruhe aufs Eingießen.

Von hinten gesehen wirkte die Dame noch größer. Sie maß mindestens drei Meter. Ich überlegte, wie ich sie am besten ansprechen könnte. Sollte ich sagen, daß draußen ein Hundewetter war? Zu banal. Sollte ich von Poesie reden? Aber von was für einer Poesie?

»Señora, lieben Sie die Poesie?«

»Nein, ich verabscheue die Poesie«, erwiderte sie, ohne sich nach mir umzuwenden, mit einer Stimme, die vor Mißvergnügen fast versagte.

»Nehmen Sie eine Tasse Tee, das wird Sie beruhigen.«

»Ich trinke nicht, und ich esse nicht, damit protestiere ich gegen meinen Vater. Dieser Dreckskerl!«

Nach einem viertelstündigen Schweigen wandte sie sich um, und ich wunderte mich, wie jung sie war. Sie war ungefähr sechzehn Jahre alt.

»Sie sind sehr groß für Ihr Alter, Señorita; als ich sechzehn war, war ich nicht halb so groß wie Sie.«

»Das ist mir egal. Ich nehme doch einen Schluck Tee, aber sagen Sie es niemandem. Vielleicht esse ich auch ein Stück von dem Kuchen da, aber denken Sie ja daran, nichts zu verraten.«

Sie aß mit ganz außergewöhnlichem Appetit. Als sie beim zwanzigsten Stück Kuchen angekommen war, sagte sie:

»Selbst wenn ich vor Hunger krepiere, gewinnen wird er nie. Ich sehe schon den Leichenzug vor mir mit vier großen, glänzenden Rappen ... Sie bewegen sich langsam vorwärts, und mein kleiner weißer Sarg bildet inmitten der roten Rosen einen weißen Fleck. Die Leute weinen und weinen ...«

Sie fing zu weinen an.

»Das ist der kleine Leichnam der schönen Lukrezia! Ach, wissen Sie, wenn man erst tot ist, läßt sich nicht mehr viel machen. Ich möchte verhungern, bloß um ihm eins auszuwischen. Dieses Schwein!«

Nach diesen Worten ging sie langsam aus dem Zimmer. Ich folgte ihr.

Im dritten Stockwerk angekommen, traten wir in ein riesiges Kinderzimmer, in dem zu Hunderten ramponierte, zerbrochene Spielsachen herumlagen. Lukrezia ging zu einem Holzpferd, das trotz seines Alters – bestimmt an die hundert Jahre – starr vor sich hin galoppierte.

»Tartar ist mein Liebling«, sagte sie und streichelte das Maul des Pferdes. »Er haßt nämlich meinen Vater.«

Tartar wiegte sich anmutig auf seinen hölzernen Kufen, und ich fragte mich, wieso er sich ganz von selbst bewegen konnte. Lukrezia legte die Hände zusammen und sah ihn nachdenklich an.

»Er kommt sehr weit so«, fuhr sie fort, »und wenn er zurückkehrt, wird er mir etwas Interessantes erzählen.«

Als ich hinausblickte, sah ich, daß es schneite. Es war sehr kalt, aber Lukrezia bemerkte es nicht. Ein leises Geräusch am Fenster ließ sie aufhorchen:

»Das ist Mathilde«, sagte sie, »ich hätte das Fenster offenlassen sollen. Übrigens, hier erstickt man ja.« Daraufhin zerschlug sie die Fensterscheiben, und mit dem Schnee flog eine Elster herein, die dreimal rings im Zimmer umherflatterte.

»Mathilde spricht wie wir; vor zehn Jahren habe ich ihr die Zunge gespalten. Was für eine herrliche Kreatur!«

»Herrliche Kreatur«, krächzte Mathilde mit einer Hexenstimme. »Herrrliche Krrreaturrr!«

Mathilde setzte sich auf den Kopf Tartars, der immer noch leise vor sich hin galoppierte. Er war voller Schnee.

»Sind Sie gekommen, um mit uns zu spielen?« erkundigte

sich Lukrezia. »Das freut mich, denn ich langweile mich furchtbar hier. Stellen wir uns vor, wir wären alle Pferde. Ich werde mich in ein Pferd aus Schnee verwandeln. Das ist glaubwürdiger. Auch du, Mathilde, bist ein Pferd.«
»Pferd, Pferrd, Pferrrd«, krächzte Mathilde und führte auf Tartars Kopf einen hysterischen Tanz auf.
Lukrezia stürzte sich in den bereits tiefen Schnee, wälzte sich darin herum und schrie: »Wir sind alle Pferde!«
Was ich sah, als sie wieder aufstand, war außerordentlich. Wenn ich nicht gewußt hätte, daß es Lukrezia war, hätte ich geschworen, ein richtiges Pferd vor mir zu haben. Sie war schön und blendend weiß mit ihren vier nadelfeinen Beinen und ihrer Mähne, die wie Wasser über ihr Gesicht fiel. Sie lachte vor Freude und tanzte wie verrückt im Schnee herum.
»Galoppiere, Tartar, galoppiere, aber ich werde schneller sein als du.«
Tartar änderte sein Tempo nicht, aber seine Augen funkelten. Man sah nur seine Augen, denn er war ganz mit Schnee bedeckt. Mathilde kreischte und schlug mit dem Kopf gegen die Wände. Ich selber tanzte eine Art Polka, um nicht zu erfrieren. Plötzlich sah ich, daß die Tür offen war und auf der Schwelle eine alte Frau stand. Vielleicht stand sie schon lange da, ohne daß ich sie bemerkt hatte. Sie starrte böse auf Lukrezia.
»Hört sofort auf!« schrie sie und zitterte plötzlich vor Wut. »Was soll das Theater? Wie? Lukrezia, wissen Sie nicht, daß Ihr Vater dieses Spiel strengstens verboten hat? Dieses lächerliche Spiel! Sie sind doch kein Kind mehr.«
Tanzend schleuderte Lukrezia ihre vier Beine gefährlich nahe an die alte Frau heran; sie lachte kreischend.
»Hören Sie auf, Lukrezia!«

Lukrezias Stimme wurde immer schriller; sie schüttelte sich vor Lachen.
»Nun gut«, sagte die Alte, »Sie hören nicht auf mich, Fräulein. Gut. Das werden Sie bereuen. Ich werde Sie zu Ihrem Vater bringen.«
Sie hielt eine Hand hinter dem Rücken versteckt. Aber mit einer Schnelligkeit, die für so eine alte Frau erstaunlich war, sprang sie auf Lukrezias Rücken und schob ihr das Gebiß eines Zaums zwischen die Zähne. Lukrezia bäumte sich zornig wiehernd auf, aber sie konnte die Alte nicht abwerfen. Die packte uns dann alle, mich bei den Haaren und Mathilde am Kopf, und alle vier gerieten wir in einen frenetischen Tanz. Auf dem Korridor teilte Lukrezia nach allen Seiten Fußtritte aus und zertrat Gemälde, Stühle und irdene Töpfe. Die alte Frau klebte auf ihrem Rücken wie eine Muschel am Felsgestein. Ich war am ganzen Leib voller Wunden und glaubte, Mathilde sei tot. Sie zuckte jämmerlich wie ein nasser Lappen in der Hand der Alten.
In einer wahren Lärmorgie erreichten wir das Eßzimmer. Dort saß am Kopfende eines langen Tisches ein alter Herr, der am ehesten einer geometrischen Figur ähnelte, und beendete seine Mahlzeit. Schlagartig wurde es mucksmäuschenstill in dem Raum. Lukrezia sah ihren Vater hochmütig an.
»Du kannst dich also wieder einmal nicht benehmen«, sagte er und knabberte an einer Haselnuß. »Mademoiselle de la Rochefroide hat gut daran getan, dich hierherzubringen. Vor genau drei Jahren und drei Tagen habe ich dir verboten, Pferd zu spielen. Das ist jetzt das siebente Mal, daß ich dich bestrafe, und du bist dir wohl im klaren darüber, daß die Zahl Sieben in unserer Familie die letzte Zahl ist. Ich sehe mich gezwungen, meine liebe Lukrezia, dich ziemlich streng zu bestrafen.«

Das Mädchen in seiner Pferdegestalt rührte sich nicht, aber seine Nüstern bebten.
»Was ich nun tun werde, geschieht einzig und allein zu deinem Besten, kleines Mädchen«, sagte der Greis mit sehr sanfter Stimme. Dann fuhr er fort: »Du bist zu alt, um noch mit Tartar zu spielen. Tartar ist etwas für Kinder. Ich werde ihn also verbrennen, so daß nichts mehr von ihm übrigbleibt.«
Mit einem furchtbaren Schrei stürzte Lukrezia auf die Knie.
»Tu das nicht, Papa! Bitte nicht!«
Der Greis lächelte voller Sanftmut und knabberte an einer weiteren Nuß.
»Das siebente Mal, kleines Mädchen.«
Tränen stürzten aus den großen Pferdeaugen Lukrezias und gruben zwei Rinnsale in ihre Schneewangen. Sie wurde so blendend weiß, daß sie strahlte wie ein Licht.
»Erbarmen, Papa, Erbarmen! Verbrenne ihn nicht!«
Ihre schrille Stimme wurde immer schwächer, und bald kniete sie in einer Wasserlache. Ich hatte furchtbare Angst, sie würde vor meinen Augen zerschmelzen.
»Señorita de la Rochefroide, bringen Sie Fräulein Lukrezia hinaus«, sagte der Vater, und die Alte führte das arme Geschöpf, das ganz mager geworden war und zitterte, aus dem Zimmer.
Ich glaube, meine Anwesenheit hatte er gar nicht bemerkt. Ich versteckte mich hinter der Tür und hörte, wie der Greis zum Kinderzimmer hinaufstieg. Ein wenig später hielt ich mir mit beiden Händen die Ohren zu, denn ein entsetzliches Wiehern drang von oben herab, wie wenn ein Tier unerhörte Qualen erlitte …

Die Debütantin

Zu der Zeit, als ich eine Debütantin war, ging ich häufig in den Zoo. Ich ging so oft dorthin, daß ich die Tiere besser kannte als gleichaltrige Mädchen. Zweck meiner täglichen Besuche im Zoo war es, den Menschen zu entfliehen. Das Tier, das ich am besten kannte, war eine junge Hyäne. Und sie kannte mich. Sie war überaus intelligent. Ich brachte ihr Französisch bei, und sie lehrte mich dafür ihre eigene Sprache. Auf diese Weise verbrachten wir viele angenehme Stunden miteinander.

Zum 1. Mai hatte meine Mutter mir zu Ehren einen Ball organisiert. Ich litt ganze Nächte lang. Bälle habe ich immer schon gehaßt, vor allem solche, die man mir zu Ehren gab.

Am Morgen des 1. Mai 1934, ganz in der Frühe, stattete ich der Hyäne einen Besuch ab.

»So ein Mist«, sagte ich zu ihr. »Ich muß heute abend zu meinem Ball.«

»Sie haben es gut«, sagte sie, »ich würde sehr gern hingehen. Ich kann zwar nicht tanzen, aber immerhin vermag ich Konversation zu machen.«

»Es wird eine Menge zu essen geben«, sagte ich. »Ich habe ganze Wagenladungen mit Speisen vor unserem Haus vorfahren sehen.«

»Und da beklagen Sie sich noch«, erwiderte die Hyäne mißbilligend. »Ich esse nur einmal am Tag, und was für einen Fraß wirft man mir hin!«

Plötzlich hatte ich eine kühne Idee; fast mußte ich lachen.

»Gehen Sie doch für mich hin.«

»Wir sind uns nicht ähnlich genug; sonst würde ich hingehen«, sagte die Hyäne bekümmert.

»Hören Sie«, sagte ich, »bei der Beleuchtung abends sieht man nicht viel. Wenn Sie ein bißchen verkleidet sind, wird kein Mensch in der Menge Sie bemerken. Außerdem sind wir fast gleich groß. Sie sind meine einzige Freundin, ich flehe Sie an.«

Sie dachte nach. Ich begriff, daß sie geneigt war einzuwilligen. »Einverstanden«, sagte sie plötzlich.

Zu dieser frühen Stunde waren noch nicht viele Wärter im Zoo. Rasch öffnete ich den Käfig, und im Handumdrehen waren wir draußen auf der Straße. Ich rief ein Taxi. Zu Hause lagen noch alle im Bett. In meinem Zimmer holte ich das Kleid hervor, das ich am Abend tragen sollte. Es war ein bißchen lang, und die Hyäne hatte einige Mühe, sich in meinen hochhackigen Schuhen fortzubewegen. Ich fand ein Paar Handschuhe, die ihre Hände verdeckten, denn die waren viel zu behaart, um wie meine eigenen auszusehen. Als die Sonne in mein Zimmer schien, ging sie mehrmals mehr oder weniger aufrecht im Raum umher. Wir waren so beschäftigt, daß meine Mutter, die mir guten Morgen sagen wollte, um ein Haar die Tür aufgemacht hätte, bevor die Hyäne sich unter meinem Bett verstecken konnte. »In deinem Zimmer riecht es schlecht«, sagte meine Mutter und stieß das Fenster auf. »Vor heute abend wirst du ein Bad mit meinem neuen Badesalz nehmen.«

»Ist gut«, sagte ich.

Sie blieb nicht lange. Ich glaube, der Geruch war ihr zu stark.

»Komm nicht zu spät zum Frühstück«, sagte sie beim Hinausgehen. Die Hauptschwierigkeit bestand darin, eine Verkleidung für das Gesicht der Hyäne zu finden. Wir suchten stundenlang: Sie lehnte alle meine Vorschläge ab. Schließlich sagte sie:

»Ich glaube, ich habe jetzt die Lösung. Haben Sie ein Dienstmädchen?«
»Ja«, sagte ich verdutzt.
»Also, passen Sie auf. Sie läuten nach dem Dienstmädchen, und wenn es hereinkommt, stürzen wir uns auf sie und reißen ihr das Gesicht ab. Heute abend trage ich dann ihr Gesicht anstelle meines eigenen.«
»Das geht doch nicht«, warf ich ein. »Sie wird wahrscheinlich sterben, wenn sie kein Gesicht mehr hat; jemand wird die Leiche finden, und wir landen im Gefängnis.«
»Ich bin hungrig genug, um sie aufzufressen«, erwiderte die Hyäne.
»Und die Knochen?«
»Die auch«, sagte sie. »Also abgemacht?«
»Nur wenn Sie versprechen, sie zu töten, bevor sie ihr das Gesicht herunterreißen. Sonst tut ihr das viel zu weh.«
»Na gut, das soll mir egal sein.«
Beklommen läutete ich nach Marie, dem Dienstmädchen. Ich hätte es bestimmt nicht getan, wenn ich nicht so einen Abscheu vor Bällen hätte. Als Marie ins Zimmer trat, drehte ich mich zur Wand, um nichts zu sehen. Ich muß zugeben, daß es sehr schnell ging. Ein kurzer Schrei, und es war vorbei. Während die Hyäne fraß, schaute ich zum Fenster hinaus. Ein paar Minuten später sagte sie:
»Ich kann nicht mehr. Die beiden Füße sind noch übrig, aber wenn Sie einen kleinen Beutel haben, fresse ich sie im Laufe des Tages.«
»Im Schrank hängt eine mit Lilien bestickte Tasche. Legen Sie die Taschentücher, die darin sind, beiseite, und nehmen Sie sie.«
Sie tat, was ich ihr auftrug. Dann sagte sie: »Jetzt drehen Sie sich um, und sehen Sie, wie schön ich bin!« Die Hyäne

stand vor dem Spiegel und bewunderte sich mit den Gesichtszügen Maries. Sie hatte sorgsam rings um das Gesicht herumgefressen, so daß gerade so viel übrigblieb, wie sie brauchte. »Wahrhaftig«, sagte ich, »saubere Arbeit.«

Gegen Abend, als die Hyäne fertig angekleidet war, erklärte sie mir: »Ich fühle mich großartig. Ich habe das Gefühl, daß ich heute abend viel Erfolg haben werde.«

Nachdem wir eine Weile der von unten herauftönenden Musik gelauscht hatten, sagte ich zu ihr: »Gehen Sie jetzt, und denken Sie daran, daß Sie sich nicht neben meine Mutter setzen: Sie würde bestimmt merken, daß nicht ich es bin. Sonst kenne ich niemanden. Viel Glück.« Ich küßte sie, als sie ging, aber sie verbreitete einen sehr scharfen Geruch.

Es war dunkel geworden. Von den Aufregungen des Tages ermüdet, nahm ich ein Buch zur Hand und setzte mich müßig neben das offene Fenster. Ich erinnere mich, ich las *Gullivers Reisen* von Jonathan Swift. Etwa eine Stunde später gewahrte ich das erste Anzeichen von Unheil. Kurze Schreie ausstoßend, flatterte eine Fledermaus durch das Fenster herein. Ich habe entsetzliche Angst vor Fledermäusen. Zähneklappernd versteckte ich mich hinter einem Stuhl. Kaum hatte ich mich niedergekauert, da wurden die Flügelschläge von einem heftigen Lärm an meiner Tür übertönt. Und schon stürzte meine Mutter herein, bleich vor Wut. »Wir hatten uns gerade zu Tisch gesetzt«, sagte sie, »als das Ding, das auf deinem Platz saß, aufsprang und rief: ›Ich rieche etwas streng, nicht wahr? Nun ja, ich esse ja auch keinen Kuchen.‹ Darauf riß es sich das Gesicht herunter und fraß es auf. Ein mächtiger Satz, und schon war es durch das Fenster verschwunden.«

Die königliche Order

Ich hatte die königliche Order erhalten, den Herrschern meines Heimatlandes einen Besuch abzustatten.
Das Einladungsschreiben bestand aus geklöppelter Spitze, die gehöhte Goldbuchstaben umrahmte; außerdem waren noch Rosen und Schwalben darauf.
Ich wollte meinen Wagen holen, doch mein Chauffeur, dem es an Sinn für das Praktische fehlt, hatte ihn gerade vergraben.
»Damit die Pilze besser wachsen«, sagte er. »Etwas Besseres gibt es gar nicht für Pilze.«
»Brady«, sagte ich, »Sie sind ein großer Dummkopf. Sie haben mein Auto verschandelt.«
Und da der Wagen tatsächlich völlig unbenutzbar war, sah ich mich genötigt, einen Pferdekarren zu mieten.
Als ich am Palast ankam, sagte mir ein in Rot und Gold gekleideter Bediensteter mit unbewegter Miene:
»Gestern ist die Königin wahnsinnig geworden; sie ist in ihrer Badewanne.«
»So ein Unglück!« rief ich aus. »Wie ist das passiert?«
»Das liegt an der Hitze.«
»Kann ich sie trotzdem sehen?« (Ich wollte die lange Reise nicht umsonst gemacht haben.)
»Ja«, erwiderte der Bedienstete. »Sie können sie trotzdem sehen.«
Wir durchquerten mit wunderbar imitiertem falschem Marmor ausgeschmückte Wandelgänge, Zimmer voll griechischer Flachreliefs mit Medici-Plafonds und wächsernem Obst in allen Ecken.

Die Königin war in ihrem Bad, als ich bei ihr eintrat. Ich bemerkte, daß sie in Ziegenmilch badete.
»Treten Sie doch ein«, sagte sie. »Sehen Sie, ich benutze nur lebende Schwämme: Das ist gesünder.«
Die Schwämme trieben in der Milch umher; sie hatte Mühe, sie einzufangen. Ein Kammerdiener, der mit einem langen Enterhaken bewaffnet war, half ihr ab und zu dabei.
»Bald«, sagte die Königin, »bin ich mit Baden fertig. Ich habe Ihnen einen Vorschlag zu machen: Ich möchte, daß Sie an meiner Stelle die Regierung übernehmen. Ich bin sehr müde. Es sind alles Dummköpfe, Sie werden keine Schwierigkeiten haben.«
»Einverstanden«, sagte ich.
Das Zimmer der Regierung befand sich an der anderen Seite des Palastes. Die Minister hielten ihre Sitzungen an einem sehr langen, spiegelblanken Tisch ab.
Als Vertreterin der Königin setzte ich mich ans Kopfende. Der Premierminister erhob sich und schlug mit einem Hammer auf den Tisch. Der Tisch brach entzwei. Die Bediensteten trugen einen anderen Tisch herein. Der Premierminister vertauschte seinen Holzhammer mit einem anderen, der aus Gummi war. Er klopfte noch einmal und sprach wie folgt: »Mademoiselle Vertreterin der Königin, meine Herren Minister, liebe Freunde. Unsere innig geliebte Herrscherin ist gestern wahnsinnig geworden. Wir brauchen eine neue. Doch zunächst müssen wir die alte Königin ermorden.«
Die Minister tuschelten eine Weile miteinander. Wenig später stand der älteste von ihnen auf und wandte sich an die Versammlung: »Demnach benötigen wir einen Plan. Nicht nur einen Plan, sondern einen Beschluß. Wir müssen herausfinden, wer der Mörder sein soll.«
Alle Hände schnellten gleichzeitig nach oben. Ich wußte

nicht so recht, was ich als Vertreterin Ihrer Majestät tun sollte.

Unschlüssig blickte der Premierminister auf die Anwesenden. »Wir können es nicht alle auf einmal sein«, sagte er. »Aber ich habe eine sehr gute Idee: Wir spielen eine Partie Dame, und der Gewinner darf die Königin ermorden.« Er wandte sich an mich und fuhr fort: »Spielen Sie Dame, mein Fräulein?«

Ich war wie vor den Kopf geschlagen. Ich hatte nicht die geringste Lust, die Königin zu ermorden, und sah die schweren Folgen, die diese Tat nach sich ziehen könnte, voraus. Andererseits: Dame habe ich immer ohne jede Begabung gespielt. Ich sah keine Gefahr für mich, also willigte ich ein.

»Es ist mir egal«, erwiderte ich.

»Dann bleibt's dabei«, sagte der Premierminister. »Der Sieger hat folgendes zu tun: Er muß die Königin zu einem Spaziergang in den königlichen Tierpark ausführen. Wenn er am Löwenkäfig angelangt ist (es ist der zweite links), schubst er sie hinein. Ich werde dem Wärter einschärfen, den Löwen bis morgen früh nichts zu fressen zu geben.«

Die Königin bestellte mich in ihr Büro. Sie war gerade dabei, die in den Teppich gewebten Blumen zu gießen.

»Nun, alles gutgegangen?« fragte sie.

»Sehr gut«, entgegnete ich unsicher.

»Möchten Sie nicht ein wenig Suppe?«

»Sie sind zu liebenswürdig«, sagte ich.

»Es ist falsche Rindfleischbrühe. Ich koche sie selber«, sagte die Königin. »Es sind nur Kartoffeln drin.«

Während wir die Suppe aßen, spielte ein Orchester volkstümliche und klassische Melodien. Die Königin war eine Musiknärrin.

Als die Mahlzeit beendet war, entfernte sich die Königin,

um zu ruhen. Ich aber begab mich zu der Damepartie, die auf der Terrasse stattfand. Ich war nervös, aber ich habe den Sportsgeist meines Vaters geerbt. Ich hatte mein Wort gegeben, da zu sein, also würde ich da sein.

Die äußerst weitläufige Terrasse bot einen eindrucksvollen Ausblick. Vor dem Hintergrund des Gartens, der durch die hereinbrechende Dämmerung und die Zypressen verdunkelt wurde, saß die Versammlung der Minister. Etwa zwanzig kleine Tische waren aufgestellt, an jedem standen zwei Stühle mit dünnen, zerbrechlichen Beinen. Als der Premierminister mich kommen sah, rief er:

»Auf die Plätze!« Und alle stürzten sich auf die Tische, wo sofort ein erbittertes Spiel begann.

Wir spielten pausenlos die ganze Nacht hindurch. Die einzigen Geräusche, die das Spiel unterbrachen, waren die von Zeit zu Zeit ausgestoßenen Wutschreie des einen oder anderen Ministers. Als schon der Morgen graute, unterbrach plötzlich ein Trompetenstoß das Spiel. Eine Stimme, von der ich nicht wußte, woher sie kam, rief:

»Sie hat gewonnen! Sie ist die einzige, die nicht gemogelt hat.«

Ich war vor Entsetzen wie angewurzelt.

»Wer? Ich?« stammelte ich.

»Ja, Sie«, erwiderte die Stimme. Ich stellte fest, daß es die höchste Zypresse war, die da sprach.

Ich werde weglaufen, dachte ich und fing an, in Richtung Allee zu rennen. Doch da reißt die Zypresse ihre Wurzeln aus dem Boden, wobei die Dreckklumpen nach allen Seiten fliegen, und macht sich daran, mir nachzusetzen. Sie ist größer als ich, fährt es mir durch den Kopf, und ich bleibe stehen. Auch die Zypresse bleibt stehen; alle ihre Äste beben entsetzlich. Sicher ist sie schon lange nicht mehr gelaufen.

»Ich tue es«, sagte ich, und langsam kehrte die Zypresse zu ihrem Loch zurück.
Die Königin lag in ihrem großen Bett, als ich zu ihr ging.
»Ich möchte Sie zu einem Spaziergang in den Tierpark einladen«, sagte ich ziemlich verlegen.
»Es ist doch viel zu früh«, antwortete sie, »es ist noch nicht fünf Uhr. Ich stehe nie vor zehn auf.«
»Es ist sehr schön draußen«, fügte ich hinzu.
»Also gut, wenn Sie unbedingt wollen ...«

Wir gingen hinab in den stillen Garten. Das Morgengrauen ist die Stunde, wo nichts atmet, die Stunde des Schweigens. Alles ist erstarrt, nur das Licht regt sich. Ich sang ein wenig, um Mut zu fassen. Ich fror bis auf die Knochen. Die Königin erzählte mir gerade, daß sie alle ihre Pferde mit Marmelade füttere.
»Dann sind sie nicht ungezogen«, sagte sie.
Die Marmelade hätte sie den Löwen geben sollen, dachte ich im stillen.
Eine lange, zu beiden Seiten von Obstbäumen gesäumte Allee führte zum Tierpark. Hin und wieder fiel eine Frucht schwer auf den Boden: plop.
»Ein Schnupfen«, sagte die Königin, »ist leicht zu heilen, wenn man Vertrauen hat. Ich für meinen Teil nehme in Olivenöl eingelegte Rindfleischstückchen. Die stecke ich mir in die Nase. Am nächsten Tag ist der Schnupfen weg. Genauso mache ich es mit kalten Nudeln in Lebersaft (am liebsten vom Lamm). Es grenzt ans Wunderbare, wie gut das jeden Brummschädel kuriert.«
Sie wird keinen Schnupfen mehr bekommen, dachte ich.
»Bei Bronchitis ist es allerdings schwieriger. Fast hätte ich meinen armen Gemahl mit Hilfe einer Weste, die ich ihm

gestrickt hatte, vor seinem letzten Bronchitisanfall bewahrt. Aber leider hat es nicht ganz geklappt.«

Der Tierpark kam immer näher. Ich hörte bereits die Tiere, die sich in ihrem Morgenschlaf bewegten. Ich wäre gern umgekehrt, aber ich hatte Angst vor der Zypresse, vor all dem, was sie mit ihren haarigen schwarzen Ästen anstellen könnte. Und je stärker mir der Geruch der Löwen in die Nase stieg, desto lauter sang ich, um mir Mut zu machen.

Der Verliebte

Als ich eines Abends durch ein enges Gäßchen ging, stahl ich eine Melone. Der Obsthändler, der hinter seinen Früchten versteckt war, packte mich am Arm und sagte:

»Señorita, seit vierzig Jahren warte ich auf diese Gelegenheit. Schon vierzig Jahre lang verstecke ich mich hinter diesem Berg Orangen und hoffe, daß mir jemand eine Frucht stibitzt. Und wissen Sie, warum? Ich will reden, ich will meine Geschichte erzählen. Wenn Sie mir nicht zuhören, übergebe ich Sie der Polizei.«

»Ich höre ja zu«, sagte ich.

Er ergriff meinen Arm und zog mich ins Innere seines Ladens, der voller Obst und Gemüse war. Wir gingen durch eine Tür in der Rückwand und kamen in ein Zimmer. Dort stand ein Bett, auf dem regungslos eine Frau lag, die vermutlich tot war. Ich hatte den Eindruck, als läge sie schon lange dort, denn das Bett war ganz mit Gras überwuchert.

»Ich begieße sie jeden Tag«, sagte der Obsthändler versonnen. »Seit vierzig Jahren kann ich nicht herausfinden, ob sie tot ist oder nicht. Sie hat sich in dieser Zeit nicht bewegt, sie hat weder gesprochen noch gegessen; aber seltsamerweise ist sie noch warm. Sehen Sie sich's an, wenn Sie mir nicht glauben.«

Daraufhin hob der Mann einen Zipfel der Decke hoch, und ich sah einen Haufen Eier und einige gerade ausgeschlüpfte Küken. »Sehen Sie«, sagte er, »hier brüte ich meine Eier aus. Ich verkaufe auch Frischeier.«

Wir setzten uns links und rechts neben das Bett, und der Obsthändler begann zu reden:

»Glauben Sie mir, ich habe sie ja so lieb! Ich habe sie immer geliebt! Sie war so süß! Sie hatte flinke weiße Füßchen. Möchten Sie sie sehen?«

»Nein«, erwiderte ich.

»Ach ja«, fuhr er tief aufseufzend fort, »sie war so schön! Ich war blond, und sie, sie hatte herrliche schwarze Haare! Jetzt sind wir beide weiß. Ihr Vater war ein außergewöhnlicher Mensch. Er besaß ein großes Haus auf dem Lande. Er sammelte Lammkoteletts. So lernten wir uns kennen. Ich habe nämlich eine kleine Begabung. Ich kann Fleisch dörren, wenn ich nur meinen Blick darauf richte. Monsieur Pushfoot (so hieß er) hörte von mir. Er lud mich zu sich ein, um seine Koteletts auszutrocknen, damit sie nicht verfaulten. Agnès war seine Tochter. Wir verliebten uns sofort ineinander. Wir machten zusammen eine Bootspartie auf der Seine. Ich ruderte. Agnès sagte mir Sachen wie: ›Ich liebe dich so sehr, daß ich nur für dich lebe.‹ Und ich antwortete ihr mit ähnlichen Worten. Ich glaube, es ist meine Liebe, die sie bis jetzt warm gehalten hat. Sicher ist sie tot, doch die Wärme bleibt.«

»Nächstes Jahr«, fuhr er mit einem in die Ferne gerichteten Blick fort, »nächstes Jahr werde ich ein paar Tomaten pflanzen; es sollte mich wundern, wenn sie nicht gut gedeihen da drinnen ... Es wurde dunkel; ich wußte nicht, wo wir unsere Hochzeitsnacht verbringen sollten. Agnès wurde blaß; sie fiel fast um vor Müdigkeit. Schließlich – wir hatten Paris gerade verlassen – bemerkte ich am Ufer ein Gasthaus. Ich band das Boot fest, und wir gingen auf eine dunkle, unheimliche Terrasse zu. Dort waren zwei Wölfe und ein Fuchs, die um uns herumstrichen. Sonst niemand ...

Ich klopfte. Ich klopfte an die Tür, doch sie blieb inmitten einer entsetzlichen Stille verschlossen. ›Agnès ist müde! Agnès ist sehr müde!‹ schrie ich aus Leibeskräften. Schließlich tauchte der Kopf einer alten Frau am Fenster auf, die sagte: ›Ich weiß von nichts. Der Fuchs ist hier der Wirt. Lassen Sie mich schlafen. Sie belästigen mich.‹ Agnès fing an zu weinen. Mir blieb nichts anderes übrig, als mich an den Fuchs zu wenden. ›Kann man bei Ihnen übernachten?‹ fragte ich mehrmals. Er gab keine Antwort; er konnte nicht sprechen. Und wieder erschien, älter als vorhin, der Kopf und ließ sich an einer Schnur langsam aus dem Fenster herab. ›Wenden Sie sich an die Wölfe; ich bin nicht der Wirt hier. Lassen Sie mich schlafen, bitte.‹ Ich begriff, daß dieser Kopf verrückt war und daß es keinen Sinn hatte, mich weiter zu bemühen. Agnès weinte immer noch. Ich lief mehrmals um das Haus herum, und zuletzt gelang es mir, ein Fenster zu öffnen, durch das wir hineinkletterten. Dann befanden wir uns in einer hohen Küche, und auf einem großen, vom Feuer rot glühenden Herd stand Gemüse, das gerade kochte; es hüpfte von selbst in dem siedenden Wasser umher, was uns sehr belustigte. Wir aßen gut, und dann legten wir uns auf den Boden. Ich hielt Agnès in meinen Armen. Geschlafen haben wir überhaupt nicht. Es gab alles mögliche in dieser fürchterlichen Küche. Ratten hatten sich in hellen Scharen vor ihre Löcher gesetzt und sangen mit piepsigen, widerwärtigen Stimmchen. Nacheinander stiegen ekelhafte Gerüche auf und verflogen wieder, und es zog. Ich glaube, es war dieser Luftzug, der meiner armen Agnès den Rest gab. Sie kam nie wieder zu Kräften. Seit dem Tag sprach sie immer weniger ...«

Und der Obsthändler war so blind vor Tränen, daß ich mich samt meiner Melone aus dem Staub machen konnte.

Onkel Sam Carrington

Wenn Onkel Sam Carrington den Vollmond sah, mußte er unaufhörlich lachen. Dieselbe Wirkung hatte ein Sonnenuntergang bei Tante Edgeworth. Die beiden bereiteten meiner Mutter, die ein gewisses gesellschaftliches Ansehen zu wahren hatte, viel Kummer.

Als ich acht Jahre alt war, hielt man mich für den ernstesten Menschen in der Familie. Meine Mutter vertraute sich mir an. Sie sagte, sie müsse sich schämen, daß niemand sie einladen wolle, daß Lady Cholmondey-Bottom ihr auf der Straße nicht guten Tag sage. Ich war tief bestürzt.

Onkel Sam Carrington und Tante Edgeworth lebten in unserem Haus. Sie bewohnten das erste Stockwerk. Deshalb konnten wir nichts tun, um den traurigen Zustand zu verheimlichen. Tagelang fragte ich mich, wie ich die Familie von dieser Schande befreien könnte. Schließlich war ich außerstande, die Anspannung und die Tränen meiner Mutter, unter denen ich sehr litt, länger zu ertragen. Ich beschloß, selber nach einer Lösung zu suchen.

Eines Abends, als die Sonne blutrot am Himmel stand und Tante Edgeworth sich auf ganz besonders abstoßende Weise erheiterte, nahm ich ein Glas Marmelade und einen Angelhaken und ging los. Um die Fledermäuse zu verscheuchen, sang ich: »Komm in den Garten, Maude, denn die schwarze Fledermaus Nacht ist davongeflogen.« Mein Vater sang dieses Lied, wenn er nicht zur Kirche ging, und noch ein anderes, das hieß »Es kostet mich sieben Schillinge und Sixpence.« Er sang beide Lieder mit der gleichen Inbrunst.

Nun gut, dachte ich, die Reise hat begonnen. Die Nacht wird mir bestimmt eine Lösung bringen. Wenn ich bis zu der

Stelle, zu der ich gehe, die Bäume zähle, komme ich nicht vom Weg ab. Auf dem Rückweg erinnere ich mich dann daran, wie viele es waren.
Aber ich vergaß, daß ich nur bis zehn zählen konnte, und selbst dabei machte ich noch Fehler. So hatte ich in kurzer Zeit bald mehrmals bis zehn gezählt und war schließlich völlig verwirrt. Überall um mich herum standen Bäume. Ich bin im Wald, sagte ich mir. So war es.
Der Vollmond streute sein Licht über die Bäume, so daß ich ein paar Meter vor mir den Grund für ein besorgniserregendes Geräusch erkennen konnte. Die Störung wurde von zwei Kohlköpfen verursacht, die furchtbar miteinander kämpften. Sie rissen sich gegenseitig mit solcher Grausamkeit die Blätter ab, daß bald nur noch ihre Blätter und keine Köpfe mehr übrig waren.
Nicht schlimm, sagte ich mir. Es ist ja nur ein Alptraum. Doch plötzlich entsann ich mich, daß ich in dieser Nacht gar nicht zu Bett gegangen war und es also kein Alptraum sein konnte. Wie entsetzlich, dachte ich.
Ich ließ die Leichen liegen und setzte meinen Weg fort. Wenig später begegnete ich zufällig einem Freund: jenem Pferd, das Jahre später eine wichtige Rolle in meinem Leben spielen sollte.
»Hallo«, rief es. »Suchst du etwas?« Ich erklärte ihm den Zweck meines nächtlichen Ausflugs.
»Offenbar«, sagte das Pferd, »ist das, gesellschaftlich betrachtet, äußerst kompliziert. Hier in der Nähe wohnen zwei ältere Damen, die sich mit derartigen Problemen befassen. Ihr erklärtes Ziel ist die Tilgung von Familienschande. Sie kennen sich damit aus. Wenn du willst, bringe ich dich zu ihnen.«
Die Fräulein Cunningham-Jones besaßen ein abseits liegen-

des Haus, das von wilden Pflanzen und von Unterwäsche aus vergangenen Zeiten umgeben war. Wir fanden sie im Garten, wo sie gerade eine Partie Dame spielten. Das Pferd steckte seinen Kopf zwischen den Beinen einiger Damenschlüpfer aus dem Jahre 1890 hindurch und sprach die Fräulein Cunningham-Jones an.

»Lassen Sie Ihre kleine Freundin hereinkommen«, sagte das rechts sitzende Fräulein mit einer sehr distinguierten Aussprache. »Wir sind stets bereit zu helfen, wenn es um Fragen des guten Rufs geht.« Die andere Dame neigte huldvoll den Kopf. Sie trug einen gewaltigen Hut, der mit allen möglichen Gärtnereierzeugnissen geschmückt war.

»Ihre Familie, junge Dame«, sprach sie mich an und bedeutete mir, auf einem Louis-quinze-Stuhl Platz zu nehmen, »stammt sie von unserem teuren verstorbenen Herzog von Wellington ab? Oder von Sir Walter Scott, diesem hochherzigen Aristokraten reiner Literatur?«

Ich war ein wenig verwirrt. In meiner Familie gab es keine Aristokraten. Als sie bemerkte, daß ich erschrocken war, sagte sie mit dem bezauberndsten Lächeln: »Liebes Kind, Sie müssen wissen, daß wir hier nur Angelegenheiten in Ordnung bringen, welche die ältesten und vornehmsten Familien Englands betreffen.«

Eine plötzliche Eingebung zuckte mir durch den Kopf.

»Zu Hause im Eßzimmer …«, sagte ich.

Das Pferd versetzte mir einen wuchtigen Tritt in den verlängerten Rücken. »Sprich nie von etwas so Vulgärem wie Essen«, flüsterte es mir zu.

Zum Glück waren die Ladies ein wenig schwerhörig. Mich verbessernd, fuhr ich unsicher fort: »In unserem Gesellschaftszimmer steht ein Tisch, auf dem angeblich im Jahre 1700 eine Herzogin ihr Lorgnon liegengelassen hat.«

»In diesem Falle«, erwiderte das Fräulein, »können wir vielleicht zu einer Einigung gelangen. Natürlich werden wir eine recht hohe Vergütung verlangen müssen. Warten Sie hier einige Minuten, dann werden wir Ihnen geben, was Sie brauchen. Inzwischen können Sie sich die Illustrationen in diesem Buch hier ansehen. Es ist belehrend und interessant. Keine Bibliothek ist vollständig ohne dieses Werk. Meine Schwester und ich haben stets nach seinem bewundernswerten Vorbild gelebt.«

Die Überschrift des Buches lautete: *Die Geheimnisse der Blüten der Kultiviertheit oder Die Gewöhnlichkeit der Nahrung.*

Als die beiden Frauen hinausgegangen waren, fragte das Pferd: »Kannst du gehen, ohne ein Geräusch zu machen?«

»Gewiß«, erwiderte ich.

»Dann laß uns den Ladies bei ihrer Arbeit zusehen«, sagte es. »Aber so dir dein Leben lieb ist, mach kein Geräusch.«

Die beiden alten Damen waren in ihrem Gemüsegarten, der sich, von einer weiten Mauer umfriedet, hinter dem Haus erstreckte. Ich kletterte auf den Rücken des Pferdes, und da bot sich mir ein überraschender Anblick: Die Fräulein Cunningham-Jones, beide mit einer riesigen Peitsche bewaffnet, schlugen auf die Gemüsepflanzen ein und schrien: »Man muß leiden, um in den Himmel zu kommen. Wer keine Korsetts trägt, wird nie dorthin gelangen.«

Die Gemüsepflanzen kämpften ihrerseits miteinander, und die größeren unter ihnen warfen die kleineren mit wütendem Geschrei auf die Ladies.

»So ist das immer«, murmelte das Pferd. »Die Gemüsepflanzen müssen um der Gesellschaft willen leiden. Gleich wirst du sehen, wie sie eine für dich ausrupfen – eine, die für die Sache ihr Leben lassen wird.«

Die Gemüsepflanzen machten nicht den Eindruck, als seien sie davon begeistert, einen ehrenvollen Tod zu sterben, doch die Ladies waren stärker. Wenig später fielen ihnen zwei Mohrrüben und ein Zucchino in die Hände.

»Schnell!« rief das Pferd. »Zurück!«

Kaum hatten wir wieder vor der *Gewöhnlichkeit der Nahrung* Platz genommen, als schon die beiden Fräulein, die beinahe so gesetzt wirkten wie vorher, ins Zimmer traten. Sie gaben mir ein Päckchen, in dem das Gemüse war, und ich bezahlte sie dafür mit dem Glas Marmelade und dem Angelhaken.

Der kleine Francis

»Musikinstrumente sind Körper außerhalb des Raums«, sagte der Vater. Sie saßen unter der Kuppel des Liszt-Saales. Das Orchester hatte die Hälfte des fünften *Brandenburgischen Konzerts* hinter sich.
»Wie Gott?« fragte Amelia.
»Nein, nicht wie Gott, sie sind viel schöner, und es gab sie schon, bevor Gott erfunden wurde. Sie sind wie Kegel und Kugeln und Dreiecke und Rechtecke. Sie waren schon immer da, sie wurden nicht erfunden, sondern entdeckt. Sie sind wie Sterne und Planeten.«
»Mutter Oberin sagt: ›Du sollst Vater und Mutter ehren.‹ Wie kann ich ihr gehorchen, wenn du solche schlimmen Lügen erzählst?«
»Du wirst langsam ein bißchen bigott.«
»Vater, ich schreie gleich.«
»Dann schrei doch.«
Schweigen.
»Du weißt, daß der Arzt sagt, man soll mich nicht aufregen. Letzte Nacht habe ich geträumt, ich hätte Mama im Himmel gesehen. Ist Mama im Himmel?«
»Das glaube ich kaum.«
»Ist sie in der Hölle?«
»Auch nicht. Wahrscheinlich ist sie eine Einmaleinstabelle im Weltraum oder eine neue, noch nicht entdeckte Art Geige oder ein Ring um einen Planeten.«
»Manchmal denke ich, du bist ein Teufel, Vater.«
»Wirklich? Nun, da bin ich aber froh, daß du mich nicht für einen Engel hältst.«
»Warum möchtest du kein Engel sein?«

»Weil ich mich langweilen würde. Ich wäre lieber ein spitzer Kegel, der wie der Teufel im Weltraum herumsaust und singt wie eine Flöte.«
»Warum gehen die Leute in Konzerte?«
»Um verschiedene Arten zu praktizieren, ihren Kopf in die Hände zu stützen.«
»Ich bin hier, um mein neues Chiffonkleid zu zeigen.«
»Ja, das tun sie auch. Es ähnelt sehr dem Kirchgang und ist auch fast so deprimierend.«
»Ich dachte, du liebst Musik.«
»Das tue ich auch. Ich glaube, Bach und Mozart sollten unter erfreulichen Umständen gehört werden, nicht in einer Atmosphäre der Langeweile.«
»Was spielen sie als nächstes?«
»Das sechste *Brandenburgische Konzert*.«
»Da sind sie schon. Es geht gleich weiter«.
Mittendrin stieß das Mädchen einen gellenden Schrei aus. »Vater, Vater, mir wird etwas Schreckliches passieren.« Alle Köpfe drehten sich in ihre Richtung.
»Ich habe eine Elster aus einer der Geigen fliegen sehen.«
»Die sind gar nicht groß genug für eine Elster. Bist du sicher, daß sie nicht aus dem Klavier gekommen ist?«
»Ich werde gleich ohnmächtig; ich weiß, daß bald etwas Furchtbares geschehen wird.«
»Da kommen sie schon, um uns aufzufordern hinauszugehen. Amelia, du bist eine entsetzliche Plage.«
Auf dem Heimweg wurden sie Zeugen eines Unfalls. Ein totes Pferd lag auf der Straße. Amelia schrie: »Sieh nur, sieh dir das scheußliche Blut an, das in einem fort aus dem großen Loch in seinem Kopf fließt!« Und sie sprang aus dem Taxi.

»Ich bin ihr gefolgt«, sagte Hector. »Wir sind nach Fontainebleau gefahren, aber sie ist mir entwischt und mit dem nächsten Zug zurückgefahren. Die ganze Zeit hat sie fürchterliche Szenen gemacht. Fortwährend schrie sie nach Papa. Letzte Nacht dann, nachdem das Haus abgeschlossen worden war, ist sie hinausgegangen, um bis ungefähr zwei Uhr nachts nach einem Bischof zu suchen, und lag dann auf den Stufen von Notre-Dame, bis ein Polizist sie fand, dem sie offenbar erzählt hat, sie warte auf den Todesengel. Sie scheint Sie für ein Schwein zu halten, weil Sie sie nicht zur Firmung haben gehen lassen. Heute morgen hat sie in der Werkstatt mit einem Beil drei Fahrräder demoliert. Sie sagte, das sei die Rache dafür, daß Sie nicht heimgekommen seien. Jetzt beichtet sie eifrig, weil sie wegen der Fahrräder ein schlechtes Gewissen hat.«

»Das ist ja schrecklich«, sagte Onkel Ubriaco. »Amelia bekommt öfter solche Anfälle. Sie ist so reizbar.«

Francis war niedergeschlagen. »Vielleicht sollte ich lieber in ein Hotel gehen«, schlug er vor.

»Nein, du bleibst«, sagte Onkel Ubriaco.

Amelia erschien, ein kleines Mädchen mit Zöpfen. »Da bist du ja endlich, Papa«, sagte sie, und sie küßten sich. »Und wer ist das?«

»Das ist dein Cousin Francis.«

Sie sah den Jungen abweisend an.

»Können wir diesen freien Tag denn niemals allein verbringen?«

Onkel Ubriaco schaute verlegen drein.

»Komm, laß uns spazierengehen, Vater. Ich habe dir etwas unter vier Augen zu sagen.«

»Na gut, es wird ja wohl nicht lange dauern«, sagte Ubriaco.

»Entschuldige, Francis. Möchtest du nicht ein Bad nehmen? Ich bin in zwanzig Minuten wieder da.«

Francis nahm ein kaltes Bad und vertrieb sich dann die Zeit, indem er im Haus herumging, wobei er zuletzt in die Werkstatt kam. Das war ein großer Raum im Erdgeschoß voller halb fertiggestellter Konstruktionen und völlig demolierter Fahrräder. An den Wänden standen Regale, auf denen Bücher, Ersatzreifen, Ölflaschen, ramponierte Galionsfiguren, Schraubenschlüssel, Hämmer und Garnrollen lagen. Er begann, die Titel der ersten Reihe der Bücher zu lesen, die zwar verstaubt waren, aber ordentlich nebeneinanderstanden: *Mensch und Fahrrad*, *Feinheiten des Pedals*, *Hans Christian Andersens Märchen*, *Tobsons Abhandlungen über Speichen und Klingeln*, *Freilauf und Kugellager*, *The Oxford Dictionary* und so weiter.

Dann fiel Francis ein, daß er auf dem Steinboden gern seine Füße kühlen würde. Also zog er sich Schuhe und Strümpfe aus, schlenderte umher und sah sich Onkel Ubriacos interessante Sammlung von allerlei Gegenständen an. Da gab es zum Beispiel ein Paar verhungerter Küchenschaben in einem kleinen Käfig, ein Bündel künstlicher, aber verblüffend echt aussehender Zwiebeln (sie mußten aus Porzellan sein), ein noch funktionierendes Spinnrad, Damenkorsetts mit kompliziertem Dessin und eine große Anzahl von Zahnrädern. Es reizte Francis, ein bestimmtes Korsett anzuprobieren, ein schwarzes mit verblaßten lilafarbenen Schnüren und aufgestickten Rosen aus Goldfäden. Im Handumdrehen hatte er sich das Korsett über den Kopf gezogen: Es reichte ihm bis unter die Knie, aber fest geschnürt kleidete es ihn um die Taille herum recht hübsch.

Er schloß die Augen und versuchte, sich zwei stattliche, warme Schenkel anstelle seiner eigenen, ziemlich dünnen Beine vorzustellen, die nur noch von den Knien abwärts zu sehen waren. Er wurde von Amelia unterbrochen, die die Tür öffnete. »Was machst du hier drinnen?« fragte sie zornig und trat auf ihn zu. »Nur Vater und ich dürfen in die Werkstatt.«

»Schrei nicht so«, sagte Francis.

»Hör zu, Vater und ich fahren morgen weg. Und du gehst schnurstracks nach England zurück.«

»Ja«, sagte Francis und bahnte sich mühsam einen Weg zu seinen Schuhen, »sobald dein Vater mir sagt, ich solle gehen.«

»Du gehst jetzt«, schrie sie. »Ich kann es nicht ertragen, deine gräßlichen langen Zehennägel zu sehen.«

Francis versuchte, sich zu beherrschen, indem er auf seine Füße hinabsah. Seine Nägel waren tatsächlich ziemlich lang.

»Hör zu«, sagte er, »es macht mir nichts aus, in ein Hotel zu gehen. Schließlich wohnst du hier. Ich hab's sowieso nie leiden können, angebrüllt zu werden.« Er versuchte, sich zu bücken, um seine Schuhe aufzuheben, aber das Korsett war zu straff geschnürt.

»Und zieh Vaters Korsett aus!« Amelias Stimme wurde noch einen Halbton schriller.

»Vaters Korsett?« fragte Francis lächelnd.

»Vater ist eben noch sehr kindlich«, schrie das Mädchen. »Und du bist ein dreckiger kleiner Idiot. Ich will nicht, daß er mit Leuten wie dir verkehrt.«

»Aber vielleicht mag er das«, erwiderte Francis und band die Schnüre auf. »Wahrscheinlich ödest du ihn an.«

»Du widerlicher Rotzbengel! So etwas Herzloses! Warum läßt du Vater und mich nicht in Ruhe? Wir wollen nicht, daß Leute wie du hier herummurksen. Dir scheint nicht klar zu sein, daß ich sehr, sehr krank bin.« Sie machte eine dramatische Pause. »Sehr krank – ich sterbe – ich habe nur noch ein paar Monate zu leben – laß Vater und mich für unsere letzten, wenigen Monate zusammen. Ich werde bald tot sein.«

»Ich bin sicher, daß du ihn anödest«, sagte Francis. »Tote sind schlimm genug, aber Halbtote, die obendrein herumbrüllen ...!« In diesem Augenblick hätte Amelia Francis sicher das *Oxford Dictionary* an den Kopf geworfen, wenn nicht plötzlich Onkel Ubriaco hereingekommen wäre. »Geh schlafen, Amelia«, sagte er, die Situation mit einem Blick erfassend. »Ich will nicht, daß du Francis anschreist.«

»Ich gehe nicht schlafen. Nein! Nie und nimmer, solange dieses dreckige Schwein noch hier ist.«

Francis lächelte Onkel Ubriaco müde zu und sagte: »Ich gehe in ein Hotel.«

»Na schön«, sagte Ubriaco, der sich über Amelias Geschrei und Getrampel hinweg Gehör zu verschaffen suchte: Sie lag auf dem Boden und schien eine Art Anfall zu haben. Ubriaco beugte sich zu Francis hinab und flüsterte ihm rasch ins Ohr: »›Café de Flore‹ am Boulevard Saint-Germain, in einer Stunde.«

Francis war rechtzeitig an dem verabredeten Ort und setzte sich an einen Tisch. Ihm fiel ein, daß er kein französisches Geld dabeihatte, aber er wußte, daß man in Frankreich etwas zu trinken bekommen und erst eine Stunde später bezahlen kann, deshalb fand er es nicht weiter riskant, einen Kakao zu bestellen. »Kein Kakao«, sagte der Kellner geringschätzig. »*Café au lait, thé, tisane. Pas de* Kakao. *Chocolat*, wenn Sie mögen.«

»Dann Wein«, sagte Francis verunsichert.

»*Blanc ou rouge?*« fuhr ihn der Kellner an.

Francis dachte, er werde beleidigt, deshalb sagte er: »*Je aussi.*«
»*Blanc ou rouge?*« schnarrte der Kellner. »Roten oder weißen?«
Francis errötete. »Roten, und dazu einen Keks«, sagte er, wendete sich ab und tat so, als schaute er sich unbeteiligt den Boulevard an.
»*English boy?*« fragte eine junge Frau, die sich Francis so plötzlich gegenübersetzte, daß er zusammenzuckte. »Ich war schon in England. Wie wunderschön es dort ist! Ich habe in der Nähe von Southampton gewohnt. Ach, es war so grün!«
»Ja, das nehme ich an«, sagte Francis, seine Fassung wiedergewinnend. »Aber man sagt, in Irland sei es noch viel grüner.«
»Tatsächlich? Aber nein! Nichts könnte so grün sein, so durch und durch grün wie diese Felder, als hätten sie Lichter unter der Erde. Ich bin übrigens Charlotte. Wie heißen Sie? Bitte, laden Sie mich auf einen Drink ein.«
»Ich heiße Francis. Was möchten Sie denn gern? Aber ich frage mich, ob Sie sich nicht besser selbst etwas bestellen. Mein Französisch ist nämlich nicht gut.«
»Meine Tante war Engländerin, müssen Sie wissen; sie hatte viele dicke Bücher, in denen sie Insekten preßte: Stechmücken, Ameisen und Raupen, alles, was sie auf diesen wunderschönen grünen Feldern fand! Wie schade, daß ich meinen Lebensunterhalt auf diese Weise verdienen muß! Wissen Sie, die Engländer sind komisch, was diese Dinge angeht. Aber ich kann sehen, daß Sie *gentil* sind!«
»Kommt darauf an, wie Sie die Sache betrachten«, erwiderte Francis. »Ich nehme an, daß es Ihnen trotzdem gutgeht.«
»Es geht mal auf- und mal abwärts. Die Saison ist ziemlich dürftig dieses Jahr, obwohl wir alle damit rechnen, daß die Preise durch die bevorstehende Ausstellung steigen.«

»Ja, das wäre gut«, sagte Francis nachdenklich. »Man sagt ja, daß eine Menge Ausländer nach Paris kommen werden.«
»Ich muß mein Australisch auffrischen«, sagte Charlotte. »Man sagt, Sprachkenntnisse zu besitzen sei von großem Vorteil. Wissen Sie, ob Australisch schwer ist?«
»Ich glaube, es ist fast dasselbe wie Englisch. Außer natürlich, wenn Sie Maori lernen wollen.«
»Nein. Nur ein paar Brocken Australisch. Ich werde mich nicht um die Grammatik kümmern. Ein paar unregelmäßige Verben natürlich und einen guten Wortschatz. Mehr werde ich nicht brauchen. Wie Sie sehen, habe ich auch meine Ziele.«
»Ich verstehe«, sagte Francis. »Aber eigentlich, denke ich, wäre es vielleicht besser, wenn Sie ein bißchen Russisch lernen. Es werden bestimmt sehr viele Russen kommen; sie haben einen Ausstellungspavillon, wissen Sie.«
»Ich denke, Australisch ist vornehmer«, sagte Charlotte. »Die Russen hierzulande haben meistens kein Geld.«
Sie plauderten noch eine Stunde oder mehr recht angenehm weiter, bis Onkel Ubriaco kam. Er sah müde aus, und vom rechten Auge bis zum Mundwinkel hatte er eine lange, senkrechte Schramme. Charlotte sagte »*Bonsoir*« und eilte davon. Onkel Ubriaco setzte sich und seufzte.
»Ich glaube, wir sollten lieber gleich morgen früh losfahren«, sagte er schließlich. »Und vielleicht wäre es tatsächlich besser, wenn du heute abend in ein Hotel gingest.« Francis war einverstanden.
»Ich kenne da ein Plätzchen, wo du's bequem haben wirst. Um halb sieben hole ich dich ab. Eine frühe Abfahrt könnte vernünftig sein.«
»Das denke ich auch«, erwiderte Francis.

Auf dem Weg nach Süden, den sie in bequemen Etappen zurücklegten, besserte Francis sein Französisch auf. Bei jedem Kilometer ließ ihn Onkel Ubriaco auf die Melodie von »Rule Britannia« bzw. »Onward, Christian Soldiers« abwechselnd die Verben *être* und *avoir* singen. Abends machten sie Konversations- und Vokabelübungen, bei denen Onkel Ubriaco die Gedichte von Hans Arp und die Romane Rabelais' vorlas.

Das Wetter wurde allmählich wärmer, und eines Abends dann, als gerade ein Gewitter aufzog, kamen sie im Süden an: angekündigt durch einen aufgeregten Chor surrender und zirpender Zikaden. Die Luft war voller Geräusche, aber das störte nicht die lastende Stille der anbrechenden Nacht.

Da bin ich nun, dachte Francis. Ich muß vorsichtig sein. Am darauffolgenden Tag fuhren sie über die Hügel in eine Ebene hinab und radelten den ganzen Tag lang; schließlich kamen sie an einen Fluß mit weißem, steinigem Ufer. Francis hatte noch nie solches Wasser gesehen, so gleißend, tief und grün. Am Abend fuhren sie über eine lange, schmale Brücke und bogen gleich dahinter scharf rechts in das Dorf Saint-Roc ab. Es war gerade noch hell genug, um mitten auf der Straße zwei überfahrene Igel zu sehen.

Es gab drei Cafés im Dorf: das »Café du Pont«, das »Hôtel du Centre« und das »Café Pirigou«. Die ersten beiden waren wegen eines bevorstehenden Festes ausgebucht, deshalb mußten sie es im »Café Pirigou« versuchen. Das besaß eine Terrasse, die auf den staubigen Dorfplatz hinausging. Die Frau drinnen trug einen kurzen Rock und dicke Wollstrümpfe, die in Hausschuhen steckten. Sie wirkte nicht besonders reinlich.

»Ich habe zwei Betten«, sagte sie. »Keine Toilette, kein Bad, und Verpflegung gibt es auch nicht.« Sie sprach, als seien Ubriaco und Francis schwerhörig.

»Wieso keine Verpflegung? Essen Sie nicht?«

»Ich schon«, entgegnete sie laut lachend, »aber Sie nicht.« Ubriaco wartete geduldig auf das Ende ihres Heiterkeitsausbruchs. »Und warum wir nicht?«

»Meine Mutter«, erklärte sie und wischte sich über die Augen, »ist alt und gebrechlich und leidet entsetzlich. Oft schreit sie die ganze Nacht. Deshalb kann sie nicht kochen, und ich selbst will nicht mehr Arbeit als unbedingt nötig. Aber Sie können *chez la Marie* essen.« Die Frau zeigte mit dem Daumen über ihre rechte Schulter. »Nebenan. Es ist auch das *bureau de tabac*. La Marie selbst nennt es ›Hôtel du Centre‹.«

»Sie sollten uns jetzt Ihr Zimmer zeigen.« Doch sie hatte Ubriacos Fahrräder, Roger of Kildare und Darling Little Mabel, erspäht und beachtete seine Aufforderung nicht.

»Die sind ja prachtvoll!« rief sie. »Lassen Sie mich einmal damit fahren?«

»Sicher«, erwiderte Onkel Ubriaco, »mit Vergnügen.«

»Ich habe einen Geliebten in Avignon, der mich vor drei Monaten hat sitzenlassen. Den würde ich gern einmal besuchen. Er arbeitet in einer Bank.«

»Das machen wir«, sagte Onkel Ubriaco. »Aber jetzt das Zimmer.«

»Das ist im Augenblick sehr schmutzig, aber ich kann es saubermachen. Die Bettlaken sind nach meinen letzten fünf Gästen …«

»Wie wär's, wenn Sie sie wechselten«, sagte Francis trocken. »Sie könnten sie sogar waschen.«

Das Zimmer war gemütlich, wenn auch schmutzig und wurde von mehreren Skorpionen und einer Unzahl von Fliegen bewohnt. Eine Ecke diente zur Aufbewahrung von Zöpfen getrockneten Knoblauchs, eines Sacks Kartoffeln und eines ausrangierten Herds.

»Wird schon gehen«, sagte Ubriaco, »bis wir ein Zelt finden. Wir haben die Absicht, auf der anderen Seite des Flusses zu zelten.«

Die Terrasse bei la Marie war von Weinlaub überwachsen, und die Alte hatte einen großen, mit drei grauen Haaren geschmückten Leberfleck auf dem Kinn. Sie benahm sich recht anbiedernd, indem sie ungeniert Francis' Hinterteil begrabschte. »Ich kann Ihnen einige *hors d'œuvres*, in Thymian und den eigenen Eingeweiden gebratenes Kaninchen, Ziegenkäse und Obst anbieten.«

Sie setzten sich an eine Stelle, wo sie den Fluß und die hohen Kalkfelsen am gegenüberliegenden Ufer sehen konnten. Die Natur hatte diese Felsen wie hundert verschiedene Lebewesen geformt.

»Ich kannte einmal einen Mann«, sagte Ubriaco versonnen, »der sein ganzes Leben damit verbrachte, die Landschaft in einen zoologischen Garten umzuwandeln. Er arbeitete jahrelang daran, Felsen in Löwen und Tiger, in Minister, in Kentauren, in historische Persönlichkeiten und so weiter zu verwandeln. Er war ein netter Bursche, aber er arbeitete zu hart. Ich finde, Zypressen sind herrlich, sie erinnern mich an Perücken, und da sie gewöhnlich auf Friedhöfen stehen, stellt man sich unter ihnen gern den Totenkopf irgendeiner schönen Dame vor.«

Zwei Männer setzten sich an den Nachbartisch. Sie sprachen mit starkem Marseiller Akzent. Ubriaco mischte sich in ihr Gespräch: »Ich höre, Sie zelten?«

»Ja, am Flußufer. Die Bauern sagen, es sei gefährlich, auf den Steinen zu zelten, da der Fluß über Nacht ansteigen kann, wenn es in den Bergen regnet. Aber«, sagten sie, geringschätzig lachend, »das Wetter scheint beständig zu sein, und in zwei Tagen fahren wir zurück nach Marseille.«

»Und Ihr Zelt?« fragte Onkel Ubriaco interessiert. »Möchten Sie es nicht verkaufen?« Sie hielten murmelnd Zwiesprache, und das Geschäft wurde getätigt. In drei Tagen sollte Onkel Ubriaco Besitzer eines mittelgroßen, khakifarbenen Zeltes werden.

Rosaline Pirigou schrie in der Küche herum, als sie diese betraten. Ihre alte Mutter hockte am Feuer, das platte, gelbe Gesicht wutverzerrt.

»Warum um Himmels willen gehst du nicht schlafen, statt den ganzen Tag lang vor dem Feuer zu sitzen und dich selbst zu bemitleiden?«

»*Salope!*« schrie die Alte. »Mein armer Bauch bringt mich vor Schmerzen um, und du machst mir das Leben zur Hölle.«

»Um so besser«, gab Rosaline lautstark, aber nicht bösartig zurück. »Warum hängst du dich dann nicht auf? Es haben sich schon bessere Leute als du erhängt. Draußen steht ein Baum, und ein Strick ist nicht teuer.«

»Du treibst eine schwerkranke alte Frau in den Tod! Als ich dich in meinem Bauch trug, hätte ich mich ertränken sollen! Bevor es zu spät war.«

»Das hast du aber nicht getan«, sagte Rosaline. »Drum ist es Zeit, daß du mit deinem Genörgel aufhörst und zu Bett gehst. Komm her, ich ziehe dir deinen Gürtel aus.« Die alte Dame lüftete einen schwarzen, einen lilafarbenen und einen grünen Strickunterrock, bevor schließlich ein Schlüpfer mit elastischen langen Beinen zum Vorschein kam. Es sah aus wie das Entblättern einer seltsamen Artischocke. Rosaline befreite sie von einer dick gepolsterten Bauchbinde. Die Alte strich mit ihren verwelkten Händen über ihren runden Bauch und sah Onkel Ubriaco augenrollend an: »Wenn Sie nur wüßten, wie ich leide!« Sie packte Francis am Arm und schob ihr Gesicht vor. »Sie sind noch jung. Bleiben Sie's, und seien Sie glücklich! Ich dagegen! O Gott, die ganze Nacht und den ganzen Tag ächze ich vor Schmerzen!«

»Geh ins Bett, Mutter«, rief Rosaline vom Spülbecken. »Hör auf zu reden. Geh nach oben, ich mache dir dein *cataplasme* zurecht.«

Vor sich hin brummelnd, befingerte die alte Dame wie ein suchendes Insekt Francis' Arm, nahm dann die kleine Öllampe vom Tisch und stapfte mühsam die Treppe hinauf.

Die andere Seite des Flusses war eine Welt, die sich von der Dorfwelt unterschied. Onkel Ubriaco schlug im Schatten der überhängenden Monster mit ungeübter Hand sein Zelt auf. Er entfernte ein paar von den Steinen und legte ein Sandbett an. Das Zelt stand da wie ein Taschentuch, das nicht hierhingehörte. Einige Yards entfernt schäumte der Fluß weiß über die Steine hinweg, ergoß sich in eine Art tiefen, grünen Tümpel oder Weiher und glitt danach ruhig und breit dahin. Dieser Tümpel war auf etwa hundert Yards die tiefste Stelle des Flusses. In der Mitte ragte wie ein großer Pilz ein Fels auf, der sich in die darunterliegenden Steine bohrte.

Francis setzte sich an eine seichte Stelle am Rand des Tümpels und putzte sich die Zähne. Kleine Fische frühstückten die Zahncreme und den Speichel, den er ins Wasser spuckte. Er dachte über die Hitze nach, über das Wasser um ihn herum und über das andere Dorf – nicht Saint-Roc –, das aus einer hohen Felswand flußaufwärts herauswuchs. Es war weiß von Türmen und schwarz von Zypressen, schien aber unbewohnt zu sein.

»Ich glaube, dort sollten wir hingehen«, sagte er zu Ubriaco, der sich auf dem Pilzfelsen tummelte und Meeresungeheuer spielte.

»Es ist sehr heiß heute«, erwiderte dieser, stellte sich elegant auf seine Hinterbeine oder seinen Schwanz und ruderte geistesabwesend mit den Armen. »Und in einer Stunde wird es noch heißer sein.« Mit einem plumpsenden Geräusch verschwand er im Wasser. Einen Augenblick danach tauchte sein Kopf glatt und naß wieder auf. »Und an heißen Tagen laufe ich nicht gern zu Fuß. Schwimmen, fliegen, schlafen und sogar trinken, das macht mir nichts aus. Aber laufen tue ich nicht gern.« Seine Stimme wurde schwächer, als er davonschwamm.

»Wir könnten dorthin schwimmen«, sagte Francis, als der weiße Kopf wieder in Hörweite kam.

»Aber wir können nicht die Felswand hinaufschwimmen«, erwiderte Onkel Ubriaco nüchtern.

»Nein«, sagte Francis nachdenklich, »die Felswand können wir nicht hinaufschwimmen.« Er sah zu, wie Ubriaco unter Wasser mit einem Schwarm kleiner Fische rings um seinen Kopf Schattenspiele veranstaltete.

Gegen Mittag stieg Onkel Ubriaco aus dem Tümpel. Seine Augen waren noch wie zwei schöne blaue Fische; seine Haare trockneten in der Sonne zu flaumigen weißen Federn. Er streckte sich neben Francis auf den Steinen aus. »Nichts auf der Welt liebe ich mehr als warme Steine«, murmelte er und strich sich über den Bauch. »Und das Wasser! Was für ein süßes Leben wir führen, Francis. Ich würde gern ein paar von diesen kleinen Fischen fangen und sie braten. Sie lassen sich sehr gut essen.« Und grausam lächelnd fuhr er fort: »Du beträufelst sie mit Zitrone, und sie knirschen dir zwischen den Zähnen. Ich habe Hunger jetzt. Geh und hol den Käse aus dem Zelt. Es sind auch ein paar Tomaten da und etwas Brot in der Blechdose; der Wein ist im Tümpel beim Zelt.« Er schloß die Augen.

Francis kam zurück, und sie aßen träge und langsam inmitten einer Ansammlung interessierter Fliegen. Danach schliefen beide. Als Francis, von der Sonne ganz benommen, aufwachte, sah er flußaufwärts das Dorf, das sich in der Abenddämmerung lila färbte. Onkel Ubriaco schnarchte eine Folge seltsamer, sehnsüchtiger Töne, wie nur er sie hervorbringen konnte: Francis schien es, als könne er auf den Rhythmus tanzen. Kurz darauf erwachte, unbewußt lächelnd, auch Onkel Ubriaco. »Wir können in dein Dorf«, sagte er. »Ich habe nichts dagegen, jetzt hinaufzugehen.«

Ein schmaler Pfad führte zu einem verfallenen Torbogen. Je mehr sie sich Mâze, dem Dorf, näherten, desto einsamer wurde es. Altes Schrotteisen unbekannter Herkunft lag verstreut im Staub. Hinter dem Torbogen waren die engen Gassen dunkel wie die Nacht. Hier und da drängten wilde Feigenbäume in die niedrigen Häuser. Ein vagabundierender Ziegenbock trat aus einer Haustür und blieb, eingehüllt in seinen Gestank und ein Gefolge von Fliegen, stolz stehen und sah sie mit Reptilaugen an. Langsam strich er um die Fremden herum und verschwand in einem anderen Haus: Er war das einzige lebende Wesen, dem sie begegneten.

Ein Treppenaufgang führte zu einer Tür im gotischen Stil. Nur diese Tür war zu sehen, denn das Gebäude selbst war zwischen zwei Häusern versteckt. Sie stiegen die Stufen hinauf und kamen in eine Kapelle, deren eine Wand aus unbehauenem Felsgestein bestand. Die drei übrigen Wände waren neu, aber unvollendet, und die Fenster hatten keine Scheiben.

»Die Felswand dient für Erscheinungen«, sagte Onkel Ubriaco. »Eines Tages werden wir herkommen und hier wohnen.« Durch eine Öffnung sah man einen kleinen Garten und eine Mauer, die ihn von der Leere trennte, in welcher, viel weiter unten, der Fluß dahinströmte.

Sie gingen wieder hinaus und sahen sich die Welt weit unter ihnen an.

»Das ist ein wundervoller Ort zum Leben«, pflichtete Francis seufzend bei. »Wir könnten uns beide als Bischöfe verkleiden und in dem Felsen schwarze Messen feiern.« Verzückt schloß er die Augen und sah sich und Ubriaco in Purpurrot vor sich, mit riesigen Mitren auf dem Kopf und reichverzierten Zeptern in der Hand, um Dämonen aus dem Felsen hervorzutreiben. Er sah die Dorfbewohner von Saint-Roc vor sich, gaffend und verängstigt miteinander tuschelnd, während in einiger Entfernung eine hohe, purpurn gekleidete Gestalt (er selbst) aus dem verlassenen Mâze herausgeweht wurde und, Zauberformeln sprechend, schwebend in der Luft hing. Ein paar Minuten später würde eine andere, noch größere Gestalt, die einen Abendmahlskelch trüge und von zehn oder mehr schwarzen Figuren begleitet würde, dreimal würdevoll im Kreis herum schweben und mit dem Kopf nach unten der Menschheit unter ihr sanfte Schimpfworte zuflüstern. Er sah den Pfarrer in der Kirche von Saint-Roc seiner bleichgesichtigen Gemeinde raunend eine Predigt halten, wobei er von Zeit zu Zeit mit einem zitternden Finger über seine linke Schulter zeigte.

Als sich Francis von seiner wonnigen Träumerei abwandte, sah er Onkel Ubriaco summend hin und her gehen und et-

was vom Boden aufheben, das der Junge für Blumen hielt. In Wirklichkeit waren es stachelige kleine Pflanzen, von denen ein ungemein süßer Geruch ausging. »Es gibt eine Sage hier in der Gegend«, sagte Ubriaco und band ein großes Büschel der Pflanzen zusammen, »eine Sage, nach der hier früher einmal ein äußerst häßliches Mädchen lebte, das so abstoßend war, daß niemand ihr ins Gesicht sehen konnte. Deshalb mußte sie mit einem Schleier herumlaufen. Aber sie hatte sehr schöne Haare, und man sagt, in einer dunklen Nacht habe sich ein Zauberer in den Duft dieser Haare verliebt; am nächsten Morgen war er über ihr Gesicht so entsetzt, daß er sie in der Erde begrub – bis auf die Haare. Diese Pflanzen hier sind das Ergebnis. Man nennt sie *miraldalocks*.«
Francis atmete den Geruch der Pflanze tief ein, und ihm wurde ein wenig schwindlig. »Was für ein schwerer Duft!«
»Wenn ich Miraldalocks pflücke«, sagte Onkel Ubriaco, »stelle ich mir immer vor, ich sei für alle Zeiten sicher davor, nicht betrunken zu werden.« Er schien mit sich selbst zu sprechen. »Ich denke, wir haben jetzt beinahe genug. Mal sehen, wir brauchen einen flachen und einen runden Stein. Die Sonne geht unter. Wir müssen uns beeilen, bevor es zu dunkel wird.«
Francis folgte ihm quer durch das finstere Dorf und roch hin und wieder an seinen Fingern, die die süßen Miraldalocks berührt hatten. Unten, in der Nähe des Zeltes, fand Ubriaco Steine von der gewünschten Form, und er bat Francis, eine Wachskerze anzuzünden. Mit übereinandergeschlagenen Beinen vor dem Zelt sitzend, zerrieb er die Pflanzen zwischen den beiden Steinen.
»Siehst du«, erklärte er der Silhouette des Jungen, der schweigend und mit dem Rücken zum Fluß ein Stück wei-

ter weg saß, »daraus lassen sich wirklich hübsche Zigaretten machen. Soviel billiger und besser. Alles, was wir noch brauchen, ist Reispapier, das im Dorf leicht zu bekommen ist.«

Als er genug Pflanzen zerstoßen hatte, nahm er einen kleinen Steinkrug und schabte mit einem Messer die klebrigen Überreste der zerdrückten Miraldalocks in ihn hinein. Dann machte er um den Krug herum ein kleines Feuer. Das Gemisch duftete köstlich.

»Icker lackle bluebottle«, zitierte er.

Icker lacker lout.
The light is in the jar
Is the true light and way
For the feet of the beet
Which with endless entreat
Wring the heart und the teat
Of the onions from Tartar.

Icker lacker lout.
Das Licht im Krug, es
Ist das wahre Licht, der wahre Weg
Für die Füße der Roten Bete
Die mit endlosem Flehen
Das Herz und die Zitze
Der tartarischen Zwiebeln bedrücken.

»Das ist eines von meinen eigenen Gedichten«, erklärte Ubriaco und stand auf. »Ich habe es vor einem Jahr geschrieben, als ich in der Albert Hall der *Kleinen Nachtmusik* lauschte. Ich dachte dabei an mein Heimatland – siehst du, manchmal habe ich so ein Heimweh ...

Wir müssen wirklich bald zu Abend essen. Komm, wir gehen durch den Fluß, bevor mir der Magen in die Schuhe rutscht. Das Feuer wird weiterbrennen, bis wir zurück sind, und bis dahin müßte es fertig sein.« Sie durchquerten planschend den Fluß, der ihnen in der Mitte nur bis zu den Knien reichte.

Rosaline stand auf ihrer Terrasse, als sie auf dem Dorfplatz ankamen.

»Seit drei Tagen sind Sie nicht mehr bei mir gewesen«, schrie sie. »Wenn Sie wollen, koche ich Ihnen etwas.«

Auf den Stufen zur Terrasse saß ein kleiner Junge mit einem Papierhut auf dem Kopf; er rauchte einen Zigarillo und spuckte ab und an hinüber zu seiner Schwester, die ihm ihr Profil zeigte; sie konnte ihn nicht sehen, weil sie auf dem ihm zugewandten Auge blind war. Sie saß, die Hände müßig in den Schoß gelegt, auf einem Stuhl. Rosaline beachtete die beiden nicht. »Sie dürfen mich nicht vergessen«, sagte sie und sah Francis grinsend an. »Gehen Sie und kaufen Sie etwas zu essen. Ich kann Ihnen ein Omelett oder ein paar Auberginen in Tomatensoße machen.«

»Auberginen wären nicht schlecht«, sagte Ubriaco. »Wo können wir die kaufen?«

»Im Garten der Dame gegenüber«, sagte Rosaline. »Sie pflückt sie an Ort und Stelle, so bekommen Sie sie frisch.«

Besagte Dame, eine kolossale Erscheinung, trat aus ihrem Haus, in der Hand eine spitze Schere. Sie schlurfte um ihr Auberginenbeet herum und suchte zwei dicke violettrote Früchte aus, die zwischen ihren stacheligen Blättern hingen.

»Das hier sind zwei hübsche Burschen«, sagte sie anerkennend, »aber wir brauchen Regen.« Sie überreichte Francis die beiden Früchte. »Jetzt die Tomaten«, fuhr sie, im Dunkeln herumtappend, fort. »Wie viele?«

»Sechs.«

»Hier sind sie. Ich habe auch hübschen Kopfsalat.«

»Geben Sie uns auch davon.«

Wie zwei Maiköniginnen kehrten sie zu Rosaline Pirigou zurück. Die verschwand in der Küche.

Francis und Onkel Ubriaco setzten sich mit ihren beiden schweigsamen Gefährten auf die Terrasse. Ubriaco bot dem halbblinden Mädchen eine Zigarette an, die sie gleichzeitig ablehnte und annahm. Ihr Name sei Claire, sagte sie. Was sie so mache. Ach, sie amüsiere sich und kümmere sich um die Ziegen ihres Vaters. Der war der Leichenbestatter des Dorfes – er war es, der jetzt auftauchte, ein finster aussehender Mann. Er kam, setzte sich und nahm ebenfalls eine Zigarette. Bald danach erschien auch die jüngere Schwester, ein fünfzehnjähriges Mädchen, mit einem Säugling auf dem Arm. Es gab noch zwei weitere, mit großen Augen dreinschauende Babys, die derselben Familie angehörten und die ebenfalls sehr still waren. Bald darauf kam Rosaline zurück und stellte eine Schüssel mit vortrefflich gegarten Auberginen, die wie Fisch in roter Soße aussahen, auf den Tisch.

»Da ist ja der Leichenbestatter«, sagte sie und sah die ganze Familie angriffslustig an. »Wenn Sie wollen, daß man Ihnen hier und jetzt einen Sarg anmißt, Francis, dann ist das Ihr Mann.« Der Leichenbestatter stand auf und ging ins Café.

»Das da ist die kleine Élise«, fuhr Rosaline ungerührt fort und zeigte auf die fünfzehnjährige Schwester. »Sie ist schon Mutter, die arme kleine Göre.«

»Das stimmt«, sagte Élise, ihren Säugling tätschelnd.

»Und ihre kleine achtjährige Schwester ist von demselben

Mann vergewaltigt worden. Ist er nicht auch der Vater deines zweiten Kindes, Claire?«
»Das stimmt«, sagte Claire und sog an ihrer Zigarette.
»Er ist ein Dreckskerl«, sagte Rosaline und setzte sich neben Onkel Ubriaco. »Treibt sich ständig betrunken im Dorf herum. Ich selbst verkaufe ihm nicht gern etwas zum Trinken, aber man muß schließlich leben. Er hat's auch bei mir versucht, aber ich habe ihm einen Tritt in die Körperteile verpaßt, die er am meisten braucht! Pierre de Trignan nennen sie ihn. Zu der Zeit, als Élise ihr Baby bekam, gab es ein großes Aufsehen, weil ein achtzigjähriger Mann sich erhängt hat. Es ging das Gerücht, er habe sich vor de Trignan gefürchtet.« Die beiden Mädchen nickten einträchtig. »Wir hatten die Gendarmen und so etwas im Dorf. Er hat sich genau an dem Baum dort aufgehängt«, fügte sie hinzu und zeigte hinauf zu den Ästen. »Wie so ein alter Knabe da hinaufgekommen ist, konnten wir nie klären, aber da hing er nun mal, als ich am Morgen die Fensterläden aufmachte, und baumelte, ganz schwarz im Gesicht, direkt vor meiner Nase! Mein Gott, er war tot! Ich habe einen Schrei ausgestoßen und meine Mutter geweckt, die ebenfalls geschrien hat, und da standen wir und schrien, verdammt noch mal, wegen dem armen alten Édouard, der da draußen hin und her pendelte wie eine verfaulte Weintraube.« Die ganze Familie nickte traurig.
»Ja, so war's«, sagte Claire und blinzelte mit ihrem gesunden Auge. »Und wir dachten, wir würden niemals den Abzug dieser *sacrés* Gendarmen erleben. Morgens, mittags und abends schnüffelten sie überall herum.« Danach fiel sie in ihr übliches Schweigen zurück.
Nach und nach verschwand die ganze Familie, bis Francis und Onkel Ubriaco mit Rosaline allein dasaßen.

»Das ist eine üble Sippe«, sagte Rosaline, die in ihren Zähnen herumstocherte. »Allesamt schreckliche Diebe.«

»Vielleicht sind sie arm«, gab Onkel Ubriaco zu bedenken, der sich von den Kindern und Enkelkindern des Leichenbestatters angezogen fühlte. »Jedenfalls glaube ich nicht an die Arbeit.«

»Sie würden Ihnen die hübsche Uhr da wie nichts wegstibitzen«, sagte Rosaline, mit den Fingern schnippend. »Die Unterhosen, Löffel und Gläser, die auf diese Weise verschwunden sind, sind gar nicht zu zählen.« Sie wandte sich an einen alten Mann, der still in einer Ecke saß.

»Stimmt's, Simon?«

»Haaa«, brummte der Alte und starrte mit unterwürfigem Blick vor sich hin, während er mit seinen wie von selbst sich bewegenden Fingern Zigaretten drehte.

»Simon haben sie eine schöne Sonntagshose geklaut, stimmt's, Simon?«

»Haaa.« Er warf Francis und Onkel Ubriaco einen sanften, verschwommenen Blick zu und schien sie dann zu vergessen.

»Simon ist zu alt, um zu sprechen«, erklärte Rosaline. »Aber er hört auf alles, was die Leute sagen, und trinkt zuviel. Geh, hol mir einen Eimer Wasser, Simon.«

»Hmmmm.« Der Alte schlurfte hinaus zur Pumpe und kam, unter dem Gewicht des Eimers schwankend, zurück. Dann setzte er sich wieder und nahm seine Träumerei dort wieder auf, wo er sie unterbrochen hatte.

»Verkalkt«, kommentierte Rosaline. »Aber trotzdem ein netter alter Kerl.«

Die Dorfuhr schlug. Francis und Onkel Ubriaco standen auf.

»Na dann, gute Nacht«, sagte Rosaline, »und ertrinken Sie

nicht auf dem Weg nach drüben.« Sie lachte laut und tätschelte Onkel Ubriacos Arm. »Morgen wird Ihnen Simon ein paar Feigen vom ›Club Simon‹ vorbeibringen. Er hat auch einige schöne fette Karnickel da oben. Stimmt's, Simon?«
»Haaa, hmmm.«
»Und eines Abends bereite ich Ihnen ein Kaninchen zu. Ich weiß, wie man's am besten macht.«

Sie liefen bei Mondschein zum Zelt zurück, nachdem Onkel Ubriaco mehrere Päckchen Reispapier zum Drehen von Zigaretten gekauft hatte. Ruhig floß das Wasser an ihnen vorüber. Die Asche rings um den kleinen Steintopf glühte noch, und die Luft war auf Yards im Umkreis von süßem Geruch erfüllt. Die Zikaden zirpten aufgeregt, als die beiden das Gemisch prüften, das zu halb klebrigen, halb knusprigen Klumpen erstarrt war. Onkel Ubriaco kühlte den kleinen Krug im Wasser – eine Dampfwolke stieg an der Stelle auf, wo er ihn eintauchte. Dann kam er zurück und drehte die zerkochten Miraldalocks zu recht ansehnlichen Zigaretten.
»Du wirst gleich sehen, wie gut sie schmecken«, sagte er und zündete sich und Francis eine an. »Morgen müßte ich eigentlich einen Brief von Hector bekommen; ich würde gern wissen, wie die Dinge in Paris stehen. Ob Hector je schreiben gelernt hat?«
»Keine Ahnung«, entgegnete Francis reserviert, denn seine eigene Stimme schien aus einem Teil seines Körpers zu kommen, der sich mindestens zwanzig Fuß über seinem Kopf befand. »Aber ich glaube wirklich nicht, daß das wichtig ist.«
»Sicher ist es das«, erwiderte Onkel Ubriaco weit weg in den Felswänden. »Denn wie soll ich etwas Neues erfahren, wenn Hector nicht schreiben kann?«

»Per Telefon«, piepste Francis' Stimme fast nicht mehr vernehmbar, so weit war sie davongeflogen.
»Aber Telefonieren ist so teuer«, tönte Onkel Ubriaco hohl zurück, und sie standen in dem kleinen Garten vor der Kapelle. »Außerdem will ich nicht, daß sie meine Telefonnummer erfährt.«
Francis bückte sich, um sich ein Büschel Miraldalocks anzusehen.
»Ich glaube, ich sollte das ausreißen. Du hast doch gar keine Telefonnummer.«
Er packte die Pflanze und zog sie langsam aus dem Boden.
»Ich weiß, aber das Dorf ist so klein, daß sie uns sofort finden würde. Das würde überhaupt nicht gutgehen.« Den Pflanzen folgten Kopf und Schultern einer Frau. Die Erde fiel zur Seite, als Francis ohne große Anstrengung zog. »So«, sagte er und drehte sich um, »jetzt habe ich Miraldalocks. Aber sie sieht nicht sehr lebendig aus.«
»Nein«, erwiderte Onkel Ubriaco nachdenklich. »Das bedeutet, daß du nicht genug von ihr herausgezogen hast. Natürlich kennt Hector die Adresse, aber ich glaube nicht, daß er so dumm ist, uns zu verraten.«
»Hoffentlich nicht«, sagte Francis und hielt Miraldalocks in einer Hand. Aber sie war schwer und glitt langsam in die Erde zurück.
»Glaubst du, sie würde herkommen und hier nach uns suchen?« fragte Francis, während Miraldalocks nach und nach gänzlich verschwand – außer natürlich ihrem Haar. »Ich denke, es könnte sehr unangenehm werden, wenn sie wirklich käme.«
Seine Stimme hatte die seltsame Gewohnheit angenommen, in immer kleiner werdenden Kreisen sanft um ihn herumzuflattern. Er konnte sehen, wie Ubriacos Stimme dasselbe

tat. Sie war blaßblau und hatte ein rotes Auge, während seine eigene schwarz und grün war. Sie vereinigten sich über den Köpfen ihrer jeweiligen Besitzer und spielten eine elegante Partie Mignonette.

»Das muß vermieden werden.« Sie hatten sich fast außer Hörweite auf einen Baum gesetzt, doch die Worte waren noch zu verstehen.

»Trotzdem geht es einem gut hier. Wirklich mehr als gut. Rosalines Küche ist auf ihre schlichte Art wahrhaftig sehr gut.«

»Ich bin noch nie so glücklich gewesen«, sagte Francis' Stimme, die vor Erregung so sehr zitterte, daß sie von dem Ast gefallen wäre, wenn sie nicht geistesgegenwärtig nach einem Blatt gegriffen hätte. »Um so besser«, erwiderte Onkel Ubriacos Stimme.

Passend traf am darauffolgenden Morgen Hectors Brief ein. Die Handschrift schien das Werk eines Menschen zu sein, der an einem Gehirnschaden leidet. Der Brief lautete:

Dear Sir,
um für Ihre Mitteilung vom 13. d. M. zu danken und um überdies dahrzulegen, was die in Frage stehende Person angeht, hier die Informationen, die zu erbitten Ihnen belibte:

a) Unmitelbar auf Ihre Abreise folgende Szenen höchst lebhafter Natur (d. h. Tränen, Drohungen gegen Ihre Person und die Person Ihres Neffen. Schreien und Beten). Die Sachscheden belaufen sich auf ungefehr zwei Fahrräder, ein Fenster, einen Adam-Tisch und ein Trinkgefäß (auf dem bereits erwähnten Tisch stehend), die Katze (die infolge schwerer Kopfverletzungen, die ihr mit dem Fuß beigebracht wurden,

verschied) und zahlreiche Dikorationsstücke aus der Zeit Ihrer Majestät Königin Victoria (R. I. P.).
b) Eine 24 Std währende Phase klaren Verstandes, innerhalb deren die in Frage stehende Person den Kriegsminister aufsucht (ohne Erfolg), um sich nach Ihrem derzeitigen Aufenthaltsort zu erkundigen. Auch das Hauptpostamt und das Polizeirevier. Bei jedem dieser Besuche Vorlage einer beträchtlichen Auswahl von Fotografien und persönlichen Kleidungsstücken. Usw.
c) Ist zuletzt ruhig geworden mit zeitweiligem Weinen und Wehklagen über Ihre Niehrenprobleme, die ihrer Überzeugung nach tödlich enden werden, zu schweigen von Ihrer Verbindung mit Leuten vulgären Charakters. Usw.
d) Und schließlich, Sir, ein Brief an den Papst mit der Bitte um Zusendung von 50 Litern Weihwasser, abzusenden in Rom und baldmöglichst hirher zu liefern.
Ich muß hinzufügen, daß eine dringliche Bitte vorliegt, es möge ein an die Person selbst gerichteter und von Ihnen eigenhendig verfaßter Brief eingehen, der sie bezüglich Ihres Gesundheitszustands und der weiteren Entwicklung des oben erwähnten Niehrenleidens beruhigt.
Ihre Weckuhr ist reparirt, und was in der Diele an Geranien noch übrig ist, wächst gut.
Ich verbleibe, deer Sir, Ihr sehr ergebener

Hector

Sie saßen auf Rosalines Terrasse und tranken einen morgendlichen Aperitif. Es war der Tag des Festes, und der Dorfplatz war voller Wohnwagen, Hunde, Karussells und Papierdekorationen – ein in der Hitze schwitzender Wirrwarr. Zwei Ziegen vor sich hertreibend, zog Claire vorüber. Sie blieb vor ihnen stehen und lächelte, während ihr weißliches blindes Auge ernst blieb, dann schlenderte sie weiter. Rosaline hatte bunte Papierschleifen im Haar und trug auf jeder Wange zwei vollkommene geometrische Kreise aus Rouge. Sie lehnte sich auf die Balustrade, wobei sie Ubriaco und Francis ihr ausladendes, aber ziemlich flaches Hinterteil präsentierte.

»Heute abend wird in den Büschen einiges los sein«, sinnierte sie über ihre linke Schulter hinweg. »Claire nimmt fünf Francs für ein Mal.«

»Gehen Sie nie mit jemandem ins Bett?« fragte Ubriaco und verscheuchte eine Fliege von seiner Nase.

Rosaline ließ mit einem sehr wirklichkeitsnahen Geräusch einen Schwall Luft zwischen den Lippen entweichen.

»Ich? Momentan nicht. Mein Leben lang habe ich nur meinen Bankier geliebt – ansonsten: pfft!«

»Und Ihr Mann?«

»Ich habe nur einen Monat mit ihm zusammengelebt, dem versoffenen Schwein. Heute abend wird auf dem Platz hier getanzt. Wir werden zusammen eine Java tanzen, oder?«

»Ja«, sagte Onkel Ubriaco. »Die Java tanze ich ausnehmend gut. Währenddessen bedient Francis im Café.«

Gegen Abend wateten sie erneut durch den Fluß und tauchten in das Getümmel spuckender, schwitzender und hin und her wogender Menschen ein. Das Orchester spielte eine Musik, bei der jeder Musiker ohne Rücksicht auf die Mitspieler seinem eigenen Tempo folgte. Staub wirbelte auf, so daß die Tänzer von den Knien abwärts nicht zu sehen waren. Dennoch tanzten sie verbissen weiter und holten aus ihren jeweiligen Partnern so viel Schweiß wie möglich heraus. Es roch enorm.

Das »Café Pirigou« war bis auf den letzten Platz mit restlos betrunkenen Bauern gefüllt. Über allem thronte königlich Rosaline, herausgeputzt in sämtlichen Rot-, Blau-, Gelb- und Grüntönen des Regenbogens. Ihre Frisur war phantastisch. Sie hatte große, dunkle Schweißflecken unter beiden Armen, wo sich die Farben zu einem sonderbaren Durcheinander vermischten.

»Ich dachte schon, Sie würden sich vor dieser Java drücken«, brüllte sie glücklich über ein Tablett mit *bocks* und *diavolos* hinweg. »*Sainte Vierge!* Sie hätten was erleben können, wenn Sie nicht gekommen wären.«

»He du, alter Jean, nimm das Tablett hier! Und sag Simon, er soll sich mit den sauberen Gläsern beeilen. Ich tanze jetzt mit diesem Herrn.« Sie drückte Onkel Ubriaco wie ein lebender Schraubstock an sich und manövrierte ihn außer Sichtweite. Francis fand sich trinkend mit einer Gruppe gemein aussehender Kerle wieder und fiel in einen Chor ein, der *la chanson nationale* sang. Joseph übernahm mit gewaltigem Stimmvolumen die Solostellen, wobei sein Gesicht zu einer fast formlosen Masse verunstaltet wurde, weil man ihm fortwährend Tomaten an den Kopf warf: Das passierte, sobald er nur den Mund aufmachte. Francis wurde aufgefordert, ein englisches Lied zum besten zu geben, und so trug er ihnen mit nicht ganz sauberer Sopranstimme »Hark! Hark! The Lark«, »Who Is Silvia« und »Pussy Cat, Pussy Cat, Where Have You Been?« vor.

Er war gerade bei der letzten Zeile der ersten Strophe angekommen, als über dem Balkon kurz ein höchst merkwürdiges Gesicht auftauchte. Offensichtlich eine Frau, dachte Francis und brach bei »I caught a little mouse« seinen Vortrag jäh ab. Die Person sah ihm starr mitten ins Gesicht, und er hatte das Gefühl, sie zu kennen. Die wilden grünen Augen waren unvergeßlich, auch die lange, spitze Nase, die den kleinen, jetzt zu einem sanften Lächeln geformten Mund fast verdeckte, und die Massen krauser, strohiger Haare. Aber wo er die Frau schon gesehen hatte, fiel ihm nicht ein. Sie nickte ihm schüchtern zu, und Francis ging zu ihr. Kaum hatten sie zu tanzen begonnen, als Francis nach Luft rang, so schnell wirbelten sie inmitten des Staubs umher. Aber er konnte sie nicht bitten aufzuhören, da sie so kultiviert wirkte und ein sehr einnehmendes Wesen hatte, obwohl von ihrem Körper ein starker Ziegengeruch ausging.

»Was für ein reizender kleiner Junge Sie sind«, bemerkte sie und machte eine doppelte Drehung. Sie hatte eine ruhige, singende Stimme, die aber über die schräge Musik hinweg deutlich zu verstehen war. »Und wie hübsch Sie tanzen – hier, halten Sie meine linke Brust, bitte.«

Trotz eines leichten Ekelgefühls gehorchte Francis. »Sehen Sie, ich bin wirklich eine Aristokratin. Sie haben sicher schon von Marquis de Pfadade gehört.«

»Nein«, sagte Francis atemlos.

»Er ist mein Vater.« Sie lächelte und machte dann einen großen Luftsprung, wobei sie zwei muskulöse Beine entblößte. »Ich bin seine einzige Tochter, Pfoebe.«

Als sie aufgehört hatten zu tanzen, zog sie Francis in den Schatten eines Baumes und fuhr fort, geheimnisvoll zu lächeln. In der Nähe tanzte unter einer Lampe ein flimmernder Schwarm von Eintagsfliegen seinen einzigen frenetischen Tag zu Ende. Francis schnaufte wie ein zuschanden gerittenes Pferd.

»Der arme kleine Junge ist müde«, sagte Pfoebe und strich Francis mit einer ungezwungenen, anmutigen Geste über die Wange. »Sie und Ihr trefflicher Onkel müssen mich einmal besuchen.« Sie kicherte kurz. »Hier ist meine Adresse.«

Sie war mit malvenfarbener Tinte geschrieben. »Jetzt muß ich aber wirklich nach Hause – ich habe so viel zu studieren.«

»Gehen Sie nicht«, sagte Francis plötzlich, seine Stimme wiederfindend. »Kommen Sie, trinken Sie etwas, und lernen Sie meinen Onkel kennen – aber vielleicht kennen Sie ihn ja schon?«

»Nicht persönlich«, erwiderte sie scheu. »Aber ich kenne natürlich seinen Namen.«

»Dann kommen Sie doch, und trinken Sie ein Glas.«

»Nein, nein. Das möchten Sie doch nicht wirklich!«

»Doch, natürlich«, sagte Francis, der sich unter dem Blick ihrer stechenden kleinen Augen nicht sehr wohl fühlte. »Sonst hätte ich Sie nicht darum gebeten.« Er fühlte, daß er Pfoebe nicht wirklich mochte, konnte sich aber nicht von ihr losreißen.

»Nein, ich glaube nicht, daß ich mitkomme.« Francis wußte nicht, ob ihr Lächeln nicht eine Spur von Bitterkeit enthielt, die ständig vorhanden zu sein schien.

»Gut. Darf ich Sie zu Ihrem Wagen begleiten?«

»Aber nein, lieber kleiner Freund.«

»Dann kommen wir Sie also besuchen?« fragte Francis nicht ohne einen gewissen Widerwillen.

»Ja«, sagte Pfoebe und schlang ihren Arm um seinen Hals. »Kommen Sie unbedingt. Ich glaube, es ist besser, wenn Sie's versprechen. Also, versprechen Sie's? Und bringen Sie Ihren Onkel mit.«

»Ich verspreche es«, sagte Francis, denn es drängte ihn, sie loszuwerden.

»Recht so. Dann gute Nacht, mein süßer kleiner Schnuckel.« Sie küßte ihn leichthin auf die Nase und zog mit großen, stapfenden Schritten traurig singend von dannen. Kurz da-

nach glaubte Francis, ein Pferd über die Brücke von Saint-Roc galoppieren zu hören.
Onkel Ubriaco hatte schon nach ihm gesucht und schien ein wenig ungehalten zu sein.
»Wer ist deine neue Freundin?« fragte er. »Weißt du eigentlich, daß du drei Stunden fort warst?«
»Hast du sie schon einmal gesehen?« fragte Francis zurück. »Ich hatte das Gefühl, ich wäre ihr schon begegnet.«
»Nie im Leben!« entgegnete Onkel Ubriaco barsch. »Sie sah furchtbar aus. Wer ist sie?«
Francis erklärte es ihm.
»Nun, du sahst ganz schön ulkig aus, wie du da auf der Tanzfläche herumgehüpft bist, ganz Madame la Marquise und kaum noch du selbst. Aber jetzt ist Schlafenszeit.«
Die Leute zerstreuten sich nach und nach und hinterließen eine Menge Abfall.

Sie nahmen, bevor sie schlafen gingen, noch ein Bad in dem Tümpel. Onkel Ubriaco war recht schweigsam, und Francis brauchte in dieser Nacht einige Zeit, um einzuschlafen, weil er auf die Geräusche draußen lauschte. Als er schließlich doch seinen Schlaf fand, erhoben sich die Steine vom Boden und sprachen mit einer Gruppe toter Igel und einer einzelnen Elster. »Die Zeit ist gekommen«, sagte ein großes Stück Granit, »daß die Situation zu einem logischen Abschluß geschleift wird.«
»Geschleift, gepeitscht oder geprügelt«, fügte ein Igel trokken hinzu, »je nachdem.«
»Hier kommt das Dienstpersonal«, sagte die Elster.
»Ich stehe für Kummer. Haltet meinen Hut fest, Jungs, wir müssen weg.« Eine lange Reihe blauer Dienstmädchen stieg in militärischer Formation aus dem Fluß empor.

»Wenn nur Pfoebe dabeisein könnte«, sagte ein kleines Stück Marmor. »Was zum Teufel treibt sie bloß?«
»Sie kümmert sich um ihre Pamphlete«, sagte der Igel. »Arbeitet unermüdlich an ihren verdammten Pamphleten. Sie ist wirklich ziemlich fad.«
»Ich stehe für Kummer«, wiederholte der Igel aggressiv, »und die Theorie von alldem ist die Logik. Die reine, unerträgliche mathematische Logik, obwohl sie auch *Vorzüge* hat. Die Zeit kommt, da wir fordern werden, was uns zusteht. (Das habe ich per Quadratwurzel errechnet.)«
»Wir beginnen mit dem Vaterunser«, sagte der Granitblock. »Und nehmt die Seligen Hemisphären, wie sie kommen.« Alle lachten. »Wo ist denn der Bischof?«
Francis sah sich selbst zu der Versammlung eilen, mit der einen Hand sein langes purpurrotes Gewand hochhaltend und in der anderen ein riesiges Brevier. Seine Mitra saß schief, und er runzelte sorgenvoll die Stirn. »Verzeiht mir, Brüder«, sagte er, rückte atemlos seine Mitra zurecht und wischte sich über die Stirn. »Ich bin durch eine Letzte Ölung aufgehalten worden.« Man begrüßte ihn mit einem Gemurmel, und ein Stück Kalkfels kicherte kurz. »Jetzt«, sagte Francis streng und zwängte sich einen Kneifer auf seine Nasenspitze, »laßt uns den Eingangschoral hören: ›Glaube unsrer Väter, heiliger Glaube‹ und so weiter.«
Er putzte sich die Zähne, während die anderen sangen, und trat mit einem Fuß den Takt dazu.
»Halt!« rief er und warf seine Zahnbürste in den Fluß. »Das genügt. Ich werde mit einem SOS-Ruf beginnen. Mrs. James Jefferey (von der man 200 Jahre v. Chr. nichts mehr gehört hat) soll schnurstracks zum Saint-George-Hospital zurückkehren und eine Rückzahlung von einhundert Pfund verlangen.« Er machte eine Pause, weil sein Gesicht von einer

kleinen Wolke aus weißen Fliegen eingehüllt wurde. »Und behandelt mich bitte zuvorkommend«, fügte er hinzu, als er ziemlich blaß wieder aus der Wolke auftauchte. »Ich glaube nicht, daß ich ertragen kann, was gleich geschehen wird.«

In der Versammlung erhob sich ein Gemurmel, und der toteste von allen Igeln stand als Wortführer auf. Er räusperte sich und strich sich die schmutzigen Haare aus den Augen.

»Es zerreißt einem das Herz«, begann er mit eintöniger Stimme, »aber es ist eine Frage langer Fingernägel. Alle Großen dieser Welt (Amen) können Euer Lordschaft nicht helfen.«

Vor Ekel und Niedergeschlagenheit verzog Francis das Gesicht. »Aber ich dachte«, sagte er stockend, »wenn man den Mut hätte ...«

»Mut«, sagte der Igel und verbarg ein Lächeln hinter seiner Pfote, »ist eine fragwürdige Tugend. Sie sollten um sich treten und schreien und weinen und sich überhaupt hysterisch benehmen. Übrigens sind Sie nicht sehr ergreifend, wissen Sie.«

»Ich weiß«, sagte Francis und wandte sich mit einem Kloß im Hals ab.

»Sie waren wie geschaffen, um aufrecht allem standzuhalten«, fuhr der Igel unerbittlich fort. »Sie sind zu einfallsreich.«

»Ich weiß«, wiederholte Francis.

»Sie sind hart. Sie wissen, daß Schicksal wirklich gar nichts bedeutet, Sie verstehen etwas vom Nichts und der schrecklichen Idiotie des Verhängnisses.«

»O ja. Ich weiß.« Dabei rannen ihm kalte Tränen über beide Wangen, aber niemand achtete sonderlich darauf. Er sah einsam und klein aus in seinem riesigen purpurroten Gewand. »Könnte mir um Himmels willen nicht jemand die Hand

halten?« fragte er und blickte um sich. Alle schauten abweisend und verlegen drein. »Na gut, vergessen Sie's. Ein dreifaches Hoch auf unsere Indian Lancers!«
Alle begannen zu tanzen, und Francis hüpfte schreiend und lachend auf und nieder, doch seine Augen blickten erschrokken und unglücklich.

Um sechs Uhr morgens schien die Sonne auf die Spitze des Zeltes und weckte Francis und Onkel Ubriaco.
Sie mußten sich, um etwas Kühlung zu erhalten, in den Tümpel legen, bis der Schatten der Felswand lang genug war, damit sie wieder herauskamen.
»Wir sind jetzt schon eine ganze Weile hier«, sagte Onkel Ubriaco, der bis auf Nase und Mund vollständig im Wasser lag, »und haben noch keinen einzigen Fahrradausflug gemacht, und Roger und Mabel haben überhaupt noch keine Bewegung bekommen. Das ist nicht gut für sie.«
»Ich glaube, das ist eine ausgezeichnete Idee«, antwortete Francis. »Warum statten wir nicht Pfoebe einen Besuch ab?«
»Ja«, sagte Onkel Ubriaco, »das könnten wir tun. Hol die Karte.«
Pfoebe lebte oben in den Bergen, dort, woher – den Bauern zufolge – die Gewitter kamen, die den Fluß zu phantastischen Dimensionen anschwellen ließen. Der Berg, auf dem sie lebte, hieß Piedbrûlé, Verbrannter Fuß.
»Wenn wir in einer halben Stunde losfahren«, sagte Onkel Ubriaco, »könnten wir zur Teestunde dort sein. Es ist eine schwierige Strecke, aber da oben wird es kühler sein.« Nachsinnend ließ er seinen Finger von Saint-Roc nach Œufmorte und weiter zum Piedbrûlé wandern. Bis auf einen grünen, mit Fischködern geschmückten Anglerhut war er nackt. Fran-

cis war ein wenig bekümmert, als er ihn ansah: Er fühlte, daß er niemanden je so lieben würde wie Onkel Ubriaco.
»Da können wir zu Mittag essen«, sagte dieser und zeigte auf Œufmorte. »Angeblich ißt man da gut.« Francis hörte kaum, was er sagte. »Wir müssen die Fahrräder ölen und die Lampen nachfüllen. Außerdem, nehme ich an, müssen wir uns etwas anziehen. Ich gehe jetzt und flicke meine Hose.« Francis blieb sitzen und schnitt sich verträumt die Zehennägel. Onkel Ubriaco fluchte im Zelt, wo ihn die Fliegen plagten, leise vor sich hin.
Eine Dreiviertelstunde später verließen sie anständig gekleidet das Dorf, begleitet von Hunden, Kindern, Steinwürfen und allgemeiner Wertschätzung. Während des ersten Teils der Fahrt war es fast unerträglich heiß, aber um die Mittagszeit gelangten sie allmählich auf die höheren Berge. Dikke schwarze Gewitterwolken türmten sich hinter diesen auf und grollten zwischen fernen Felsgipfeln. Œufmorte bestand nur aus einem Haus und einer Scheune; eine Saatkrähe saß krächzend auf dem Dach. Es wehte ein kalter Wind, der an den Fenstern rüttelte. Sie aßen Wildbret, und Francis goß eine ganze Flasche Rotwein über Onkel Ubriaco, der ihm daraufhin vorwarf, das habe er absichtlich getan.
Die drei anderen Personen beim Mittagessen sahen einschließlich ihrer Hüte und der Größe ihrer riesigen schwarzen Schnurrbärte genau gleich aus. Sie wechselten kein Wort miteinander, sondern starrten sich gegenseitig und auch Francis nur grimmig an; dann und wann unterbrachen sie diese Tätigkeit, um zwei Hunde, die sich unter dem Tisch emsig zerfleischten, mit Fußtritten zu traktieren. Bald war der Raum über und über voll Blut, aber das kümmerte niemanden, und die *patronne*, die aussah wie ein mittelalterlicher Henker, brachte den Käse. »Fertig?« fragte sie grob. »So, hier

ist das Obst.« Sie warf Onkel Ubriaco einen Ziegenkäse und etliche kleine, verschrumpelte Weintrauben hin. »Und jetzt bringe ich Ihnen die Rechnung.«

Sie wurden tüchtig übers Ohr gehauen, entfernten sich aber schleunigst, ohne weiter zu debattieren. Als sie wieder losfuhren, sah Francis flüchtig drei dunkle Gesichter und drei Schnauzbärte, die sich heimlich an die Fensterscheibe drückten.

Je weiter sie fuhren, desto unwirtlicher wurde die Landschaft. Die Bäume waren knochig und verkrüppelt und die Felsen schroff und monströs. Alle Vögel waren schwarz, und ihre Rufe klangen rauh, wenn sie verzagt auf kümmerlichen Grashügeln hockten oder kraftlos durch die Luft segelten. Die Straße war ein schmales, löchriges Band, das sich weiter oben in den Bergen verlor. Kaum eine Menschenseele war zu sehen, und die Leute, die sie zu Gesicht bekamen, musterten sie mit solchem Haß, daß sie sich genötigt sahen, ihr Tempo zu erhöhen.

Gegen vier Uhr hatten sie den halben Weg hinauf nach Piedbrûlé geschafft. In einer Mulde nahe dem Gipfel gelangten sie schließlich zum Gutshof des Marquis. Er wirkte düster und wie versengt durch die hier oben herrschende Witterung. Hinter dem Gutshaus erstreckte sich ein großes grauweißes Feld. Dort galoppierte ein Pferd herum, und auf seinem Rücken stand aufrecht eine Gestalt, die unschwer als Pfoebe Pfadade zu erkennen war, und knallte mit einer langen Peitsche. Sie trug eine kurze Militärjacke, sonst nichts. Sie war viel zu sehr mit ihrem Zeitvertreib beschäftigt, um Francis' und Onkel Ubriacos Kommen zu bemerken. Immer wieder preschte sie im Kreis herum, stieß Jagdrufe und wilde Flüche gegen das ohnehin schon rasende Tier aus, das jedesmal, wenn die Peitsche auf seine Flanken herabsau-

ste und dort Striemen hinterließ, eine Art schrillen Schrei hören ließ.
Sie kamen ans Gattertor, als Pfoebe das Pferd mit einem heftigen Ruck am Zügel zum Stehen brachte. Das Tier zitterte, war über und über mit Schaum bedeckt und blutete an mehreren Stellen.
»Braves Kerlchen«, sagte Pfoebe und tätschelte ihm freundlich den Hals. »Ich liebe stumme Geschöpfe«, erklärte sie und beugte sich vertraulich zu Onkel Ubriaco herab. »Ich habe so viel von Ihnen gehört und hatte das Gefühl, daß uns vom Schicksal bestimmt war, einander zu begegnen.«
Onkel Ubriaco schien in sich zurückzuweichen.
»Es ist schon seltsam, wie das Schicksal so spielt«, fuhr Pfoebe fort, schob ihren Arm unter den seinen und zog ihn von Francis fort. »Wir beide kennen uns schon seit langer, langer Zeit.« Onkel Ubriaco murmelte irgendeine Höflichkeit und blickte starr vor sich hin.
»Ich ahnte«, sagte sie, »wieviel aus einer Freundschaft zwischen uns erwachsen könnte. Einer Freundschaft«, fuhr sie fort, neigte dabei den Kopf zur Seite und lächelte schelmisch, »die wie eine Männerfreundschaft ist. Zwei Seelen, die einander verstehen. Zwei Wesen, die die gleiche Sprache sprechen. Finden Sie nicht auch, daß das ziemlich schön ist? Auf eine kraftvolle, saubere Weise schön?« Onkel Ubriaco murmelte wieder etwas vor sich hin und blickte rasch zu Francis zurück, der ihnen bedrückt in einigem Abstand folgte.
»Wer weiß«, sagte Pfoebe und führte sie durch eine Scheune voller Schafe und in kleine Ställe gesperrter Kaninchen, »ob es nicht eine astrale Verbindung zwischen unseren Planeten gibt.« Sie traten in einen spärlich beleuchteten Durchgang, an dessen Ende durch einen Türspalt Licht zu sehen war.
Pfoebe ging ihnen voran in einen Raum, in dem ein erstaun-

lich distinguiert aussehender älterer Herr saß. Er war in ein dickes, in Leder gebundenes Buch vertieft und ließ sie weit ins Zimmer vordringen, bevor er heftig zusammenschrak und, sich hundertmal entschuldigend, aufstand. »Sie verstehen, my dear Sir, ich bin so mit meinen Studien beschäftigt! Nun, ich bin entzückt, Ihre Bekanntschaft zu machen, Sir, und das ist sicher Ihr reizender junger Freund?«

»Darf ich Ihnen eine kleine Erfrischung anbieten? Wenn ich auch nicht«, fügte er mit einem herablassenden Lächeln hinzu, »mit Ihrem goldfarbenen englischen Whisky dienen kann, so habe ich doch einen hervorragenden kleinen Sherry – einen Sherry ... nun ja, Sir, Sie werden selbst sehen. Unser junger Freund soll auch davon kosten. Man sagt, in England kultiviere man den Gaumen sehr zeitig, hahaha!« Er gab Pfoebe, die immer noch so gut wie nackt war, ein Zeichen in Richtung Schrank. Sie holte daraus eine verstaubte schwarze Flasche und vier Gläser hervor, die ziemlich ungespült aussahen. Unendlich behutsam zog der Marquis den Korken aus der Flasche und goß jedem ein viertel Glas von der Flüssigkeit ein.

»Auf Ihr Wohl«, sagte er und hob sein Glas Richtung Zimmerdecke, »und viel Glück, ganz zu schweigen von Ihrem Mut, daß Sie einem einsamen alten Gentleman in seiner Einsiedelei einen Besuch abstatten.« Grazil nippte er an seinem Glas und hob einen Sekundenbruchteil lang die Augen zum Himmel. »Ah, immer noch dieser samtweiche Geschmack«, murmelte er. »Sie, Sir«, sagte er dann und legte seine Hand auf Onkel Ubriacos Schulter, »interessieren sich gewiß auch leidenschaftlich für Erstausgaben.«

»Kommt darauf an, was drinsteht«, erwiderte Onkel Ubriaco. »Ich habe Erstausgaben gesehen, bei denen mir übel wurde.«

»Ach, Bücher, Bücher!« seufzte der alte Gentleman schwärmerisch. »Der wonnige Schauder, das von den Jahren gezeichnete Leder und die vergilbten, durch ehrerbietige Hände geweihten Seiten zu berühren! Ich besitze eine kleine Sammlung, Sir, die Sie sicherlich interessieren wird. Lassen Sie mich einmal nachschauen.« Rasch trat er an einen verglasten Bücherschrank, der aussah, als sei er seit Generationen nicht mehr geöffnet worden. »Ah, liebe Freunde«, rief er, sich einem Regalbrett voller nichtssagend aussehender Bücher zuwendend, »wie ich in meiner Abgeschiedenheit auf Sie zähle!« Er zog zwei braune Lederbände hervor. »Das hier«, sagte er und strich mit der flachen Hand über die Einbände, »sind authentische, vom Verfasser signierte Erstausgaben.«

Zwei Stunden lang wurden nun drei dünnbeinige Tische mit hohen Stapeln von Büchern in allen Größen beladen. Ubriaco war bereits der Verzweiflung nahe, als Pfoebe zum Abendessen rief.

Das Speisezimmer war einer der kältesten Räume, die sie je betreten hatten. Das altertümliche Fenster ließ Zugluft eindringen, die die Kerzen erzittern ließ. Doch der Marquis und seine Tochter schienen gegen die Kälte immun zu sein. Er plauderte und plauderte mit wachsender Redseligkeit, während sie ein lauwarmes Mahl einnahmen, das aus einer seichten Pfütze Suppe für jeden, einer Kartoffel und einem Eckchen Käse bestand, das die Gäste wegen der offensichtlichen Unmöglichkeit, daß es eine ganze Runde um den Tisch herum überstehen würde, dankend ablehnen mußten. Nach langen, gründlichen Untersuchungen, so erklärte der Marquis, sei er zu dem Schluß gelangt, daß die vegetarische Ernährungsweise die einzige Rettung für die Menschheit sei. Nach dem Essen zeigte man Francis und Onkel Ubriaco ihre Zimmer und ließ sie allein. In beiden Räumen herrschte etwa die gleiche Temperatur wie im Speisezimmer, aber es war schon zu spät, um noch an diesem Abend nach Saint-Roc zurückzukehren. »Um nicht zu erfrieren«, sagte Onkel Ubriaco, »werden wir wahrscheinlich gezwungen sein, die ganze Nacht gymnastische Übungen zu machen. Und was das Essen angeht«, fuhr er fort, bei diesem Thema in Wallung geratend, »das war der schändlichste Fraß, mit dem man mich jemals beleidigt hat. Jetzt, nehme ich an, müssen wir, um das bißchen Leben zu bewahren, das wir noch im Leibe haben, hinuntergehen und an der einzigen Feuerstelle im Haus diesen quasselnden alten Affen und seine monströse Tochter ertragen, bis wir zu Bett gehen und den Kältetod sterben.«

Sie tappten wie Blinde die Treppe hinunter, die in pechschwarzer Finsternis lag, und tasteten nach der Tür. Onkel Ubriaco glaubte, die richtige Stelle gefunden zu haben, und drückte eine Klinke, hinter der jedoch der falsche Raum lag: eine riesengroße Küche mit einem prächtig prasselnden Feuer und einem gewaltigen Ofen, von dem ein köstlicher Geruch nach gebratenem Fleisch ausging. Verwundert blickten sie mit großen Augen umher. Zinnteller zierten die Wände, und von der Decke hingen üppige Vorräte an Schinken, Bratenfleisch und Wurstringen herab. Sie genossen einige Sekunden lang die Wärme, dann öffnete Onkel Ubriaco den nächstbesten Schrank. Darin befand sich eine höchst kuriose Sammlung: Reihe um Reihe gebogener Knochen, weiß poliert und jeder aufrecht auf einem kleinen Sockel mit einem auf der Rückseite befestigten Schildchen stehend: 2. April A.D. 1890. Benedictus dei. 19. Juni A.D. 1900. Benedictus dito und so weiter. Es waren Tausende. Onkel Ubriaco und Francis standen in staunender Betrachtung vor dem offenen Schrank, bis das ferne Geräusch einer sich öffnenden Tür sie zum Handeln nötigte. Onkel Ubriaco machte den Schrank wieder zu, und sie schlüpften rasch und leise zurück in den eisigen, dunklen Korridor. »Ich habe das Gefühl, wir werden diese Küche noch einmal sehen, bevor die Nacht vorbei ist«, flüsterte Ubriaco. Da prallte Francis mit Pfoebe zusammen, die sich ihnen lautlos genähert hatte.

»Du meine Güte! Das tut mir leid!« sagte sie in ihrem weichen Singsang. »Aber ich dachte, Sie würden vielleicht nicht den Weg zum Salon finden, drum bin ich gekommen, Ihnen behilflich zu sein.« Sie ertastete Onkel Ubriaco im Dunkeln und schnappte blitzschnell nach seinem Ohr. Er zuckte vor Schmerz zusammen. »Vater bereitet ein paar Kartenkunststücke vor.«

Die Kunststücke dauerten lange und waren überaus kompliziert. Die bronzene Wanduhr schlug elf, als Pfoebe plötzlich einen Spaziergang vorschlug, womit sie den Marquis mitten in der Vorführung eines weiteren Kunststücks unterbrach. »Ganz recht, ein bißchen frische Luft vor dem Zubettgehen tut gut«, sagte der alte Gentleman warmherzig, obwohl man ihn gegen seinen Willen von den beiden Kartenspielen trennte. »Ich pflegte um diese Tageszeit stets ein bißchen Luft zu schöpfen, bevor ich mein Brustleiden bekam.« Zur Erklärung hustete er kurz. »Nun, ich wünsche Ihnen eine gute Nacht, Sir, und Ihnen auch, mein junger Freund. Recht so, ein guter britischer Händedruck!«

Draußen blies ein kräftiger Wind, und es regnete heftig. Hin und wieder tauchte zwischen schwarzen, regenschweren Wolken geisterhaft der Mond auf. Pfoebe nahm Onkel Ubriaco und Francis am Arm und zog sie mit aberwitziger Geschwindigkeit und Kraft vorwärts. Sie schienen schon ziemlich weit gelaufen zu sein, als plötzlich das Geräusch tosen-

den Wassers zu hören war. Wenig später standen sie am Rand eines Felsens und blickten schwindlig auf einen weit unter ihnen schäumend und brodelnd dahinschießenden Fluß hinab.
»Na, wie wär's mit einem Bad?« Pfoebe lachte.
Zwischen Onkel Ubriacos klappernden Zähnen hindurch war so etwas wie ein Lachen zu hören, doch Pfoebe hatte sich bereits ihrer Militärjacke entledigt und balancierte splitternackt auf der Felskante. Dann sprang sie in den finsteren Abgrund hinab und verschwand in der gähnenden Dunkelheit.
»Du lieber Himmel, ein Selbstmord!« rief Francis. »Ich sehe nicht ein, weshalb wir uns da hineinziehen lassen sollen.«
»Ich klettere jedenfalls nicht hinunter, um die Leiche zu bergen«, sagte Onkel Ubriaco und spähte über die Felskante, von der aus aber nichts zu sehen war. »Die Leiche liegt morgen früh wahrscheinlich vor unserem Zelt.« Beklommen lauschten sie dem furchtbaren Getöse des Flusses, als plötzlich von unten ein mädchenhaftes »Kuckuck« ertönte.
Sie sahen sich an.
»Kommt ihr nicht herunter, Jungs? Das Wasser ist herrlich!« Ein wenig später tauchte das Mädchen über dem Rand des Felsens auf, den sie auf unerklärliche Weise erklommen hatte; bevor Ubriaco sich wehren konnte, wurde er gegen ihren klatschnassen Körper gedrückt, und schon wirbelte er in einem wilden Tanz gefährlich nahe dem Abgrund umher. Alle Vögel erwachten und stimmten einen aberwitzigen Chor aus Schreien an, wobei sie kreuz und quer über den Himmel huschten. Die Nacht schien zu bersten. Dann brach Pfoebe so plötzlich, wie sie begonnen hatte, den Tanz ab und schleuderte Onkel Ubriaco mit einer Hand mehrere Yards weit von sich. »Das hat Spaß gemacht.« Sie lachte und half

ihm mit mütterlicher Fürsorge wieder auf die Beine. »Und jetzt ab ins Bett.« Sie rannte los wie von Furien gehetzt.
Als es so aussah, als lägen alle wohlbehütet im Bett, schlich sich Onkel Ubriaco in Francis' Zimmer, wo er diesen vollständig angezogen im Bett liegend fand.
»Jetzt statten wir dieser Küche einen Besuch ab«, raunte er ihm zu. »Ich bin noch nie im Leben so hungrig gewesen. Zieh dir die Schuhe aus.« Sie fanden die Tür zur Küche und öffneten sie lautlos. Da saß, ihnen den Rücken zuwendend, der Marquis, vor sich eine Schüssel voller Hammelkoteletts. Er hörte nicht, daß sie hereinkamen. »Das erklärt die Museumsstücke«, flüsterte Ubriaco wütend. »Verdammte Schweinerei«, fuhr er fort und drückte die Tür wieder zu.

Die Weinreben von Saint-Roc reiften allmählich heran, und die Bauern fluchten über die Hitze und den fehlenden Regen. Doch die Gegend ringsum war ein fruchtbarer Landstrich. Tag für Tag aalten sich Francis und Onkel Ubriaco in der Sonne, erzählten sich Geschichten und gingen schwimmen. Abends lernte Francis, Billard und Boule zu spielen. Sie tranken große Mengen scharfen weißen Tresterbranntweins. Ferner sahen sie sich einen Stierkampf an und besichtigten einige Höhlen. Ansonsten verließen sie Saint-Roc kaum.
»Ja«, antwortete Ubriaco auf Francis' Frage, als sie eines Morgens, der seltsam und wie tot heraufdämmerte, vor ihrem Zelt saßen. »Ich war im Großen Krieg dabei, obwohl ich wirklich versucht habe, mich aus ihm herauszuhalten.«
Die Fliegen waren wie aufgebläht und außerstande, mehr als ein paar Yards weit zu fliegen, ohne zu Boden zu fallen.
»Ich war mit einem Mann namens Ulrich Weg zusammen. Er beschwor mich, über die Grenze in die Schweiz zu gehen,

aber ich habe den letzten Zug verpaßt. Ulrich ist sicher in die Schweiz gelangt, und ich blieb zurück. Später hat er mir erzählt, wie er es angestellt hat, den Militärarzt zu übertölpeln; ich hätte nie gedacht, daß er das schaffen würde, denn er war einer der gesündesten Menschen, denen ich je begegnet bin – abgesehen von deiner Freundin, der Marquise.«

»Was hat er denn getan?« fragte Francis, der das Gefühl hatte, damit ein heikles Thema anzusprechen.

»Nun, er erschien in dem Musterungsbüro ohne Hose und sagte: ›*Guten Tag, guten Tag, Herr Doktor*‹.* Als man ihn dann aufforderte, seinen Wohnsitz, seine Staatsangehörigkeit, seinen Namen, die Namen seiner Eltern, sein Alter und schließlich sein Geburtsdatum zu Papier zu bringen, trug er bei jeder Frage ›1914‹ ein, addierte das Ganze und legte dem Arzt das Ergebnis vor. Man hat ihn als harmlosen Irren in die Schweiz ausreisen lassen.

Was mich angeht, ich habe mir vier Jahre lang die Zeit in einem deutschen Konzentrationslager vertrieben. Deshalb ist Ulrichs Geschichte meine einzige Kriegserinnerung.«

Als sie dann ins Dorf liefen, brach ein Gewitter los, es goß in Strömen, der Regen riß die Trauben von den Rebstöcken, und das Wasser ergoß sich in reißenden Bächen über den Dorfplatz.

»Der Fluß könnte heute nacht ansteigen«, meinte Rosaline. »Sie täten gut daran, Ihr Zelt abzubauen, sonst könnten Sie sich mit ihm morgen früh in Marseille wiederfinden.«

»Weiß man denn, daß er ansteigen wird?«

»Das kann ich nicht sagen, das hängt davon ab, wieviel es in den Bergen regnet.«

»Das haben uns diese *sacrés* Pfadades eingebrockt«, sagte Ubriaco verbittert.

* deutsch im Original (Anm. d. Übers.)

Es regnete bis zum Einbruch der Dunkelheit. Noël, ein Bauer, brachte sie in einem Boot zu ihrem Zelt: Es lag platt gedrückt am Boden. Unterwegs glaubte Francis eine kleine weiße Katze gesehen zu haben, die unter Wasser umherlief. Simon half ihnen, ihre Sachen vom Boot ins »Café Pirigou« zu tragen, wo sie sich nun erneut niederließen. Zu dem Zelt kehrten sie nie mehr zurück – es war, als habe das Unwetter den Tag verewigt.

Am nächsten Morgen ging so heiß wie eh und je die Sonne auf, und der Fluß war kaum gestiegen; nur Haufen zerquetschter Trauben unter den Rebstöcken zeugten noch von dem Sturm. An diesem Morgen hatte Francis seinen ersten Streit mit Ubriaco. Dazu kam es nach einem telefonisch durchgegebenen Telegramm. Onkel Ubriaco verschwand ins »Hôtel du Centre« und kam wortlos wieder heraus. Nun war aber ein Telefonanruf in Saint-Roc ein Ereignis, deshalb fragte Francis:

»Wer war es denn?«

»Niemand«, erwiderte Ubriaco kurz angebunden und steckte sich ein Stückchen blaues Papier in die Tasche.

»Was heißt das, niemand?«

»Du bist sehr neugierig, was?«

»Ich interessiere mich nur, weiter nichts«, sagte Francis. »Natürlich, wenn es privat ist …«

»Nun, wenn du's unbedingt wissen willst, es war Amelia. So.«

Francis fuhr auf. »Dann weiß sie ja, wo wir sind, verdammt!«

»Nein, das weiß sie nicht. Ich habe schon drei solche Anrufe bekommen. Ich habe ihr eine postlagernde Adresse in Chaltras gegeben. Die Telegramme werden von dort nachgeschickt.«

»Dann wird sie's bald wissen. Verflucht! Von alldem hast du mir nichts erzählt.«

»Ich dachte, du würdest eine Szene machen.«

»Eine Szene?« rief Francis aufgebracht. »Wann zum Teufel hab ich je eine Szene gemacht? Allmächtiger, es ist hundsgemein, so etwas zu sagen.«

»Jedenfalls machst du jetzt eine«, entgegnete Onkel Ubriaco. Francis warf ein Stück Brot auf den Boden und lief aus dem Zimmer. Wütend ging er zum Fluß hinunter, wo sein Zorn bald verrauchte und sich in Trübsal verwandelte. Als er zurückkehrte, fand er Ubriaco wie zu einem Eiszapfen erstarrt.

»Tja«, sagte Francis in das Schweigen hinein. »Was nun?«

»Du vertraust mir nicht«, sagte Onkel Ubriaco.

»Nein, das tue ich nicht«, erwiderte Francis und nestelte nervös an etwas herum.

»Aha«, sagte Onkel Ubriaco.

»So habe ich das nicht gemeint«, sagte Francis gequält. »Was ich meinte, ist: Manchmal denke ich, daß du dumme Sachen machst.«

»Laß mich meine Angelegenheiten selbst regeln.«

»Natürlich geht's mich nichts an«, antwortete Francis, wieder wütend werdend. »Natürlich hat es überhaupt nichts mit mir zu tun.«

»In gewisser Weise schon. Aber ich denke, ich bin alt genug, die Dinge auf meine eigene Art und Weise zu regeln.«

»Dabei ist bis jetzt nicht viel herausgekommen«, sagte Francis und fragte sich, wie das enden würde.

»Das«, sagte Ubriaco, »ist meine Sache.«

»Oh, laß uns damit aufhören«, sagte Francis.

»Du bist es doch, der immer weitermacht.«

»Das ist gelogen.«

»Aha, ich bin also ein Lügner? Vielen Dank.«
»Nein, kein Lügner, aber manchmal vergißt du, was davor war, und denkst dir den Rest aus.«
»Würdest du bitte mit dieser peinlichen Unterhaltung aufhören?«
»Glaub nicht, daß mir das Spaß macht.«
»Man könnte meinen, daß es das doch tut.«
»Laß uns einen Spaziergang machen«, schlug Francis verzweifelt vor.
Während des ganzen Spaziergangs schwieg Onkel Ubriaco beharrlich. Francis fing an, sich schuldig zu fühlen, und nahm sich vor, alles zu tun, um Ubriaco wieder zum Sprechen zu bringen.
Am nächsten Morgen machte dieser den Eindruck, als sei überhaupt nichts vorgefallen. Ein Mann mit einer Trommel, auf die er laut einschlug, marschierte um den Dorfplatz herum und rief: »Mesdames et Messieurs, heute abend wird Ihnen der weltberühmte Tom Angadi, der Große Indische Kafir, und sein Medium Olga präsentiert. Eintritt ein Franc pro Person. Die Vorstellung beginnt um neun Uhr auf der Terrasse des ›Hôtel du Centre‹. Geheimnisvoll! Atemberaubend! Dramatisch!« Nach seinen langen Locken und seiner erregten Stimme zu urteilen, war der Trommler wahrscheinlich Tom Angadi, der berühmte Kafir, selbst. »Ich frage mich«, sagte Ubriaco, »ob der Kafir tatsächlich Geister beschwören kann.«
»Ich hoffe nicht«, sagte Francis. »Ich bin ziemlich sicher, daß sie schnurstracks auf mich losgehen würden. Ich scheine nämlich Geister anzuziehen, so wie Käse Maden anzieht. Als ich noch im Kinderhort war, gab es da ein gräßliches altes Weibsbild, das mich immer um die großen Standbriefkästen scheuchte. Und eine andere mit einem langen Hals, die aus-

sah wie ein schwarzer Vogel und die immer dann aus dem Waschbecken auftauchte, wenn ich mir die Hände waschen wollte. Aber das Schlimmste war der Baumjunge. Er erschien auf der Araukarie, die hinter dem Kinderschlafzimmer stand. Nicht oft, aber doch oft genug, und zwar nachts. Ich sah immer hinaus, und da saß er, ohne Kleider am Leib, hoch oben auf einem der höchsten Äste.

Ich hatte schreckliche Angst, und niemand glaubte mir, wenn ich von ihm erzählte.«

Um halb neun installierten der Kafir und sein Medium ein mechanisches Klavier und hängten eine Menge Säcke auf, um dem gemeinen Volk die Sicht zu nehmen; um neun war die Terrasse *chez la Marie* mit einer beträchtlichen Zahl von Zuschauern gefüllt. Die Darbietung des Kafirs war langweilig und wenig originell. Francis und Onkel Ubriaco sahen den größten Teil der Darbietung, indem sie einen der Säcke etwa einen halben Fuß beiseite zogen. Tom Angadi, der Große Indische Kafir, führte ein bißchen unechten Mesmerismus (*Vous dormez, vous dormez*) und ein paar altbakkene Beschwörungstricks vor, während das mechanische Klavier sein Bestes tat.

»Ich glaube, das können wir selbst besser«, sagte Onkel Ubriaco. »Morgen geben wir *chez Rosaline* eine Konkurrenzvorstellung.«

Rosaline war entzückt. »Wir werden mit den Getränken Geld verdienen!« rief sie. »Und wir werden auch Simon auftreten lassen! Er und Francis können einen Zwerg spielen: Simon wird der Kopf und die Füße sein und Francis die Arme.«

»Eine sehr gute Eröffnungsnummer«, lobte Onkel Ubriaco. »Ich werde *le Cafard* sein, dazu werde ich mir Haar und Gesicht blau färben.«

Früh am darauffolgenden Morgen machten sie sich daran, Plakate zu malen: GRANDE SOIRÉE DU CAFARD HINDOU. DER GROSSE ABEND DER INDISCHEN SCHABE. EINTRITT FREI, NOTAUSGÄNGE VORHANDEN. GETRÄNKEZWANG. Eines davon stellten sie auf Rosalines Terrasse. Nach dem Frühstück fuhren sie nach Pontfantôme, dem Marktflecken der Gegend, und kauften alles, was sie für ihre Show benötigten. Irgend jemand lieh ihnen ein Grammophon. Als sie zum Mittagessen zurück waren, wartete Pfoebe auf sie.

»Der Zwergenkopf!« rief Onkel Ubriaco, als er den ersten Schock verwunden hatte. »Pfoebe gibt einen fabelhaften Zwergenkopf ab!«

»Ich werde eine eigene Nummer zeigen«, verkündete das Mädchen geheimnisvoll. »Eine Überraschungsnummer.« Sie sprühte vor Ideen und hielt damit ziemlich den Betrieb auf. Sie bereiteten das Programm vor, das folgende Nummern umfaßte:

1. Wundersames Zwergenwachstum
   (Maître Cafard, Meister Schabe)
2. Wundersamer Stierkampf
3. Wunderheilung
4. Hypnose des Wilden Panthers
   PAUSE
5. Fauler Zauber MacMurks
6. Überraschungsnummer
7. Insgesamt wundersames Finale

Gegen acht Uhr war alles fertig. Onkel Ubriaco war wie ein Kardinal in ein langes rotes Gewand gehüllt, während sein Gesicht, seine Hände und seine Haare leuchtend blau gefärbt waren. Pfoebe saß in der Küche, bereit, den Zwerg

zu spielen, während Francis von der Veranda aus den Ausrufer machte. Bald war das Café randvoll. Onkel Ubriaco hielt eine finster-dräuende Ansprache, derweil Francis zur Hintertür stürzte, um in die Rolle der Zwergenarme zu schlüpfen. Der Zwerg trat dann auf einem Tisch vor dem Vorhang auf, der die Küche vom Café trennte. Von allen Seiten brandete tosender Beifall auf. Francis zündete einen Feuerwerkskörper, sagte einige Zaubersprüche auf und schlug Pfoebe mit ihrem Zauberstab gut hörbar auf den Kopf, worauf der Zwerg zu voller Größe emporwuchs und es weiteren wilden Applaus gab.
Als nächstes kam der Stierkampf mit Onkel Ubriaco (Meister Schabe) und der als Stier verkleideten Pfoebe. Sie bot eine furchterregende Vorstellung und hätte Ubriaco beinahe den Bauch aufgeschlitzt, bevor es ihm schließlich gelang, sie so zu hypnotisieren, daß sie eine langsame Gavotte tanzte.
Die nächste Nummer, die Wunderheilung, übernahmen Francis und Onkel Ubriaco. Francis mußte, in ein Bettlaken gehüllt und mit beiden Händen einen gewaltigen Bauch haltend, auf die Bühne treten und sagen: »Monsieur, ich bin krank, ach so krank.« Daraufhin verbarg Ubriaco ihn unter einem Tuch auf dem Tisch und öffnete ihm mit einem riesigen Schnitt den Bauch. (Lautes Stöhnen von Francis.) Dann steckte Ubriaco seine Hand tief in den Wanst und förderte Wecker, Schuhe, Würste (die er beroch, beleckte und aufaß), Nägel, Hämmer, Tomaten, ein Maultiergeschirr, eine Öllampe und endlos lange Papierstreifen zutage. Leichtfüßig sprang Francis nun vom Tisch und verkündete, er sei auf wundersame Weise geheilt. Applaus und Pfiffe aus dem Publikum.
Bei der Panthernummer kam Pfoebe zurück auf die Bühne; es war, bis auf eine leichte Verletzung an Ubriacos linker Hand, eine erfolgreiche Darbietung.

Nach der Pause spielten alle drei, sobald es ihnen gelungen war, für Ruhe und Ordnung zu sorgen, den Faulen Zauber MacMurks. Francis legte zur Melodie von »*Ange du paradis*« und zum Kauderwelsch Ubriacos eine Menge Porzellaneier, während Pfoebe den Text sang und das Grammophon melkte, indem sie eine Kette von Pferdewürsten aus ihm hervorzog.

Dann waren sie bereit für die Überraschungsnummer. Pfoebe verschwand in den dunklen Winkeln der Küche. »Wenn ich pfeife«, erklärte sie Francis, »bin ich für meinen Auftritt bereit. Leg eine Polka auf, bevor ich hereinkomme.« Gespannt warteten sie zehn Minuten lang auf Pfoebes Überraschung, derweil Onkel Ubriaco emsig das Publikum unterhielt, wobei ihm der Schweiß über sein blaues Gesicht rann. Dann ertönte aus der Küche ein schriller Pfiff. Francis legte die Polka auf, und sie traten zur Seite. Pfoebe schob mit einer schwungvollen Gebärde den Vorhang auf und betrat die Szene in einem schwarzen Korsett und mit hohen Stiefeln, hinter sich einen wilden Ziegenbock. Das Publikum erstarrte. Dann begann ein satanischer Tanz. Der Ziegenbock stellte sich auf seine Hinterbeine; er schien wütend zu sein und zugleich große Angst vor seiner Partnerin zu haben. Sie sausten hin und her, warfen sich hierhin und dorthin und führten in einer Art Polka immer schneller und schneller die erstaunlichsten Verrenkungen vor, bis man fast nicht mehr unterscheiden konnte, wer der Ziegenbock und wer Pfoebe war. Das hätte noch lange so weitergehen können, wäre die Ziege nicht in einer wilden Anstrengung, zu entfliehen, auf das Grammophon zugesprungen. Pfoebe, die Ziege und das Grammophon wirbelten umher und landeten ineinander verknäuelt auf den Köpfen des entsetzten Publikums. Daraufhin geriet die Menge außer Rand und Band.

Flaschen und Hüte flogen kreuz und quer durch den Raum. Rosaline rannte hinaus auf die Veranda und schrie mit gellender Stimme Himmel und Hölle um Hilfe an.
In dem Augenblick kam ein sehr korrekt aussehender junger Mann, der Sohn des im Dorf lebenden Adligen, die Stufen zur Terrasse herauf. »Ist hier ein gewisser Monsieur Ubriaco?« fragte er höflich. Rosaline deutete erregt mit dem Daumen über ihre Schulter. Der junge Mann blickte in das Getümmel im Café: ein Haufen brüllender Bauern, eine Dame im schwarzen Korsett, ein wildgewordener Ziegenbock und inmitten von alldem eine rotgewandete, wild gestikulierende Gestalt mit leuchtend blauem Gesicht.
»*Mon Dieu!* Wie soll man ihn da bloß erkennen?«
»An dem blauen Gesicht. Aber ich würde Ihnen nicht raten hineinzugehen. Ich hol gerade einen Gendarmen.« Doch der junge Mann bahnte sich einen Weg ins Innere, wobei man ihm um ein Haar den Schädel eingeschlagen hätte, als er sich Onkel Ubriaco näherte. Er faßte ihn am Arm, wurde aber unsanft abgeschüttelt. »Monsieur, man verlangt Sie am Telefon. Eine Dame, Ihre Tochter, hat unser Haus wohl mit einer *cabine téléphonique* verwechselt. Sie möchte Sie sprechen.«
»Verschwinden Sie«, schrie Onkel Ubriaco, eine umherfliegende Bierflasche abwehrend. »Das interessiert mich nicht.« Dankbar trat der junge Mann den schwierigen Rückzug an, er kam mit leichten Verletzungen davon.
Später jedoch, als das Café sich geleert hatte, in dem ein wüstes Durcheinander aus zerbrochenen Flaschen und umgestürzten Stühlen zurückblieb, fiel Onkel Ubriaco der Telefonanruf wieder ein. Rosaline, Francis und er saßen schwer atmend auf den einzigen heil gebliebenen Stühlen.
»Nun, dann weiß sie ja, wo wir sind«, sagte Francis. »Was machen wir nun?«

»Wir werden noch heute abend umziehen müssen. Sie kann schon morgen früh hier sein. Bei Amelia weiß man nie.«
»Hat er gesagt, von wo der Anruf kam?«
»Nein. Er kann von überall zwischen hier und Paris gekommen sein.«
»Fahren Sie nicht weg«, bat Rosaline und wischte sich die Augen. »Ich werde so allein sein!«
»Wir werden zurückkommen«, sagte Onkel Ubriaco. Simon, der todunglücklich aussah, lief ziellos im Café umher.
»Wir lassen das meiste von unseren Sachen als Pfand hier«, sagte Onkel Ubriaco. »Das Zelt und alles andere. Was schätzen Sie, auf wieviel wird sich der Sachschaden von heute abend belaufen?«
»Nicht der Rede wert«, erwiderte Rosaline. »Ich habe mir jeden gemerkt, der hier war, und werde sie alle zur Kasse bitten. Wo ist denn die Marquise geblieben?« Pfoebe und der Ziegenbock waren verschwunden. »Machen Sie sich darüber keine Gedanken: eins nach dem anderen.«
Um vier Uhr morgens verabschiedete man sich voneinander. Simon und Rosaline vergossen in dem verwüsteten Café manche Träne. Einmal mehr waren Roger of Kildare und Darling Little Mabel bereit für die Landstraße. Onkel Ubriaco und Francis rissen sich aus Rosalines Armen und versprachen hoch und heilig, oft zu schreiben und bald zurückzukommen. Sie schwangen sich auf ihre Fahrzeuge und radelten aus dem Dorf. Ziemlich bedrückt sang Francis:

Do you know my Aunt Eliza? Wha, ha, ha, ha, haa.
She is blue but don't despise her. Wha, ha, ha, ha, haa.
Now you'll excuse me laughing like I'm inclined to do –
But, do you know my Aunt Eliza? Wha, ha, ha, ha, haa.

Sagt, kennt ihr meine Tante Eliza? Wa, ha, ha, ha, haa.
Sie ist traurig, doch verspottet sie nicht. Wa, ha, ha, ha, haa.
Verzeiht, daß ich lache, dazu neige ich halt –
Doch kennt ihr meine Tante Eliza? Wa, ha, ha, ha, haa.

Ubriaco und Francis saßen in den öffentlichen Gartenanlagen von Nîmes und fragten sich, was sie tun sollten. »Ich mochte Saint-Roc«, sagte Ubriaco. »Es ist ein Jammer.« Vor ihnen erhob sich ein Denkmal aus dem achtzehnten Jahrhundert, bei dem lasziv sich streckende Frauenkörper und fettleibige Putten ein kaum zu entwirrendes Knäuel bildeten.

»Das hier«, sagte Onkel Ubriaco, »ist der schönste Park der Welt. So, und was genau machen wir jetzt?«

»Weiß ich nicht«, entgegnete Francis, sich mit seinem Hut Kühlung zufächelnd. »Aber Frankreich ist groß. Wir könnten bei jemandem Station machen, den du kennst. Du scheinst ja ohnehin jeden zu kennen.«

Onkel Ubriaco dachte eine Weile nach. »Das ist eine gute Idee«, sagte er plötzlich, »und ich glaube, ich hab's! Aber er wohnt weit fort von hier, irgendwo in der Gegend von Béziers.«

»Wer ist es denn?«

»Jerome Jones. Er ist Schuhmacher und immer zu Hause, weil er gelähmt ist und sich nur von der Taille an aufwärts bewegen kann. Er ist ein reizender Mensch und wird sich freuen, uns zu sehen.«

Jerome Jones lebte in dem Dorf Sansnom. Es war ein abgelegenes, stilles Nest mit engen, verschwiegenen Gassen, in die das Laub von Weinreben und Bäumen hineinhing. Jerome Jones' Laden lag an dem kleinen Dorfplatz, gleich beim Brunnen. Er saß in der Nähe eines großen, niedrigen Fensters, das von einem Baum beschattet wurde, auf einer Matratze. Das Zimmer war weiß getüncht und hatte keine Möbel, aber an den Wänden entlang standen wie geduldige Gespenster Hunderte von Schuhen und Holzpantinen. In der Mitte des Zimmers wuchs ein Zitronenbaum, der Jeromes ganzer Stolz war und den er vor seiner Lähmung von einer Reise nach Sizilien mitgebracht hatte.

»Ich habe an Sie gedacht«, sagte er zu Onkel Ubriaco. »Und ich habe Sie kommen hören.«

Er hatte einen großen, kahlen Schädel mit einem Kranz schwarzer Haare und ein schmales, elfenbeinfarbenes Gesicht, glatt und alterslos.

»Ich habe Ihnen viel zu erzählen, aber zuerst wollen wir zu Mittag essen. Wie Sie sehen, bin ich bei bester Gesundheit.« Sie setzten sich auf den Boden, und die alte Dienstmagd brachte ihnen haufenweise Ofenkartoffeln mit Butter und Salat und dazu einen ausgezeichneten Weißwein. Jerome selbst trank Wasser. »Wenn Sie sich erinnern«, sagte er zu Onkel Ubriaco, »ich war ständig betrunken, aber inzwischen habe ich's so eingerichtet, daß ich mir durch einen Freund, der alle vierzehn Tage nach Marseille fährt, regelmäßig Opium besorge. Das ist viel besser als Alkohol: Die Wirkung ist weniger stark, hält aber länger an, und ich fühle mich sehr wohl. Ich bin beinahe Abstinenzler geworden.« Er lächelte.

»Ich bin gespannt zu erfahren, wie es Ihnen inzwischen ergangen ist«, sagte Onkel Ubriaco. »Mir scheint, es ist lange her, daß ich das letzte Mal hier war.« Die Atmosphäre in Jeromes Zimmer erinnerte Francis an Abenddämmerung. Auch der kleine Laden, durch den man hindurchmußte, um in Jeromes Zimmer zu gelangen, schien keine Besucher zu kennen. Und wenn man in das Zimmer selbst kam, das auf einen feuchten, grünen Garten hinausging, wurde es ruhig und still, und sogar das Licht war grünlich, wie das eines Aquariums.

»Ich hatte das dringende Bedürfnis, Sie zu sehen und mit Ihnen zu sprechen«, entgegnete Jerome und zündete eine Lampe für seine Opiumpfeife an. Er sog einen großen Schwall Rauch ein und sprach weiter, wobei er den Rauch in sich behielt und nur nach und nach ein kleines Wölkchen davon in die Luft steigen ließ.

»Ich sehe in letzter Zeit kaum jemanden. Die Menschen sind im allgemeinen solche Dummköpfe, daß ich es meistens vorziehe, allein zu sein. Sie können sich also vorstellen, daß es ein großes Vergnügen ist, Sie zu sehen. Ich rauche, träume, arbeite und esse eine Menge eingemachtes Obst. Ich liebe Eingemachtes«, fügte er hinzu und öffnete eine große Holzschachtel voller Bonbons. Jeder nahm sich eines. »Ich habe sehr viel an Sie gedacht, Ubriaco, und hatte wirklich das starke Bedürfnis, Sie wiederzusehen. Sagen Sie, wie geht es Amelia?«

»Amelia«, erwiderte Onkel Ubriaco, »wird jeden Tag christlicher. Inzwischen ist sie fast unerträglich. Ich habe sie seit einer Weile nicht mehr gesehen.«

»Ich wußte, daß Sie von ihr weggegangen sind«, sagte Jerome. »Und das hat mich gar nicht gewundert. Ich habe noch nie jemanden gesehen, der sich in sieben Jahren so verändert hat. Als ich sie das erste Mal sah, war sie ein entzückendes, fröhliches kleines Mädchen. Später dann, nachdem sie in diesem Kloster gewesen war, schien sie zu einem hysterischen alten Weib zu entarten. Sie muß jetzt ungefähr vierzehn sein, oder? Sogar ihr Gesicht ist hohlwangig und spitz geworden. Jammerschade.«

»Ja, früher war sie bezaubernd«, sagte Onkel Ubriaco. »Als sie ungefähr sieben war.«

»Erwachsene sind furchtbare Menschen«, sagte Jerome. »Und

fast jeder, der über zehn ist, versteinert. Allerdings können auch Kinder unausstehlich sein. Man muß Geburtstage völlig ignorieren, um überhaupt annehmbar zu sein.«

»Hier sind Sie außer Gefahr«, sagte Onkel Ubriaco. »Und wie ich sehe, haben Sie keine Uhr.«

»Nein, überhaupt keine Uhren«, antwortete Jerome. »Und ich mache es mir zum Prinzip, nie zu wissen, was für ein Datum und welcher Wochentag gerade ist. Es müssen ungefähr fünfzehn Jahre her sein, daß ich das letzte Mal in einen Spiegel gesehen habe. Ich habe keine Ahnung, wie ich aussehe. Die alte Valérie rasiert mich jeden Morgen, und ich weiß, daß ich kahl werde, aber das ist auch schon alles. Ich bin nicht neugierig auf mein Gesicht. Der Zufall hat mich außerhalb des aktiven Lebens gestellt, drum genieße ich das andere so vollständig, wie ich kann.«

Er erhitzte über seiner Lampe kleine Opiumkugeln und rauchte sie in einem einzigen langen Atemzug. Es roch sehr süß. »In den letzten drei Tagen«, fuhr er fort, »habe ich mich an einem Traum erfreut, der sich jede Nacht fortsetzt. Es ist ein sehr eigenartiger Traum, und ich verfolge mit großem Interesse, was als nächstes geschehen wird. Er beginnt mit einem blaßgrünen Schneesturm in einer ländlichen Gegend, die weder hell noch dunkel ist. Es ist, als wanderte ich mühelos durch den Schnee, an Bäumen vorbei, deren Äste wie zerzauste Flügel sind und die es auf mich herabtropfen lassen, wenn ich an ihnen vorübergehe. Mir ist weder warm noch kalt, und ich kann nicht sagen, ob ich irgendwelche Kleider anhabe. Unterwegs begegne ich verschiedenen Personen, die als Umrisse deutlich erkennbar sind, dabei aber keine Gesichter haben. Sie sind unterwegs so wie ich, in verschiedene Richtungen. Die Gegend ist eintönig, und in weiter Ferne kann ich Gebäude sehen, aber manchmal stoße ich unterwegs auf Vogelkäfige – manche von ihnen leer und andere mit verschiedenen Formen darin –, auch Terrakottabüsten und stellenweise gepunktete Statuen, die unterschiedliche Dinge darstellen.

Mein Weggefährte bei alldem ist eine durchsichtige Kugel, die immer dicht hinter mir ist, wohin ich auch gehe. Sie singt, während wir umherziehen, aber ich höre keine Worte, obwohl die Stimme ganz klar ist. Es ist etwas Unerträgliches am Gesang dieser durchsichtigen Kugel. Einige Zeit danach kommen wir zu einem Kloster, wo wir beide von einer Anzahl von Mönchen mit Hundeköpfen herzlich empfangen werden. Sie sagen, sie seien Vollblutengel und das Kloster sei ihr Stall. Wir werden in einen riesigen Kreuzgang geführt, der sich rings um einen Garten erstreckt, in dem Bäume mit Früchten stehen, die an den Zweigen entlangwandern. Es schneit immer noch. In der Mitte des Gartens befindet sich ein diamantförmiges, von Eis bedecktes Wasserbecken. Auf dem Eis steht ein junges, schönes Mädchen aus Terrakotta, aber sie ist keine Statue wie diejenigen draußen. Sie ist lebendig.« Er hielt inne und sagte dann: »Bis dahin geht der Traum.«

An den folgenden Tagen in Sansnom schien Jerome kaum außerhalb seines Traums zu leben. Auch Francis und Onkel Ubriaco wurden in die Atmosphäre, die ihn umgab, hineingezogen; sie lebten in der unendlichen Stille von Jeromes Zimmer, hörten ihn sprechen und sahen zu, wie er sein Opium rauchte. Nur sehr selten verließen sie das Haus, um ins Dorf zu gehen. Manchmal saßen sie nackt in dem Bach, der durch den Garten hinter Jeromes Haus floß, und gingen dann in sein Zimmer zurück, wo er schon darauf brannte, ihnen zu erzählen, was in der Nacht passiert war.

»Ich bin dem Terrakottamädchen begegnet«, erklärte er. »Es schneit immer noch, das Mädchen kommt zu mir und drückt mir ein kleines Veilchen in die Hand. Sie sagt, das sei mein Hochzeitsgeschenk, wir würden bald heiraten.«
Francis glaubte, um Jeromes Kinn herum einen smaragdgrünen Schatten gesehen zu haben, doch er entschied, das müsse wohl ein Lichtreflex von draußen aus dem Garten gewesen sein.

Sie wurden alle trübsinnig und verloren mehr und mehr das Interesse an der Welt außerhalb von Jeromes Zimmer. Sie saßen kaum noch in dem Bach im Garten und dachten nie ans Essen oder daran, was gerade für ein Wochentag war, ja, sie vergaßen sogar, sich an den Sonntagen zu langweilen.
Sie wußten nicht, wie lange sie schon in Sansnom waren, aber die Sonne schien noch heiß vom Himmel, deshalb nahmen sie an, daß noch nicht Winter war. Immerhin dachte Francis daran, Rosaline eine Ansichtskarte zu schicken, auf der er schrieb, sie seien bei guter Gesundheit und würden gern ein paar Neuigkeiten aus Saint-Roc erfahren. Postwendend kam ein Brief von Rosaline:

Liebe Freunde,
ich habe eine Menge Neuigkeiten für Sie und freue mich, daß ich jetzt Ihre Adresse habe. Folgendes habe ich zu erzählen: Vor einer Woche, als ich aus Pontfantôme zurückkam, sagt la Marie zu mir: »Da war ein Telefonanruf aus Paris für dich. Um neun Uhr wird man noch einmal anrufen.«
»Ich werde da sein«, sage ich. Um Viertel nach neun werde ich zur Telefonzelle gerufen.
»Wer ist da?« frage ich.

»Mademoiselle Ubriaco! Ich möchte mit meinem Vater sprechen.«
»Der ist weggefahren.«
»Hat er irgendwelches Gepäck dagelassen? Glauben Sie, daß er zurückkommt?«
»Er hat kein Gepäck dagelassen.«
»Hat er seine Rechnung bezahlt?«
»Er schuldet mir nichts.«
»Hatte mein Vater jemanden bei sich?«
»Einen jungen Herrn und manchmal eine Dame.«
»Das ist sehr bedauerlich. Hatte mein Vater einen guten Appetit?«
»Ihr Vater hatte einen sehr guten Appetit.«
»Wissen Sie, wohin er gefahren ist?«
»Das darf ich nicht sagen. Wenden Sie sich lieber an andere Leute im Dorf. Kann sein, daß sie es Ihnen sagen können.«
»Danke. Auf Wiederhören.«
»Auf Wiederhören, Mademoiselle.«
Und ich habe eingehängt. Vor drei Tagen kommt nun der Pfarrer zu mir und sagt, er habe einen Brief von Ihrer Tochter erhalten, in dem stehe, Sie trieben sich mit ordinären Personen in Frankreich herum und es sei seine, des Pfarrers, Pflicht, ihr zu helfen, Sie ausfindig zu machen. »Es ist nicht unsere Sache«, sagt der Pfarrer zu mir, »uns in solche Dinge einzumischen. Aber dieser Monsieur hat Ihnen geholfen, Ihr Brot zu verdienen.«
»Hab verstanden, Herr Pfarrer«, antworte ich. Seitdem habe ich von Ihrer Tochter einen Brief und zwei Telegramme erhalten, alle in etwa desselben Inhalts wie unser Telefongespräch. Sie haben keinen Grund, sich deswegen aufzuregen, sie hat keine Ahnung, wo Sie sind, und ich glaube nicht,

daß sie hierherkommen wird, deshalb können Sie bald zurückkommen. Sie fehlen mir beide sehr.
Simon und meine Mutter umarmen Sie.

Herzlichst
Ihre Freundin
Rosaline

Sie lasen den Brief zweimal, sprachen eine Weile darüber und vergaßen ihn.

Jerome schlief immer länger in den Vormittag hinein. Manchmal wurde er nicht vor Mittag wach und ging schon um halb acht abends zu Bett. Er vernachlässigte seine Arbeit. Die Zahl seiner Opiumpfeifen stieg, und er schien den Rauch gieriger einzusaugen als zuvor.

»Mein Adlatus hat mich wieder hinaus in den Schnee geführt. Viele Menschen, die auf Flöten aus Knochen spielen, ziehen vorüber. Der Kugel scheint das zu gefallen, und sie hüpft fröhlich umher. Weit weg in den Bergen, von denen die meisten Vulkane sind, scheint eine Jagd stattzufinden. Schon wenig später springt uns das verfolgte Tier über den Weg; es ist ein Wolf. Mein Adlatus haut ihm seinen Rosenkranz auf den Kopf, und er verendet auf der Stelle. Er hebt ihn auf und wirft ihn sich zufrieden lächelnd über die Schultern. ›Das Hochzeitsessen‹, sagt er.«

Jerome war der nächste, der einen Brief von Amelia erhielt. Er gab sich große Mühe, Interesse daran aufzubringen, doch die Anstrengung schien zuviel für ihn zu sein. Er drückte Onkel Ubriaco den Brief in die Hand und schien damit in seine eigene Gedankenwelt zurückzukehren. In dem Brief stand, Amelia habe die Absicht, Jerome zu besuchen, »da ich Ihre Klugheit kenne«, und daß sie ihn »um Rat in dieser

Sache bitte, die mir das Herz zerreißt«. Zum ersten Mal seit vielen Tagen gingen Ubriaco und Francis hinaus auf den Dorfplatz, um nachzudenken. Es hatte etwas Bestürzendes, wieder einmal im hellen Sonnenschein zu sein. »Ich komme mir vor wie ein Pilz, der im Dunkeln gewachsen ist«, sagte Francis.

»Wir müssen Jerome auf Wiedersehen sagen«, meinte Ubriaco, der sich der Wärme draußen auf angenehme Weise bewußt war: Eigentlich war Jeromes Zimmer doch recht kühl und dunkel.

Als sie dem Schuhmacher eröffneten, sie müßten fort, nickte er nur und sagte, er werde versuchen, Amelia zu beruhigen. Anscheinend fiel es ihm schwer zu sprechen, und als sie sich von ihm verabschiedeten, glaubte Francis zu sehen, daß sein Blick sich verschleierte.

Sie fuhren, immer in Richtung Saint-Roc, auf die Berge der Lozère zu. Es war ein schwermütiges rotes Land, das sie da durchquerten. Das Wetter schlug um, und sie radelten einen hohen Berg hinauf, zu dem eine extrem steile Straße emporführte, und weit oben nahe dem Gipfel erreichten sie ein Plateau, auf dem alle Bäume bleich wie Gerippe und blätterlos waren. Es war eine eintönige, silbrighelle, leblose Ebene. Dann fuhren sie in einer halsbrecherischen Abfahrt hinunter zu einer kleinen Stadt, die inmitten dichtbewaldeter Berge lag. Dort blieben sie eine Nacht und radelten tags darauf weiter. Nach einer mehrtägigen Fahrt entschieden sie sich für ein Dorf, das von dem Flüßchen Lozère in zwei Hälften geteilt wurde. Es war kalt. Die Menschen wirkten feindselig wie die in Pfoebes Gegend, verroht vom Scharren in ihrer kärglichen Erde.

Etwas anderes als spazierengehen konnten sie kaum tun.

Manchmal kletterten sie zwischen den großen Steinblökken im Flußbett umher, oder sie stiegen auf die felsigen Spitzen der umliegenden Berge, wo Onkel Ubriaco von Astronomie sprach. Dabei stellte er fest, daß Francis in der Tat sehr ungebildet war, und er brauchte lange, um ihn beispielsweise von seinen falschen Vorstellungen über den Mond zu befreien: Francis hatte immer gemeint, er nehme ganz real zu und ab. Sie sahen eine Menge Heuschrecken unterschiedlicher Farbe – blaue, grüne und rote –, ferner eine Natter und einen Bussard. Onkel Ubriaco erklärte, Pilze bestünden weitgehend aus der gleichen Substanz wie das Weiße der Eier. Da Francis keine Eier mochte, stießen ihn nun auch die Pilze ab. Onkel Ubriaco schien eine Last mit sich herumzutragen, und wenn er Francis nicht gerade über die verschlungenen Wege der Natur aufklärte, war er schweigsam und geistesabwesend. Außerdem hatte er sich eine schlimme Erkältung zugezogen und sprach oft sehnsüchtig von der Sonne in Saint-Roc, die jetzt sicher noch schien.

Während Onkel Ubriacos langer Schweigephasen vertrieb sich Francis die Zeit damit, an die glücklicheren Tage seines Lebens in Crackwood zurückzudenken. Viele waren es nicht. Er erinnerte sich, in einem harten Winter auf einem See nördlich von Crackwood Schlittschuh gelaufen zu sein und sich hinterher mit Pretty, dem Chauffeur, mit Warmbier betrunken zu haben. Er hatte noch den Geruch des Pubs in der Nase und sah die riesige Terrine mit Warmbier vor sich, das, mit Kräutern versetzt, auf dem Ofen blubberte. Er erinnerte sich an die im Bier schwimmenden Bratäpfel und die Zimtstangen und wie er, als er richtig berauscht war, versucht hatte, Pretty einen rothaarigen Mann zu zeigen, der mit zwei Körben Sommerblumen durch den Schnee stapfte. Er erinnerte sich, wie er sich zum ersten Mal geweigert hatte, in die Kirche zu gehen, und an die Szene mit seiner Mutter vor der Toilette. Er erinnerte sich, wie ihm auf dem Tennisplatz vor einer ganzen Partygesellschaft von Einheimischen schlecht geworden war und wie man ihn aufgefordert hatte, den Jägerball zu verlassen. An den Geruch des Sandelholzes in dem elfenbeinernen Nähkasten, an die Lügen, die er sich ausdachte, wenn er zu spät zum Abendessen kam. Er träumte vor sich hin und beobachtete Onkel Ubriaco aus den Augenwinkeln.

Irgendwann erklärte dieser dann: »Ich halte es hier nicht länger aus.«

»Na, dann laß uns gehen«, sagte Francis.

»Das würde nichts ändern«, sagte Ubriaco trübsinnig.

»Könnten wir nicht nach Saint-Roc zurückkehren?«

So machten sie sich bei strömendem Regen auf den Weg nach Saint-Roc.

Rosaline war überglücklich, und es war angenehm warm.

»Gestern abend«, sagte Rosaline, »habe ich in Ihrem Schlafzimmer eine Spinne gesehen. Das bedeutet Hoffnung. *Araignée le soir: espoir. Araignée le matin: chagrin.* Da wußte ich, daß Sie zurückkommen würden.«

Sie gingen hinab zu dem Pilzfelsen und schwammen ein wenig. Als sie zurückkehrten, war Simon im Café, um sie willkommen zu heißen. In der Nacht regnete es ein bißchen, und so zogen sie am nächsten Tag hinaus, um Schnecken zu suchen. Der Fluß war etwas angestiegen. »Nehmen Sie keine Schnecken vom Friedhof«, mahnte Rosaline sie, »sonst weigere ich mich, sie zuzubreiten. Aber Sie finden haufenweise welche auf dem Mäuerchen, das sich an Noëls Weinberg entlangzieht.«

Sie sammelten etwa drei oder vier Dutzend von den Kriechtieren.

»Man läßt sie drei Tage hungern«, sagte Onkel Ubriaco, »dann säubert man sie in Essig- und Salzwasser. Das entschleimt sie, dann sind sie sauber für die Zubereitung. Danach kocht man sie in heißem Wasser und bereitet eine Knoblauchsoße vor. Sie schmecken köstlich.«

»Es sind eine ganze Menge für uns drei«, sagte Rosaline und stach einer großen Schnecke in ihren weichen grünen Körper. »Wir können sie mit einem Tablett obenauf in den Wäschekorb tun. Jetzt, wo der Fluß kalt wird, wasche ich ja nicht viel.«

Francis erwachte früh am Morgen. Onkel Ubriaco schlief noch. Er beobachtete eine Spinne, die sich an ihrem Faden von der Zimmerdecke herabließ und im Sonnenlicht baumelte, das durch die Fensterläden hereindrang. Er versuchte, sich an Rosalines Sprichwort zu erinnern: *Araignée le matin, araignée le matin*; Spinne am Morgen, Kummer und Sorgen, sagte er zu sich selbst; Spinne am Abend, erquickend und labend.

Jemand klopfte sehr leise an die Tür. Es war Rosaline. »Ihre Tochter ist da«, flüsterte sie aufgeregt. »Sie wollte Ihnen schon Ihren *café au lait* heraufbringen, aber das habe ich nicht erlaubt.«

»Verdammt!« rief Onkel Ubriaco wütend. »Ich muß wohl hinuntergehen und guten Tag sagen.«

Francis blieb drei Stunden allein. Jedesmal, wenn die Uhr schlug, sagte er: »Hör's nicht, Duncan, denn 's ist Totengebimmel / Es ruft dich zur Hölle oder in den Himmel.« Da die Uhr die Viertel- ebenso wie die halben und die vollen Stunden schlug, ärgerte er sich, daß er fortwährend dasselbe sagte, merkte aber, daß er nicht damit aufhören konnte.

Dann und wann erschien Rosaline mit dem Bericht zur Lage. »Sie haben sich gleich geküßt. Er fragte: ›Was tust du hier, Amelia?‹, sah dabei aber nicht ärgerlich aus.« Oder: »Sie sind Arm in Arm hinunter zum Fluß spaziert, es sieht nicht gut für Sie aus.« Francis verlor fast den Verstand. Schließlich kam Onkel Ubriaco zurück. »Sie scheint recht ruhig zu sein«, sagte er, »möchte dich aber nicht sehen.«

»Was hast du jetzt vor?« fragte Francis.

»Ich werde sie von hier wegschaffen müssen«, erklärte Ubriaco. »Sie hat mir versprochen, daß sie nicht mehr verlangt, als daß ich drei Tage mit ihr verbringe. Ich werde gehen müssen. Ich bringe sie zu einer Tante in Valence und komme danach zurück.«

»Setz sie in einen Zug«, sagte Francis.

»Nein, das geht nicht«, erwiderte Onkel Ubriaco.

»Du kommst doch nie und nimmer zurück«, sagte Francis.

»Aber natürlich tue ich das.«

»Mach dich nicht dümmer, als du bist.«

»Hab ich nicht gesagt, daß ich mich selbst um meine Angelegenheiten kümmern kann?«

»Wenn du gehst, wirst du mich hier nicht mehr antreffen. Ich werde fort sein.«

»Das kannst du nicht tun.«

»Ihre Tochter verlangt unten nach Ihnen«, sagte Rosaline, die plötzlich hereinplatzte.

»Du mußt mir vertrauen und hier auf mich warten«, sagte Ubriaco.

»Nein.«

»Versuch doch zu verstehen, kannst du das nicht?«

»Hör auf, mich zu schütteln, mir fliegen gleich die Zähne heraus.«
»Francis, sei nicht so störrisch.«
»Hältst du mich für einen Idioten?«
»Nein. Bitte, versteh doch.«
»Verstehen!«
»Ja, und warte auf mich – nur drei Tage, und ich bin wieder da, kleiner Francis.«
»Sprich nicht mit mir, als hättest du's mit einem Stück Holz zu tun. Wenn du gehst, gehe ich auch – in die andere Richtung. Sobald du dann deinen Verpflichtungen als Erzeuger so nachgekommen bist, daß das Leben für dich zu ertragen ist, besuche ich dich.«
»Was hast du denn vor?«
»Das ist meine Sache«, entgegnete Francis, der sich tieftraurig die Frage stellte, ob er wohl irgendwo eine Stelle als Concierge oder Toilettenmann finden werde.
»Nein, du mußt unbedingt auf mich warten. Du mußt!«
»Ach, verschwinde und laß mich allein.«
»Jedenfalls komme ich in drei Tagen zurück.«
Onkel Ubriaco ging. Sein Mantel hing noch im Zimmer. Francis starrte ihn an, als versuchte er, ihn von seinem Haken zu hypnotisieren. Weinend kam Rosaline ins Zimmer.
»Er ist so ein schwacher Mensch«, sagte sie.
»Helfen Sie mir beim Packen.«
»Was haben Sie denn vor?«
»Ich gehe fort.«
»Was? Uns verlassen? O nein!«
»Es tut mir sehr leid, Sie zu verlassen, aber ich gehe.«
»Ein kleiner Junge wie Sie ganz allein. Das ist doch grauenhaft!«

»Ja, ein armer kleiner Junge ganz allein in der großen, weiten Welt.«
»Nein, Francis, ich lasse nicht zu, daß Sie gehen. Jedenfalls die nächsten drei Tage nicht. Dann kommt Onkel Ubriaco hierher zurück.«
»Und ich bin inzwischen die Lady of Shalott* oder was? O nein!«
Er fing an, seine Habseligkeiten in einen Kopfkissenbezug zu stopfen. Seine Finger waren eiskalt; Rosaline stand weinend und händeringend daneben.
»So«, sagte Francis, »jetzt gehen wir hinunter und betrinken uns.«
Er setzte sich mit der Alten und mit Tante Gabrielle, einer hünenhaften Frau, die schwerhörig war, in die Küche und trank ein Wasserglas Tresterbranntwein. »Und er hat den armen kleinen Francis ganz allein gelassen!« sagte Rosaline und rekapitulierte dann alle Einzelheiten. »Und nun seht ihn euch an, wie er sich betrinkt!«
Francis sprach den Weinhändler an und erhielt von ihm die Zusage, ihn nach Orange mitzunehmen, wo er noch in der Nacht einen Zug nach Paris bekommen könnte.
Die Familie Pirigou tat mit Bitten und Drohungen alles in ihrer Macht Stehende, um ihn vom Weggehen abzuhalten, doch Francis ließ sich nicht umstimmen.
Um vier Uhr nachmittags setzte ihn der Weinhändler vor dem Bahnhof von Orange ab.
»Der *rapide* fährt nicht vor halb zehn heute abend«, sagte der Fahrkartenverkäufer. Francis gab seinen Kissenbezug bei der Gepäckaufbewahrung ab, ging in die Stadt, trank

* Die Fee Elaine of Astolat ist eine Figur des Artussagenkreises, die einsam auf einer Flußinsel unweit von Camelot lebte. Alfred Lord Tennyson thematisierte sie in seiner Ballade »Lady of Shalott« (Anm. d. Übers.).

vier Tassen schwarzen Kaffee, kaufte sich ein Buch und spazierte in den öffentlichen Park. Die Zeit wollte nicht vergehen. Er stellte fest, daß es ihm nicht möglich war zu lesen, und der Abend war sehr kühl. Er ging zurück in die Stadt und versuchte, sich überfahren zu lassen. Da ihm das mißlang, kaufte er sich eine Schachtel Zigaretten und lief zur römischen Arena, stellte aber fest, daß er es nicht fertigbrachte hineinzugehen. Er kaufte sich eine Zeitung und warf sie sofort wieder weg. Er versuchte, sich gegen das Schienbein zu treten, um zu sehen, ob das weh tat, und es tat weh. Er wollte Lucrezia Borgia begegnen und sich vergiften lassen. Der Gedanke an Essen verursachte ihm Übelkeit. Er ging in ein Café und rief Rosaline an. Zur Erbauung zweier Byrrh-Cassis-Trinker hielt er dabei den Hörer weit von seinem Ohr.

»Fahren Sie nicht heute abend«, ließ Rosaline sich überlaut vernehmen. »Bleiben Sie bis morgen.«

»Na gut, aber nur bis morgen.«

»Bleiben Sie in Orange«, riet die Wirtin, »und geben Sie mir Ihre Telefonnummer, damit ich Sie morgen früh anrufen kann, falls es etwas Neues gibt.«

»Ich rufe Sie heute abend, wenn ich weiß, wo ich übernachte, selbst noch einmal an.«

Der *patron* des Cafés fand ein Hotel für ihn, und er rief noch einmal Rosaline an und erklärte ihr ausführlich, wo er zu finden sei. Um neun ging er zu Bett, schlief aber überhaupt nicht, stand um sieben wieder auf, trank zwei Tassen schwarzen Kaffee und machte einen Spaziergang. Als die Läden öffneten, kaufte er eine Flasche *fine* und Weintrauben und kehrte in sein Zimmer zurück. Der Vormittag schien nicht vergehen zu wollen. Francis zählte die Dächer der Häuser und versuchte, sich zu betrinken. Um elf rief man ihn ans Telefon. Er konnte kaum sprechen, so sehr schmerzte ihn der Mund vom Rauchen. Es war Rosaline. Anscheinend hatte Onkel Ubriaco bei ihr angerufen. »Ich habe ihm gesagt«, erklärte Rosaline, »daß Sie nicht mehr da sind. Und ich habe ihm Ihre Telefonnummer gegeben und gesagt, Sie seien in Orange, daß Sie aber, wenn Sie nichts von ihm hören würden, heute nacht abreisen wollten, wahrscheinlich nach Amerika oder China, um sich auf den Mädchenhandel zu verlegen. Er sagte, er würde Sie sofort anrufen.«

Francis wartete während des restlichen Vormittags. Er erzählte jedem Kellner, wo er zu finden sei, falls man ihn am Telefon verlange. Aber nichts geschah. Statt des Mittagessens trank er wieder zwei Tassen schwarzen Kaffee und stellte mit Genugtuung fest, daß sein Gesicht im Spiegel bleich und verstört aussah. Am Nachmittag trank er noch mehr von dem *fine* und versuchte einzuschlafen. Es geschah immer noch nichts. Um halb vier bestellte er sich ein Taxi, teilte für den Fall, daß jemand namens Onkel Ubriaco anrufe, allen Kellnern seinen Namen mit und bat sie, auszurichten, er sei nach Saint-Roc und nicht nach Amerika gefahren und habe vier Stunden vergeblich auf einen Anruf gewartet. Dann stieg er in das Taxi und fuhr zurück nach Saint-Roc.

»Ich verstehe das überhaupt nicht«, sagte Rosaline. »Es war ihm doch anscheinend so wichtig, zu erfahren, wo Sie sind. Ich hoffe, es ist nichts Schreckliches passiert. Die Leute im Dorf sagen, sie habe einen Revolver gehabt.«

»Das glaube ich nicht«, sagte Francis verärgert.

»Sie sehen aus wie eine arme, verstörte Seele«, sagte Rosaline. »Soll ich Ihnen einen Kakao machen?«

»Meinetwegen«, sagte Francis und rief in Orange an. Aber dort wußte man nichts Neues.

»Trinken Sie eine schöne Tasse frischen Kaffee«, sagte la Marie, »und dann lege ich Ihnen die Karten. Sie werden eine dunkelhaarige Dame heiraten und zu Geld kommen. Aber Ihnen steht auch ein bißchen Kummer bevor.«
»Das wundert mich nicht«, sagte Francis. »Wird er zurückkommen?«
»Ich würde sagen, nein«, entgegnete la Marie.
In dieser Nacht sangen einige Arbeiter aus Montpellier im Café ihre Lieder. Sie schüttelten den Kopf über Francis' Geschichte, so wie Rosaline sie ihnen erzählte. »Wir glauben nicht, daß er zurückkommt«, sagten sie. Den ganzen nächsten Tag über telefonierte Francis mit Orange, aber es gab immer noch keine Neuigkeiten. Er ging im Fluß schwimmen, der eisig kalt und von den Regenfällen in den Bergen ganz braun war. »Wahrscheinlich bringt er sich um«, sagte Rosaline. »Und sein armer kleiner Leichnam wird zusammen mit dem ganzen Treibholz ins Meer gespült. Ach, seine arme Mutter!«
Da rief Amelia an und sagte, ihr Vater fühle sich zu müde, um heute noch zu kommen, und ob Rosaline so freundlich wäre, das Gepäck nachzuschicken. Nein, sagte Rosaline, das werde sie nicht tun. Als man das Francis erzählte, setzte er sich laut fluchend und Gotteslästerungen ausstoßend auf die Terrasse. Rosaline ermahnte ihn, nicht solche gräßlichen Dinge zu sagen. Ganz plötzlich aber verstummte er, und sein Mund stand weit offen: Auf Darling Little Mabel sitzend, fuhr mit zerrissener Jacke und blutendem Gesicht Onkel Ubriaco auf den Dorfplatz. Er sah aus, als hätte er eine Stunde oder länger mit zwei rasenden Tigern verbracht. Francis starrte ihn sprachlos an, als er die Stufen heraufkam.
Onkel Ubriaco ergriff seine Hand und begann, etwas von

einer furchtbaren Zeit zu reden, die er hinter sich habe. Francis wußte nicht, wie lange sie schon im Café saßen, als plötzlich mit leichenblassem Gesicht Rosaline hereinstürzte.

»Sie kommt!« stieß sie hervor und verriegelte die Tür. Tatsächlich hörte man Sekunden danach von draußen dumpfe Schläge und lautes Geschrei. Francis ging hinaus und erhielt einen Schlag ins Gesicht – von Amelia.

»Das sieht wie eine endgültige Entscheidung aus«, sagte Francis zu Onkel Ubriaco. »Schickst du sie weg, oder gehst du?« Onkel Ubriaco schaute todunglücklich drein und schüttelte den Kopf.

»Ich weiß es nicht.«

»Du *mußt* es wissen«, sagte Francis. »Was möchtest du lieber?«

»Ich weiß es nicht«, wiederholte Ubriaco und blickte verstohlen von der einen zum anderen. Amelia kicherte.

»Dann geh doch in Dreiteufels Namen«, rief Francis. Rosaline ging hinaus, um das Gepäck zu holen.

»Und geh schnell«, fuhr Francis fort. »Ich ertrage das nicht. Ich will, daß man mich allein läßt.« Er wandte die Augen von den beiden Fahrrädern ab. Zehn Minuten später brachen sie auf. Amelia saß auf Roger of Kildare und streckte Francis die Zunge heraus, als sie losfuhren.

Mit bleichem Gesicht stand Francis auf der Terrasse und starrte ins Leere. Das ganze Dorf lehnte aus den Fenstern, entzückt über diese kostenlose Unterhaltung. Ohne nach rechts oder links zu sehen, ging Francis schnurstracks in die Kirche, stellte sich in die Mitte des Seitenschiffs, knöpfte sich die Hose auf und urinierte.

In the steps of my good Saviour,
Like all us good believers,
I open up my trousers,
And bless with holy water.

Auf den Spur'n meines lieben Erlösers
Knöpf' ich mir hier wie wir guten
Glaubensbrüder alle die Hose auf
Und spend' Segen mit heiligem Wasser.

Dann verneigte er sich mit noch offener Hose Richtung Altar und ging wieder hinaus. Er lief hinunter zum Fluß, der durch Schlammassen und Treibholz angeschwollen war. Die Stelle, an der das Zelt gestanden hatte, war nicht mehr zu sehen. Francis glaubte im Wasser zwei Gespenster auszumachen: Onkel Ubriaco und sich selbst. Er zog sich Jacke und Hemd aus und schwamm hinüber in Richtung Mâze. Die Strömung war stark, aber schließlich gelang es ihm, ganz außer Atem, das andere Ufer zu erreichen.

Dann stieg er den Hügel nach Mâze hinauf. Er bemerkte, daß die Landschaft mit den ersten Gelbtönen des Herbstes an Glanz verlor, und war plötzlich froh, daß der Sommer vorüber war. Erneut ging er durch die Gassen von Mâze, das noch düsterer und verlassener wirkte als vorher. Herabhängendes Weinlaub streifte beim Vorbeigehen sein Gesicht, und einmal fiel ihm ein Vogel vor die Füße, der, auf dem Boden aufschlagend, den weißen Staub mit Blut bespritzte. Die Zikaden machten einen so unbändigen Lärm, daß er schließlich das Gefühl hatte, sein ganzer Schädel sei voll von ihnen und jede versuche, die anderen zu übertönen. Der Lärm schmerzte ihn hinter den Augen.

In dem Garten um die Kapelle schien Brombeergestrüpp aus

dem Boden geschossen zu sein, das sich mit langen, dornigen Armen ineinanderkrallte. Der Geruch von Miraldalocks erfüllte die Luft, schwer wie der von Weihrauch.

Francis pflückte sich einen Strauß davon und setzte sich vor die Felswand in der Kapelle.

Er beschloß, die Pflanzen zu essen. Die stacheligen kleinen Blätter kitzelten seine Mundhöhle, und sie schmeckten kräftig und scharf. Er kam sich wie eine wiederkäuende Kuh vor: Es war schwierig und unangenehm, die Pflanzen hinunterzuschlucken. Ein Vogel hüpfte durch das glaslose Fenster herein und sang mit einer Altstimme, die vibrierend durch die Kapelle hallte, als sei dies sein letztes Lied. Es war eine Elster. Ein Schwarm kleiner Fledermäuse fiel in den Refrain ein; sie sangen Bachs h-Moll-Messe.

Miraldalocks selbst sang mit der Elster das *Et in unum*: Die ganz hellen Töne waren fast zu hoch, als daß man sie noch hören konnte, und Francis dachte, die Mauern der Kapelle müßten einstürzen. Es war ein großartiger Vortrag. Am Ende hatten alle Schaum vor Mund und Schnabel. Die Fledermäuse waren so ergriffen, daß sie noch lange nach dem Ende der Messe immer höher umherwirbelten. Miraldalocks wusch sich das Gesicht und tauchte ihre Füße in blaues Wasser. Ein langer Tisch wurde hereingetragen und mit einem Leintuch bedeckt. Bedienstete brachten Obst, Wein und andere Speisen und deckten den Tisch. Ein Festmahl begann. Francis saß am hinteren Ende des Tisches, und er sah, wie aus der weißen Leinentischdecke Rosenstöcke hervorwuchsen und bis zur Decke sprossen, dort ein kompliziertes Muster bildeten und an den Wänden entlang wieder abwärts wuchsen. Blüten in allen Farben – schwarz, rot, weiß, blau, lila – und in allerlei Zwischentönen öffneten sich.

»Sie werden sich bald besser fühlen«, rief Miraldalocks vom

Kopfende des Tisches. »Sie müssen sich zusammenreißen.« Der Raum füllte sich mit wahren Wassermassen, die schon bald bis zur Tischkante reichten. Francis sah, wie Miraldalocks einen Bediensteten herbeiwinkte und ihm etwas ins Ohr flüsterte; dann zeigte sie auf Francis. Der Lakai ging hinaus und stand kurz darauf mit einer riesigen Rassel auf einem Silbertablett neben ihm. Francis kam zu dem Schluß, mit einer Rassel lasse sich nur eines anstellen: sie schütteln. Das tat er auch. Das Geräusch, das er so erzeugte, war ein Zwischending zwischen einem Brummen und einem ohrenbetäubenden Knattern, was er sehr vergnüglich fand. Miraldalocks klatschte in die Hände und rief »Hussa, hussa!«. Den mühsam umherwatenden Bediensteten, die das Essen auftrugen, stand das Wasser bis zur Hüfte. Francis erblickte in dem Wasser sein Spiegelbild und war höchst überrascht, als er feststellte, daß sein Kopf größer geworden war und sich in einen Pferdekopf verwandelt hatte, obwohl sein übriger Körper anscheinend unverändert geblieben war. »Mögen Sie's?« schrie Miraldalocks. »Ich finde, es steht Ihnen.«
»Ja«, sagte Francis, »aber wie lange soll das so bleiben?«
»Oh«, entgegnete sie fröhlich, »Sie werden jetzt immer so aussehen. Ich kannte einmal jemanden, der hatte von Geburt an einen Schweinskopf.«
Die Gäste begannen, Knallbonbons auseinanderzureißen, und zeigten einander die Geschenke, die darin waren. Da gab es Giftschlangen, Nachtigallen, endlos lange Schnüre mit künstlichen Perlen, lebende Kaninchen, Revolver, Jagdmesser und leuchtendrote Kupfermünzen. Bald war der Tisch mit diesen Dingen fast gänzlich bedeckt. Auf den stellte sich dann ein als Weihnachtsengel kostümiertes kleines Mädchen und sagte ein erstaunlich zotiges Gedicht auf; alle schrien ausgelassen und zwickten das Kind in die Beine,

stachen ihm Nadeln ins Hinterteil und feuerten Kugeln auf seinen Kopf ab. Die Kleine ließ sich jedoch nicht beirren und fuhr, leiernd wie in einer Schulklasse, mit ihrem Gedicht fort. Als sie fertig war, ertränkte Miraldalocks sie einfach, indem sie ihr den Kopf so lange unter Wasser hielt, bis keine Luftblasen mehr aufstiegen. Der ramponierte Leichnam trieb rings um den Tisch, und die Gäste warfen gelangweilt mit Gegenständen nach ihm.

»Dieses Festessen«, verkündete Miraldalocks, »findet Ihnen zu Ehren statt, wissen Sie. Ich denke, Sie sollten jetzt eine Rede halten, Francis!«

Folgsam stieg Francis auf den Tisch, verbeugte sich, legte die Hand auf sein Herz und setzte sich inmitten stürmischer Beifallsrufe wieder auf seinen Platz.

Die nächste Belustigung war ein inszenierter Kampf zwischen einem männlichen Kaninchen und einem Kampfhahn, der an einer freigeräumten Stelle in der Mitte des Tisches stattfand. Das Karnickel verteidigte sich heldenhaft, bis ihm beide Augen ausgehackt wurden; danach wurde es schwieriger. Wenig später verendete das Tier, nachdem es, umgeben von den eigenen Innereien, seinen Tod herbeigeschrien hatte. Der Hahn hüpfte auf den Kadaver und krähte.

Miraldalocks packte ihn an einem seiner langen, spornenbewehrten Beine und band ihn sich mit den Füßen in ihre Haare. Er sträubte sich heftig dagegen und schlug mit den Flügeln, um wieder loszukommen, und bildete so über Miraldalocks' abstoßendem Gesicht einen wunderschönen Kopfschmuck aus zuckenden Grün- und Goldtönen. In der sich anschließenden Pause wuchs aus der Felswand eine filigran gemeißelte Sängerempore hervor, auf der ein Frauenchor und zwei männliche Harfenspieler standen, die alle sehr schlicht als alte Griechen kostümiert waren. Sie spielten und sangen Händels gesamten *Messias*. Dann wurde ein goldener Käfig auf den Tisch gestellt. Darin saß ein vor sich hin plappernder Affe, der sich zu befreien versuchte. Diesmal beteiligten sich die Gäste an dem Spaß, indem sie dem tobenden Tier die ausgefallensten Grimassen schnitten. Dann, als der Affe wütend genug zu sein schien, um seine Raserei gegen den eigenen Körper zu richten, öffnete jemand den Käfig, und das Tier stürzte sich unter dem brüllenden Gelächter der Zuschauer geradewegs auf Francis. Der versetzte dem nach ihm greifenden haarigen Körper einen Stoß und versuchte, ihn abzuschütteln. Schließlich zog er sein Taschenmesser hervor und stach mehrmals zu, bis der Affe langsam und blutend ins Wasser sank. Alle brüllten vor Vergnügen, und die Harfenspieler intonierten einen viktorianischen Marsch. Francis schwenkte seine Rassel und wieherte, denn es sollte nicht so aussehen, als schlösse er sich als einziger von der allgemeinen Heiterkeit aus.

Das Spektakel endete mit einem prächtigen Finale, bei dem sich Heuschrecken und eine Vampir-Fledermaus einen erbitterten Luftkampf lieferten. Die toten Grashüpfer prasselten wie Hagelkörner auf den Tisch und die Teller. Das Zuschnappen der umherfliegenden Fledermaus klang über dem Knistern und Zischen der Heuschreckenflügel wie Maschinengewehrknattern. Bis auf wenige Versprengte, die nur halb bei der Sache waren, metzelte die Fledermaus sämtliche Heuschrecken nieder, setzte sich dann auf Miraldalocks' nackten Unterarm und erfrischte sich an ihrem Blut. Die Gastgeberin band sie sich zum wütenden Mißvergnügen des Hahns, der auf ihrem Kopf herumtanzte, wie einen Falken ans Handgelenk.

»Wir lassen sie später einander umbringen«, sagte sie, stand auf und rezitierte einen Text von Baudelaire:

Il faut être toujours ivre. Tout est là: c'est l'unique question. Pour ne pas sentir l'horrible fardeau du Temps qui brise vos épaules et vous penche vers la terre, il faut vous enivrer sans trêve.
Mais de quoi? De vin, de poésie ou de vertu, à votre guise. Mais enivrez-vous.
»Il est l'heure de s'enivrer! Pour n'être pas les esclaves martyrisés du Temps, enivrez-vous sans cesse! De vin, de poésie ou de vertu, à votre guise.«

Man muß stets trunken sein. Darauf kommt alles an: Das ist die einzige Frage. Um nicht die furchtbare Bürde der Zeit zu spüren, die eure Schultern zermalmt und euch zu Boden drückt, müßt ihr euch unausgesetzt berauschen.
Doch womit? Mit Wein, Poesie oder Tugend, wie's euch beliebt. Doch berauscht euch.
»'s ist die Stunde, sich zu berauschen! Um nicht gemarterte Sklaven der Zeit zu sein, berauscht euch ohne Unterlaß! Mit Wein, Poesie oder Tugend, wie's euch beliebt.«

Francis brach in Tränen aus und applaudierte begeistert. Dann stand auch er auf und antwortete mit einem weiteren Text Baudelaires:

Tu sais bien, ô Satan, patron de ma détresse,
Que je n'allais pas là pour répandre un vain pleur;

Mais, comme un vieux paillard d'une vieille maîtresse,
Je voulais m'enivrer de l'énorme catin,
Dont le charme infernal me rajeunit sans cesse.

Que tu dormes encore dans les draps du matin,
Lourde, obscure, enrhumée, ou que tu te pavanes
Dans les voiles du soir passemantés d'or fin,

Je t'aime, ô capitale infâme! Courtisanes
Et bandits, tels souvent vous offrez des plaisirs
*Que ne comprennent pas les vulgaires profanes.**

Du weißt wohl, o Satan, Schutzgeist meines Elends,
daß ich nicht dorthin ging, um eine eitle Träne zu vergießen;

Sondern, wie ein alter Lüstling an einer alten Mätresse,
wollte ich an der gewaltigen Hure mich berauschen,
deren höllischer Reiz mich unaufhörlich verjüngt.

Ob du noch in den Laken der Frühe schläfst,
schwer, dunkel, verschnupft, oder ob du in den von feinem
Gold durchwirkten Schleiern des Abends einherstolzierst,

Ich liebe dich, o verruchte Hauptstadt! Kurtisanen
und Banditen, oft bietet ihr dergleichen Lüste,
die die uneingeweihte Menge nicht begreift.

»Ich bin euer Schutzgeist«, schrie Miraldalocks, und sie zogen durch das aufschäumende Wasser hintereinander aus der Kapelle. Die Harfen spielten die *Kleine Nachtmusik*, und der Chor schmetterte auf die gleiche Melodie »Die verlorene Saite«. Draußen wartete eine Kutsche, und Francis stieg mit Miraldalocks ein. »Fahren Sie zu«, rief letztere

* Auszug aus dem Gedicht »Épilogue«, das zu den Entwürfen eines Epilogs für die zweite Ausgabe von *Les Fleurs du mal* gehört. Die Prosaübersetzung besorgte Friedhelm Kemp für: Charles Baudelaire: Sämtliche Werke/Briefe, Bd 3. München – Wien (Hanser) 1975.

dem Kutscher zu, »und streifen Sie beim Hineinfahren nicht das Wappen am Torpfosten.«
Polternd galoppierten sie los, und die Nacht flog an den Fenstern vorbei. Ab und an brach die Kutsche zur Seite aus, so als seien sie über etwas hinweggerollt. Francis hatte das Gefühl, betrunken zu sein, und ihm war ein wenig übel. Er konnte sich nicht erinnern, bei seinem Festmahl etwas gegessen zu haben, obwohl er wußte, daß es große Mengen Speisen aller Art gegeben hatte. Sie hielten so abrupt an, daß die Pferde auf ihren Hinterhufen noch mehrere Yards weiterrutschten. Sie befanden sich in einem großen Innenhof voller aufgeregter Menschen. Inmitten der Menge waren einige Arbeiter damit beschäftigt, auf einem Podium eine Guillotine aufzustellen. Die Verrichtungen wurden durch Bogenlampen erhellt.
»Hurra, wir sind pünktlich da«, rief Miraldalocks und rieb sich die Hände. Der Hahn auf ihrem Kopf krähte. »Ich habe die Königsloge reservieren lassen«, sagte sie zu Francis. »Wir müßten eine ausgezeichnete Sicht haben.«
Ein Bediensteter führte sie zu ihren roten Plüschsesseln. Miraldalocks beugte sich vor, um sich abfällig über die Menge unter ihnen auszulassen.
»Was werden wir denn sehen?« fragte Francis. »Sie haben mir nichts erzählt.«
Miraldalocks gluckste vor heimlicher Freude.
»Das ist eine Überraschung«, sagte sie und stieß ihm schmerzhaft ihren spitzen Zeigefinger in die Rippen. »Warten Sie's ab, Sie werden schon sehen.«
Eine Blaskapelle hatte sich am entfernten Ende des Podiums versammelt und stimmte nun die Nationalhymne an. Jeder Musiker trug quer über dem Bauch eine blaue Schärpe. Der Henker, ein kleinwüchsiger Mann mit einer Melone auf

dem Kopf, schleppte einen großen, mit einem Deckel verschlossenen Weidenkorb herbei, den er behutsam hinter die Guillotine stellte. Er nahm den Deckel ab und verbeugte sich vor der Menge: Der Korb war mit Lilien gefüllt. Ein Gemurmel erhob sich. Als nächster erschien der Priester. Er hob nicht den Kopf, sondern las in einem fort mit lauter Stimme Gebete aus einem Buch, das er in den Händen hielt. Er stellte sich auf die rechte Seite der Guillotine und nahm wie ein Wachtposten Haltung an. Zwei Gehilfen bestreuten den Boden rings um die Guillotine mit Reismehl. Die Menschenmenge verstummte erwartungsvoll. Den Raum zur Linken der Guillotine nahm ein riesiges, mit Bändern und Blumen geschmücktes Holzpferd ein, das mit einem Flaschenzug auf das Podium gehievt worden war.

»Möchten Sie eine Schachtel Konfekt oder eine Apfelsine?« flüsterte Miraldalocks. »Der Verkäufer kommt gleich vorbei. Heute abend ist es gratis.«

»Nein«, erwiderte Francis, »ich möchte nichts, danke.« Plötzlich wurde die Nacht durch ein Feuerwerk erhellt, das drohend zum Neumond emporknatterte. In dem unversehens herrschenden hellen Licht flog auf der linken Seite des Innenhofs eine Tür auf, und die Menge bildete eine schwankende Gasse, um drei dunkel gekleideten Gestalten Durchgang zu gewähren. Als sie auf das Podium stiegen, sah Francis, daß der kleinste von den dreien ihm auffallend ähnelte – ihm, so wie er aussah, bevor ihm der Pferdekopf gewachsen war. Seine Hände waren gefesselt, und er trug eine hellgraue Trikothose und ein schwarzes Wams. Da wußte Francis, daß er hingerichtet werden sollte. »Ich kann nicht dableiben und mir das ansehen«, sagte er zu Miraldalocks. »So etwas kann man doch nicht machen!«

»Pst!« machte Miraldalocks, ganz in das Schauspiel vertieft.

»Was sollen die Leute sagen, wenn Sie die ganze Zeit plappern?« Francis blieb auf seinem Platz.
»Haben Sie noch etwas zu sagen?« fuhr der Henker den jungen Mann an. »Oder einen letzten Wunsch?« Der Delinquent antwortete nicht. Daraufhin hielt ihm der Priester eine Konservendose mit großen Murmeln hin, die er aus seiner Soutane hervorgezogen hatte. »Die werden Ihnen helfen, an etwas anderes zu denken«, sagte er. Der junge Mann rührte sich immer noch nicht.
»Tritt vor, mein Junge«, sagte einer der Gehilfen des Henkers und warf einen raschen Blick auf seine Taschenuhr. »Wir können nicht die ganze Nacht hier herumstehen.« Er führte den Jüngling freundlich zur Guillotine und schob ihm ein Kissen unter die Knie. »Danke«, sagte der Junge. Das war das einzige Wort, das er sprach.
Der Priester rasselte allerlei Gebete herunter, als wollte er die verlorene Zeit wieder aufholen. Da betätigte der Henker einen Griff, und das Fallbeil sauste herab und trennte dem Jungen den Kopf ab, der fein säuberlich in den Korb mit den Lilien flog und dabei mit einem Blutspritzer die neue Hose des Henkers besudelte. Die Menge stöhnte auf, und gleich danach brach sie in lauten, einhelligen Beifall aus, in den Miraldalocks kräftig einfiel. Francis bemerkte, daß zwei kleine Widder, ein schwarzer und ein weißer, aus dem Korb sprangen, zweimal um die Guillotine liefen und dann in die Menschenmenge hüpften.
»Sehen Sie sich das Podium an«, sagte Miraldalocks. »Ist es nicht wunderschön? Wir werden heute abend auf meinem Empfang den Architekten treffen! Er ist ein echtes Genie und außerdem Russe. Ein überaus geistreicher Mann.«
Sie warteten, bis sich die Menschenmenge verlaufen hatte, bevor auch sie ihre Plätze verließen. »Ich habe versucht, auch

den Henker einzuladen«, erklärte Miraldalocks. »Es wäre aufregend gewesen, ihn zu treffen! Aber er hat mir sein tiefstes Bedauern ausgedrückt und gesagt, er müsse an einem Bankett mit Militärs teilnehmen. Immerhin«, fügte sie hinzu, »kommt ein Mann, der einmal die Zelle des Verurteilten gereinigt hat: Wir werden also durchaus einige Prominenz dahaben.«

Sie fuhren zu Miraldalocks' *château*, wo Hunderte von Bediensteten im Vestibül ein kaltes Büfett vorbereiteten. Mit alkoholischen Getränken gefüllte persische Vasen standen aufgereiht an den mit Brokat ausgeschlagenen Wänden; Berge von Schinkensandwiches, Truthähnen, Pasteten und Sardinendosen bedeckten jeden Inch des dreißig Fuß langen Tisches. In der Mitte des Raums stand eine riesengroße, mit Punsch gefüllte Glasschale, in der lebende Forellen betrunken hin und her schwammen.

»Ich dachte mir, die Forellen seien recht originell«, sagte Miraldalocks, »ohne daß es allzu angeberisch aussieht. Kunstsinnige Menschen schlendern gern herum, wissen Sie, und bedienen sich selbst. Ich liebe die freie, ungezwungene Gastlichkeit, Sie nicht?«

Nach und nach trafen die Gäste ein, und ein Majordomus kündigte sie vom oberen Ende einer breiten Treppe herab an, die in das Vestibül hinunterführte. Das gab Miraldalocks die Möglichkeit, jeden einzelnen Gast genau unter die Lupe zu nehmen, wenn er die Treppe herabschritt. Die Herzlichkeit ihres Empfangs wechselte je nach der Wichtigkeit der einzelnen Besucher. Manche von diesen erschienen in Abendgarderobe, andere waren erstaunlich schmutzig, hatten sich den Bart wachsen lassen und trugen Zeichenmappen oder Skizzenbücher mit sich herum. Sie sahen zerstreut aus, und alles, was sie sagten, war grob und ungehobelt.

»Es ist eigentlich ästhetische Aufrichtigkeit«, flüsterte Miraldalocks. »Sie haben keine Zeit, sich höfliches Geschwätz zu erzählen; sie sind mit höheren Dingen beschäftigt.«
Die Frauen dieser Gäste trugen Lumpen und seltsame Strickmützen und Sandalen; sie sprachen laut und sehr anmaßend über höhere Themen.
Der Blick auf die Punschschale war völlig von Gästen verdeckt, denen jedes Mittel, ob fair oder unfair, recht war, um an möglichst viel von dem Getränk heranzukommen. Niemand schenkte Miraldalocks und Francis die geringste Beachtung. Den beiden gelang es nicht, in die Nähe des Büfetts vorzudringen, wo man die Speisen zermanschte und dann entweder hinunterschlang oder auf den Boden warf. Die körperlich zu schwach waren, um einen Platz am Tisch zu ergattern, standen in Gruppen herum und unterhielten sich. Francis hörte fortwährend die Wörter *bedeutungsvolle Form* und *bildnerischer Ausdruck.* Niemand lachte. »Wagen Sie es nicht, irgendein anderes Spiel als Wurfpfeile zu erwähnen«, fügte Miraldalocks hinzu. Sie beobachtete die Gäste aufmerksam und runzelte besorgt die Stirn.
»Anscheinend wundert sich niemand über meinen Pferdekopf«, sagte Francis. »Ich hätte eher gedacht, daß so etwas ziemlich ungewöhnlich ist.«
»Du liebe Zeit! Wissen Sie denn nicht, daß es fürchterlich bourgeois ist, sich über irgend etwas zu wundern?«
Miraldalocks reckte den Hals. Plötzlich erhellte sich ihr Gesicht. Der Majordomus winkte unauffällig mit einem weißen Taschentuch. »Das ist das Zeichen«, sagte sie, ihre Erregung unterdrückend. »Er kommt!«
»Egres Lepereff!« schmetterte der Majordomus, wobei er seine Stimme um mehrere Halbtöne anhob. Der große Architekt blieb auf den oberen Stufen der Treppe stehen, damit

jeder ihn gut sehen konnte. Er war als Kosake gekleidet. Seinen Kopf trug er so auf den Schultern, daß die enorme Länge seiner gebogenen und doch eleganten Nase unterstrichen wurde. Würdevoll schritt er die Treppe herab, mit den Nüstern zuckend wie ein Rennpferd.

Blitzschnell rannte Miraldalocks los, um ihn ins Gespräch zu ziehen, bevor irgendein anderer es tun konnte. Francis, der erschrak, daß man ihn allein ließ, stürzte ihr hinterher. Der große Architekt erwiderte kaum ihren Gruß und zog eine Planzeichnung aus der Tasche, auf die er desinteressiert einen kurzen Blick warf, bevor er ihr antwortete.

»Was für ein wundervolles Meisterwerk der Maschinenbaukunst Ihr Podium ist«, sagte Miraldalocks. »Ich habe kaum wahrgenommen, was geschah, so betört waren meine Sinne von der Form!«

»Guter Maschinenbau und effiziente Planung«, entgegnete Egres Lepereff, »sind stets ästhetisch bewegend. Mein Podium«, fuhr er, in die andere Richtung blickend, fort, »war anziehend, obwohl ganz und gar frei von allem anderen als den reinen mechanischen Erfordernissen. Es war eine Sinfonie reiner Form.«

»Was für ein grandioses Gehirn«, raunte Miraldalocks Francis ins Ohr.

»Die Architektur«, dozierte der große Mann weiter, »ist in der modernen Kunst die der reinen Abstraktion am nächsten kommende Form.«

Francis fühlte sich verpflichtet, auch etwas Gescheites beizutragen, und so sagte er: »Aber wenn Sie abstrakte Häuser bauen, dann werden sie, je abstrakter Sie sie errichten, desto weniger vorhanden sein, und wenn Sie die Abstraktion selbst erreichen, wird gar nichts mehr da sein.«

»Es braucht eine gewisse Zeit, bis man es begreift«, erwiderte Egres Lepereff, seine Nase in ihrer vollen Länge zu einem abfälligen Schnaufer benutzend. »Diese Dinge werden nicht im Grundschulunterricht behandelt.«

»Was für ein geistreicher Kopf«, flüsterte Miraldalocks.

»Eine intellektuelle Aristokratie auf rein abstrakter Grundlage«, fuhr der Baumeister fort, »mit einem Schuß von Marx' Gesellschaftssystem ist die einzige Art und Weise, die ich sehe, die Welt für intelligente Menschen weniger unbewohnbar zu machen.«

»Hat Ihnen die Hinrichtung gefallen?« fragte Francis, erneut bemüht, Konversation zu machen.

»Ich war nicht dabei«, entgegnete Lepereff, leicht die Augenbrauen hebend. »Ich glaube nicht an die Todesstrafe noch daran, daß man sich unter die Belustigungen der Armen mischen sollte. Ich bin der Ansicht, daß die einzelnen Milieus in ihrer eigenen Sphäre verbleiben und sich der touristischen Besichtigung ihrer weniger vom Glück begünstigten Nachbarn enthalten sollten.«

»Aber ich dachte, Sie hätten keinen Klassendünkel«, sagte Francis.

»Das«, gab Egres kühl zurück, »läßt sich nur auf der abstrakten Basis klären. Bloße vulgäre Neugierde sollte unter Kontrolle gebracht werden.« Er warf Francis einen von Abscheu erfüllten Blick zu und nippte an einem Glas kalten Wassers.

»Was ist Ihre Meinung zur intellektuellen Seite der Hinrichtung?« fragte Miraldalocks und beugte sich begierig vor, damit ihr keine Silbe der Antwort entginge.

»Eine rein paradoxe«, entgegnete er. »Der Angeklagte war nur ein gewöhnlicher kleiner Gassenjunge, gerade gut genug für die Straße und ein schnelles Begräbnis in ungelöschtem Kalk. Einer der vielen erbärmlichen Anhänger dieses öden alten Fahrradkönigs. Alle diese Leute ermüden mich.« Er gähnte gelangweilt und zog eine trostlos aussehende Zeitschrift mit einem Titel in Druckbuchstaben so schwarz wie die Lettern einer Todesanzeige hervor: THE SPEW MATESMAN.* WOCHENZEITSCHRIFT FÜR FORTSCHRITTLICHE INTELLEKTUELLE. Zu diesem Zeitpunkt waren fast alle Gäste sturzbetrunken und lagen entweder verstreut auf dem Boden herum oder lehnten an den Wänden. Auch Miraldalocks redete reichlich unverständliches Zeug und sackte wenig später bewußtlos zu Boden. Francis stahl sich unbemerkt davon und entschloß sich, in einem Alkoven unweit des nunmehr verwaisten Büfetts zu schlafen.

Etwa in der Mitte des Raums studierte Egres Lepereff, der einzige noch aufrecht stehende Teilnehmer der Abendgesellschaft, weiterhin seine Zeitschrift für fortschrittlich denkende Intellektuelle. Nach fünf Minuten blickte er auf und runzelte die Stirn; dann aber fiel sein Blick auf das Büfett, und als er mit leuchtenden Augen ein großes Glas mit Gewürzgurken und eingelegten Zwiebeln erblickte, ging eine Veränderung mit ihm vor. Einige Sekunden lang sah er starr auf das Glas und ging dann, nachdem er sich vergewissert hatte, daß er nicht beobachtet wurde, auf Zehenspitzen und Speichel absondernd zu der Konserve. Mit der erstaunlichsten Gefräßigkeit, die Francis je erlebt hatte, fiel er über das Glas her und stopfte sich das Eingemachte mit beiden Händen in den Mund, so daß ihm kleine Essigrinnsale übers Kinn und auf sein schönes Seidenhemd flossen. Er hörte nicht auf, bis das riesige Glas leer war. Dann beseitigte er den Schaden, den er durch seine seltsame Mahlzeit angerichtet hatte.

* Schwer übersetzbares Wortspiel mit *The New Statesman*, deutsch etwa *Der Kotzkumpel* oder *Der speiende Genosse* (von *to spew* = sich erbrechen und *mate* = Kamerad, Genosse, Kumpel) (Anm. d. Übers.).

Francis trat aus seinem Alkoven. Mit dem Blick einer in die Enge getriebenen Schlange griff Egres Lepereff nach einem Tranchiermesser und hätte Francis damit um ein Haar an die Wand gespießt; dann drehte er sich, fürchterlich knurrend, um und verließ über die lange Treppe fluchtartig den Raum.
Francis fand, er könnte jetzt einen Schluck vertragen, und so nahm er sich eine Flasche mit Bier, das er jedoch wegen seines Pferdemauls aus einem Suppenteller trinken mußte. Er bemerkte, daß über jeder der schlafenden Gestalten ein mageres Gespenst schwebte, fast so dünn wie ein verhungertes Stück Bindfaden. Francis nahm an, daß dies ihre eigenen jeweiligen Geister oder aber Gespenster der dünnen Sorte waren. (Geister neigen gewöhnlich zur Korpulenz, obgleich es Ausnahmen gibt.) Francis dachte, es sei vielleicht recht amüsant, sie zusammenzubinden; er brauchte einige Zeit, um die ganze Gesellschaft mit einem Knoten an jedem Gelenk aneinanderzufesseln. Sie leisteten keine Gegenwehr, abgesehen von einer sanften Wellenbewegung, so als wehte eine leichte Brise durch das Vestibül. Allem entrückt, schnarchten die Gäste weiter. Ein sandfarbenes kleines Huhn kam laut gackernd die Treppe heruntergehüpft. Es blieb stehen, legte ein Ei, das auf dem harten Parkettboden sofort entzweibrach, und wandte sich dann dem Hahn zu, der sich entkräftet auf Miraldalocks' Kopf ausruhte. Er bewegte sich ein wenig, versuchte aufzustehen, fiel aber sogleich wieder in tiefen Schlaf. Das Huhn wurde fuchsteufelswild, und Francis mußte den Hahn befreien, damit der Lärm ein Ende hatte. Dann zogen sich beide grollend zurück.
Francis durchsuchte das *château* nach einem Ausgang. Er lief durch lange, öde Gänge, in denen dekadente Skulpturen und

abstrakte Ölgemälde, Kopien griechischer Götter und Familienfotos standen oder hingen. Schließlich fand er die Küche, wo bereits das Frühstück der Dienstboten zubereitet wurde. Dort erhielt er Hinweise für seine Rückkehr nach Saint-Roc.

Die Sonne ging bereits unter, als Francis den Fluß erreichte. Er war auf seiner Fahrt niemandem begegnet. Der Landstrich, durch den er fuhr, schien von einer Seuche leer gefegt worden zu sein, so menschenleer war er. Rosaline stieß einen Schrei aus, als er das Café betrat. »Wir dachten, Sie seien tot und begraben!« rief sie. »Der Leichenbestatter hat bei den Zypressen, die Sie so gern mochten, schon Ihr Grab ausgehoben. Er sagte, das könnte er genausogut jetzt schon erledigen, wo das Geschäft flau sei.«

»Nun, das tut mir sehr leid«, sagte Francis, der etliche Gäste bemerkte, die ihn über ihren Pernod hinweg neugierig anstarrten und miteinander tuschelten.

»Sie sehen eigenartig aus«, sagte Rosaline. »Ich hätte Sie fast nicht erkannt.«

»Ich habe die beiden letzten Nächte nicht geschlafen«, erwiderte Francis.

Rosaline beriet sich flüsternd mit den Pernod-Trinkern. »Wahrscheinlich ist es der Kummer«, sagte sie zu ihnen, »der dazu geführt hat. Ich habe schon von solchen Dingen gehört. Kommen Sie«, sagte sie dann laut zu Francis, »kommen Sie in die Küche.« Sie nahm einen Spiegel von der Wand, und Francis starrte in sein Pferdegesicht. »Du lieber Himmel!« rief er. »Das hatte ich völlig vergessen.«

Rosalines Geschäft florierte. Die Leute strömten von weitem herbei, um den Jungen mit dem durch ein gebrochenes Herz entstandenen Pferdekopf zu sehen. Sie zog fünf Francs von der Miete für Francis' Zimmer ab. »Schließlich sind Sie es, der die *caisse* füllt«, erklärte sie. An Sonn- und sogar an den Wochentagen rivalisierte man heftig darum, Francis Getränke zu spendieren und ihn sprechen zu hören.

»Verlangen Sie Champagner, wenn sie wohlhabend aussehen«, wies Rosaline Francis an. Aber ihr Champagner schmeckte wie übermäßig süßes Sodawasser, und Francis trank eigentlich lieber Bier. Doch sie schimpfte so sehr mit ihm, daß er nachgeben mußte und an manchen Abenden mit einem Gefühl der Übelkeit zu Bett ging. »Sie trinken zuviel«, sagte Rosaline einmal zu ihm. Und schon kam ein neuer gut situierter Gast herein, und Francis mußte sich wieder bis zum Platzen den Bauch füllen.

Er wusch sich nicht mehr und blieb, sooft er konnte, allein, was allerdings selten der Fall war. Den ganzen Tag lang hielt er sich bereit, ins Café gerufen zu werden, um sich den Herrschaften zu zeigen. Anfangs fand er einigen Gefallen an der Berühmtheit, die er genoß, aber nach ein paar Wochen sehnte er sich nach Ruhe und unternahm an den Abenden, wenn sein Pferdekopf weniger auffiel, lange, einsame Spaziergänge. Gewöhnlich ging er an den sieben Zypressen auf dem Friedhof vorbei, da dieser Weg nur selten benutzt wurde. Manchmal blieb er lange stehen, rief hinüber nach Mâze und hörte das Echo seiner Stimme, die hohl und verändert klang, aber immer noch seine Stimme war.

Onkel Ubriaco schrieb oft und forderte ihn auf, nach Paris zu kommen. Und er schickte ihm Bücher, die zu lesen Francis jedoch nur selten vergönnt war. Er verwahrte die Briefe, die er alle auswendig kannte. Seine Mahlzeiten nahm er inzwischen zusammen mit Rosaline und ihrer Mutter in der Küche ein, verspürte aber plötzlich eine große Abneigung gegen Fleisch, und ihm drehte sich der Magen um, wenn er zusah, wie die Alte ihr Gemisch aus Blut und Milch trank. Er ernährte sich von Dosenerbsen, Knoblauch und Kürbissuppe. Simon tröstete ihn mit seinen feuchten Augen, wenn Rosaline ihn anbrüllte, daß ihm fast das Trommelfell platzte. Aber Francis konnte nicht weg: Es war, als seien aus seinen Fußsohlen Wurzeln gewachsen und hätten sich in die Erde von Saint-Roc gekrallt. Er verspürte kein wirkliches Verlangen, das Dorf zu verlassen. Die Gegend ringsum strotzte vor leuchtenden Farben, und es gab Schnecken im Überfluß. Aber Francis hatte geschworen, nie wieder ein solches Tier zu essen. Die Ernte war im Gange, und das ganze Dorf war durch die gepreßten Weintrauben in Lila getaucht. Die Bauern brannten ihren *eau-de-vie*, und die Dampfschwaden erfüllten Straßen und Häuser mit dem Geruch des Schnapses. Lastautos mit Tanks voller Trester fuhren mit ohrenbetäubendem Lärm hin und her. Bei la Marie, Rosaline und auf dem Dorfplatz um die Saint-Roc-Statue diskutierte man über Stärke und Alkoholgehalt jedes einzelnen *eau-de-vie*.

Simon versorgte Francis jetzt, da sein Feigenbaum keine Früchte mehr trug, mit alkoholischen Getränken. Auch mit den Auberginen ging es zu Ende. Francis wusch am Fluß inmitten der Dorffrauen seine Wäsche selbst. Er erzählte ihnen allerhand Klatsch und stattete diejenigen, denen es an Farbe fehlte, mit der Buntheit seiner Phantasie aus. Das Wasser war kalt und dunkel, doch die Unterhaltung ging recht fröhlich vonstatten. Die angeseheneren Leute im Dorf mieden Francis, aber im allgemeinen erfreute er sich größter Beliebtheit. Rosaline war sanft oder böse zu ihm, je nachdem, wie sehr er sie verwöhnte. Einmal kaufte er sich in Pontfantôme ein paar *sabots* und lilafarbene Socken und humpelte damit stolz im Dorf herum. Er trug durch Stein-

würfe von Kindern ein paar Verletzungen davon, doch ansonsten nahm niemand besonders Notiz von ihm. Einmal ließ Noël ihn auf seiner von einem Maultier gezogenen *charrette* mitfahren, was für allgemeine Aufregung und Gelächter sorgte. Rosaline hieß den Vorfall als Werbegag gut und kam auf die Idee, das Grammophon aus Pontfantôme auszuleihen, das sie für die Indische Schabe benutzt hatten. Der Besitzer des Geräts willigte unter der Bedingung ein, daß Francis selbst es abholen käme und sich in drei verschiedenen Cafés zur Schau stellte. So bekamen sie das Grammophon, und Francis mußte den ganzen Sonntagnachmittag Polka, Paso doble und Java tanzen; manche waren mutig genug, ihm dabei Gesellschaft zu leisten.
Einmal bat ihn der ortsansässige Zahnarzt, übers Wochenende mit ihm nach Marseille zu fahren. »Aber erzählen Sie es niemandem«, ermahnte er ihn. »Meine Familie wäre ungehalten, wenn sie erführe, daß ich Umgang mit Ihnen habe.« Francis versprach es, da er dachte, zwei Tage Luftveränderung wären ganz hübsch. Nach Einbruch der Dunkelheit, so der Arzt, würde ein Taxi Francis abholen, und sie würden sich auf der Brücke in Pontfantôme treffen, wo er in seinem eigenen Automobil warten würde.
»Er ist sehr chic und reich«, sagte Rosaline, »drum denke ich, daß Sie mitfahren dürfen.«
So fuhr Francis nach Marseille. Sie nahmen an einem riesigen Diner teil, und danach sagte der Doktor, er möchte, daß Francis einen gescheiten, sehr distinguierten Freund kennenlernen solle. Francis fühlte sich betrunken genug, um jeden beliebigen zu treffen. So fuhren sie zu einem in einer Seitenstraße gelegenen hohen Haus. Ein mürrischer Orientale öffnete ihnen die Tür, und sie wurden in eine von schwerem Duft erfüllte Wohnung geführt, wo in einer Ecke ein

großer Käfig stand, in den Francis genau hineinpaßte. Er warf einen raschen Blick darauf, und schon rannte er aus dem Zimmer, stürzte die Treppe hinab und lief um sein Leben. Er hatte das Gefühl, lange durch allerlei verwinkelte Gassen gelaufen zu sein, als er stehenblieb, um Atem zu schöpfen. Ein auf der gegenüberliegenden Mauer vorüberhuschender Schatten hatte eine seltsame Ähnlichkeit mit Onkel Ubriaco auf seinem Fahrrad Darling Little Mabel.

»Ubriaco! Ubriaco!« rief Francis laut und lief hinter dem sich entfernenden Fahrrad her. »Warte auf mich, Onkel Ubriaco! Ich komme! Ich bin's, Francis!« Er fühlte, wie Tränen aus seinen großen Pferdeaugen quollen. Das Fahrrad hielt an, und als Francis keuchend, rufend und lachend herbeilief, stand er einem völlig Unbekannten gegenüber. »Verschwinde, du Scheusal«, sagte der Mann erschrocken und fing an, nach der Polizei zu rufen. Tatsächlich eilten zwei Polizisten herbei, und Francis verbrachte die Nacht wegen Belästigung und Tätlichkeit in einer Gefängniszelle.

Am nächsten Abend kam er in gedrückter Stimmung in Saint-Roc an und erstattete Rosaline Bericht über seine Erlebnisse. »Erzählen Sie es niemandem«, riet sie. »Der Doktor ist ein geachteter und wohlhabender Mann. Er hat in den letzten Monaten fast ein Dutzend Flaschen Champagner bei mir gekauft!«

Francis schrieb ausführlich an Onkel Ubriaco.

Rosaline wurde mehrmals für ihn Geld angeboten, aber sie lehnte jedesmal ab. »Ich hänge sehr an ihm«, erklärte sie, »obwohl ich oft mit ihm schimpfe.«

Francis begann, die Nächte zu lieben, und er ging immer so früh schlafen, wie er nur durfte. Wenn er im Bett lag, streifte er bis zum Morgen wonnevoll durch seine Träume. Eines

Nachts träumte ihm, er wäre ein schwarzer Wolf in einem Wald. Er kam zu einem runden Schloß mit Fenstern im Erdgeschoß, durch die er furchtsam ins Innere lugte. Dort fand ein riesiger Maskenball statt. Aus der Menge stach Pfoebe hervor, die samtene schwarze Trikothosen und einen Bürstenschnurrbart trug. »Die hat mir noch gefehlt«, sagte er zu sich selbst, ging ein Stück weiter und kroch durch ein Loch, durch das er kaum hindurchpaßte, ins Innere des Schlosses. Er stand in einem schmalen Korridor, der vor einer Drehtür endete, hinter der sich ein zwölf Fuß tiefes Loch auftat, auf dessen Grund eine mittelalterliche Straße verlief. Ein kleiner weißer Hund kläffte ihn von unten an. »Ich muß hinunter und ihn töten«, dachte Francis, aber er konnte die Drehtür nicht passieren.
Gelegentlich schrieb er Gedichte, die er alle sich selber widmete.

I think I am an oyster, walking down the street
Walking down the street, though I haven't any feet:
Roses roses, all around my door –
Offal! Offal! Haberdash. Dictionaries! Saws.

Ich stelle mir vor, eine Auster zu sein, die die Straße
entlanggeht
Die die Straße entlanggeht, obwohl ich gar keine Füße habe:
Rosen Rosen rings um meine Tür herum –
Innereien! Innereien! Kurzwaren. Wörterbücher! Sägen.

Er schrieb auch eine Ballade, »Ischariots Himmelfahrt«, die weitaus besser war.

Iscariot he built a ship,
And if I'm told aright,
He did not build it in the day
Nor even in the night.

He built it in the dusk,
And he built it in the dawn,
He worked extremely hard,
Till his hands and nails were torn.

It might have been a ship,
And it might have been a house.
The bridge was like a kidney shape,
The figurehead a louse.

The ship was drawn by pigs,
And they said they said they said
That it smelt as if Iscariot,
Iscariot was dead.

»You're right«, said he, Iscariot.
»Since twenty moons have passed
I made my will and said my prayers
And breathed up my last.

My will and my last testament
I wrote and signed each one.
I sealed & stamped & stamped & sealed
And now my days are done.

I'm ascending into Heaven
In the ship you've seen me make.

Amen! Amen! Amen! May Peter
Open up the gates.«

Ischariot baute einst ein Schiff,
Und wenn ich recht berichtet bin,
Dann baute er's nicht am Tag
Noch gar während der Nacht.

Er baut' es bei Einbruch der Nacht,
Und er baut' es im Morgengrau'n,
Er arbeitete überaus hart an ihm,
Bis Blut aus seinen Händen quoll.

Es könnte ein Schiff gewesen sein,
Vielleicht war es auch ein Haus.
Die Brücke hatte die Form einer Niere,
Die Galionsfigur hatte die einer Laus.

Das Schiff ward von Schweinen gezogen,
Und die sagten, die sagten, die sagten,
Daß es roch, so als wäre Ischariot,
Ischariot tot, mausetot und verfault.

»Recht habt ihr«, sprach er, Ischariot.
»Vor zwanzig Monden, da
Macht' ich mein Testament, sprach meine
Gebete und tat meinen letzten Atemzug.

Mein letzter Wille, mein Testament,
Ich schrieb und unterzeichnete beide.
Ich siegelte, stempelte, stempelte, siegelte,
Und jetzt sind meine Tage gezählt.

Ich fahre empor ins Himmelreich
In dem Schiffe, das ihr mich bauen saht.
Amen! Amen! O amen! Mag Petrus
Mir nun seine Pforten aufschließen.«

Das nächste Gedicht trug die Überschrift »Verlust der sozialen Stellung«. (Es kam zu einer erheblichen Kontroverse über das Versmaß dieses Gedichts.)

They constructed a dilemma –
The Council board provided
steel, screws, rocks, and plans.
I walked beneath to look, I was interested.
It crumbled and fell at my vibrating steps.
I am now flat.
I cannot wear my hat. My hat oh God
my hat.
Why? because my head is flat.

Sie dachten sich ein Dilemma aus –
Der Rat stellte Stahl und Schrauben, Steine und Pläne bereit.
Ich ging hinab, um nachzuseh'n, denn ich war interessiert.
Doch es zerfiel und stürzte mir vor die Füße – krach!
Jetzt bin ich flach.
Ich kann meinen Hut nicht tragen. Meinen Hut, o Gott,
meinen Hut.
Der Grund? Mein Kopf ist flach.

Es gab auch ein Gedicht in französischer Sprache, auf ein Stück Pappe geschrieben, dessen Unterseite mit Traubensaft befleckt war:

Ne fais pas cela mon ami.
Ne me regarde pas comme ça
À travers l'eau qui coule en remuant
Ma vision de tes
Deux yeux bleus
Comme des poissons bleus toujours attachés
Comme deux lunes bleues
Comme deux ailes bleues très bleues
Comme deux jumeaux bleus
qui ne se sont jamais vus entre eux
Mais restent collés éternellement
les deux frères bleus.
S'il vous plaît ne me regardez plus.

Tu das nicht, mein Freund.
Sieh mich nicht so an
Durch das Wasser hindurch, das fließt
Und dabei mein Bild deiner beiden
Blauen Augen bewegt, blau
Wie blaue, stets verbundene Fische
Wie zwei blaue Monde
Wie zwei blaue, sehr blaue Flügel
Wie zwei blaue Zwillingskinder
die sich noch nie gesehen haben
Doch es bleiben, ewig aneinandergeklebt,
die beiden blauen Brüder.
Bitte, seht mich nicht mehr an.

Das Café hatte vier Stammgäste, die jeden Abend erschienen, einen Kaffee und etwas von ihrem eigenen Tresterschnaps tranken, zwei Partien Billard spielten und sich danach Geschichten erzählten. Sie saßen immer am mittleren Tisch, zusammen mit Francis und Rosaline, die bei ihnen sitzen blieben, falls nicht zufällig ein betuchterer Gast hereinschneite, woraufhin Francis aufgefordert wurde, dort Platz zu nehmen und den Unterhalter zu spielen.

Am Donnerstagabend war, was den Champagner angeht, gewöhnlich Fehlanzeige, deshalb blieben die Stammgäste länger und redeten freier. »Ich habe in Nîmes einmal einen Stierkämpfer gekannt«, sagte der erste dieser Dauergäste, »der der merkwürdigste Mensch war, dem ich je begegnet bin. Er hatte ein Gesicht wie ein dicker Zeh und behandelte die Stiere wie Ratten. Jorge González den Grobian nannten sie ihn, und nur wenige wußten, warum, denn außerhalb der Stierkampfarena schien er ein friedfertiger, feinfühliger Mensch zu sein. Mein Freund Joseph kannte González' Familie gut und weiß verschiedene Anekdoten über Don Jorge. Erinnert ihr euch vielleicht? Der Skandal drehte sich um eine gewisse englische Lady von Stand mit Namen The Honourable Mistress Bigge. Sie war eine begüterte Witwe mittleren Alters, aber nicht einmal der parteiischste Betrachter hätte sie als attraktiv bezeichnen können. Joseph trank in einem der größeren Cafés mit dem Stierkämpfer einen Aperitif. Und am Nachbartisch saß, allein, besagte Mrs. Bigge. ›Da ist eine reiche Ausländerin‹, sagte González. ›Es ginge mir ganz gut mit so einer Frau. Ich könnte mich zurückziehen und in einer Villa in Monte Carlo leben. Ein Jammer, daß solche Frauen anscheinend alle so häßlich sind. Sieh dir ihre Nase an!‹ Und er schaute ganz betrübt drein. Unterdessen hatte die englische Lady González erkannt und sprach ihn in schlechtem Französisch an: ›Oh, Mister González, ich habe Sie gestern gegen diese schrecklichen Stiere kämpfen sehen und war einfach entzückt.‹ González bat sie unverzüglich an seinen Tisch und redete endlos lange über seine verschiedenen Heldentaten. Von dem Tag an sah man González und Mrs. Bigge täglich zusammen. Eines Abends dann lud González sie nach dem Essen zum Kaffee in sein Zimmer ein. Dort füllte er sie mit *kummel*, bis sie ihre Zurückhaltung ablegte und ihm die Heirat antrug. Genau das hatte González beabsichtigt. ›Aber sicher‹, entgegnete er und überredete dann Mrs. Bigge auf irgendeine nicht bekannte Art und Weise, ihn ›einen kleinen Eingriff‹ an ihrer Nase vornehmen zu lassen. ›Wonach ich‹, wie er ihr versicherte, ›irrsinnig verliebt sein werde.‹

Nun, auf einer seiner verschiedenen Reisen hatte González die Kunst des Tätowierens erlernt, und nun schmückte er Mrs. Bigges Nase von deren Wurzel bis zur Spitze und rings um die Nasenlöcher herum mit Blumen, Früchten und Vögeln, all dies sehr akkurat ausgeführt. Anscheinend ließen die Schmerzen dieser Prozedur die Lady wieder nüchtern werden, doch der Stierkämpfer hielt sie gut fest, bis er ganz fertig war, das heißt, bis er sein Werk gekrönt hatte, indem er ihre Nase mit einer rotglühenden Nadel durchbohrte und einen Ring in sie einsetzte. Ich glaube, die Schreie, die sie dabei ausstieß, waren fürchterlich, selbst nachdem er ihr mit ihrem eigenen Strumpf den Mund verstopft hatte. In diesem Zustand wurde Mrs. Bigge gefunden, mit einer Schnur, die am anderen Ende an dem Ring in ihrer Nase befestigt war, an den Bettpfosten gebunden.

Natürlich strengte sie einen spektakulären Prozeß gegen González an und brachte ihn mit all ihrem Einfluß und Geld nicht nur hinter Gitter, sondern ruinierte ihn auch finanziell. Jorge González war nie ein allzu reicher Mann gewesen.

Kurze Zeit nachdem er ins Gefängnis gesteckt worden war, beging Mrs. Bigge Selbstmord; das war ihre letzte Rache an dem Torero. Von dem hörte man nichts mehr, aber ich würde mich nicht wundern, ihn eines Tages in der Arena von Nîmes wieder gegen Stiere kämpfen zu sehen.«

»Ich erinnere mich an den Skandal«, sagte der zweite Dauergast. »Aber die Zeitungen haben nie in allen Einzelheiten darüber berichtet.«

»Sie wurden von der Familie der Lady zum Schweigen gebracht«, erklärte der erste. »Aber die Sache machte González sehr berühmt, und er hätte mit dieser Bekanntheit sicher viel Geld verdient, wenn er nicht im Gefängnis gesessen hätte. Armer González! Er war in geschäftlichen Dingen immer sehr tüchtig, und ich bezweifle nicht, daß er ein ziemlich reicher Mann geworden wäre, wenn er nicht diese unglückselige, abartige Vorliebe für Nasen gehabt hätte.«

Am darauffolgenden Morgen versprach Francis Rosaline, zeitig aufzustehen und Pilze zu sammeln. Sie hatte bei la Marie einen großen Eimervoll erspäht und glühte vor Neid. Es war Sonntag, und die Kirchenglocken läuteten. Als Francis hinunter in die Küche ging, sah er, daß Rosaline nicht da war, und machte sich seinen Kaffee selbst. Kurz darauf kam sie mit einem Telegramm für ihn zurück. Er öffnete es besorgt, und Rosaline schaute ihm über die Schulter und las: KOMME DRINGEND PARIS MIT ALLEN KLEIDERN. ONKEL UBRIACO.

»Ich muß sofort los«, sagte Francis. »Ich möchte wissen, was das bedeutet.«

»Vielleicht ist es gar nicht von ihm«, sagte Rosaline sibyllinisch. »Ich würde zuerst anrufen, wenn ich Sie wäre.«

»Er hat kein Telefon«, sagte Francis. »Ich muß noch heute abend rechtzeitig nach Orange, um den *rapide* nach Paris zu bekommen.«

Der Fluß stieg an diesem Tag so sehr an, daß das Wasser, an der Saint-Roc-Statue vorbei und bis zu den Stufen des »Café Pirigou«, den Dorfplatz überschwemmte. Inmitten des Wehklagens und Zechens im Café schloß Francis Rosaline in die Arme und fuhr in einem von Noël geruderten Boot davon. Als er wieder festen Boden unter den Füßen hatte, wartete schon ein gemietetes Automobil auf ihn, und bei Einbruch der Dunkelheit war er in Orange. Im Zug mußte er inmitten von Lärm und Ruß die ganze Nacht stehen, während seine Finger unaufhörlich auf dem Koffer herumtrommelten. Diese Nacht, dachte Francis, wird wohl niemals enden. Ratternd rasten sie durch die Dunkelheit, und Stunde um Stunde bestand aus nichts als großen Flächen tiefschwarzer Nacht. Als der Zug endlich in die Gare de Lyon einlief, war es halb acht am Morgen. Francis wunderte sich, daß er auf dem Bahnsteig niemanden sah, der ihn erwartete, obwohl er das Telegramm unverzüglich beantwortet hatte. Er war furchtbar müde und hungrig, und die Leute starrten ihn auf eine unangenehme Weise an. Er fragte sich, wie er Onkel Ubriaco seinen Pferdekopf erklären sollte, war sich aber sicher, daß er Verständnis dafür haben würde.

Er fuhr mit einem Taxi direkt zu Onkel Ubriacos Wohnung. Der Baum vor dem Haus spendete keinen Schatten mehr, sondern ließ nur einige übriggebliebene gelbe Blätter im Winde flattern. Francis zog an der knarrenden Hausglocke; die Tür ging auf, und vor ihm stand Amelia. Sie starrte ihn eine Sekunde lang mit offenem Mund an und sagte dann: »Oje, du bist ein scheußliches Monster, aber ich weiß, wer du bist. Komm herein.«

Sie führte ihn in die Werkstatt und schloß die Tür hinter ihnen ab. Francis sah, daß sie vor sich hin kicherte wie über einen gelungenen Witz.

»Wo ist Onkel Ubriaco?« fragte er gereizt. Amelia hielt sich die Hand vor den Mund, um ihre Heiterkeit zu unterdrükken.
»Weg«, gluckste sie, »weg, weg, weg.«
»Was soll das heißen?« fragte Francis.
»Er ist gestern weggefahren, um dich in Saint-Roc abzuholen, und da dachte ich, das wäre eine gute Gelegenheit, dich hierherzulotsen und deinen Eltern zu sagen, sie sollen dich holen kommen und uns vom Hals schaffen.«
Francis schlug Amelia einmal, zweimal, ja insgesamt fünfmal mit aller Kraft links und rechts ins Gesicht und schrie: »Miststück, Miststück, Miststück!« Amelia brüllte auf, sie schäumte vor Wut, und plötzlich hatte sie einen Hammer in der Hand. Francis sprang hinter ein paar halb zusammenmontierte Fahrräder, um sich vor seiner Verfolgerin und dem Hammer in Sicherheit zu bringen. Aber er stolperte über ein herumliegendes Rad und schlug der Länge nach zu Boden. Amelia umklammerte den Hammer mit beiden Händen und hieb damit so lange auf seinen Kopf ein, bis in dem Pferdeschädel ein großes Loch klaffte und ein Blutstrom auf dem Boden eine sonderbar geformte Lache bildete. Francis war fast auf der Stelle tot.
Plötzlich zutiefst erschrocken über das, was sie getan hatte, lief Amelia in eine Ecke des Raums und wimmerte vor sich hin. »Ich wollte ihn nicht umbringen, Papa«, schluchzte sie, »ich wollte ihm nur weh tun, und dann konnte ich nicht mehr aufhören und habe immer wieder zugeschlagen, bis all das gräßliche Blut schwärzlich hervorquoll, uh!« Sie hielt sich die Hände vors Gesicht und entzog sich so einem Anblick, der ihr anstößig erschien. Es war etwas Intimes, nicht für fremde Augen Bestimmtes an dem ausgestreckt daliegenden Leichnam und dem Fahrradrad, das anzusehen Amelia mit

Scham erfüllte. Sie hatte beinahe das Gefühl, als beobachtete sie jemanden heimlich auf der Toilette. Ein Taubenschwarm flog sehr rasch am Fenster vorbei, und eine Glocke schlug.

Es war Hector, der Francis in einen schlichten Kiefernsarg legte und nach England befördern ließ. Es war Hector, der Onkel Ubriaco nach Saint-Roc telegrafierte, und es war auch Hector, der Amelia, die nicht vergessen konnte, wie grauenvoll Francis als Toter ausgesehen hatte, Trost zusprach.

Sie versuchte, Onkel Ubriaco lang und breit zu erklären, daß sie das wirklich nicht gewollt hatte, aber er schien stumm geworden zu sein.

Einen Tag nach Francis traf auch Ubriaco in Crackwood ein. Er betrat ein in tiefe Trauer versunkenes Haus. Das Vestibül war wie ausgestorben. Dann hörte er Wasser rauschen, und die ihres Sohnes beraubte Mutter trat aus der Toilette. Als sie Ubriaco sah, blieb sie abrupt stehen, griff sich ans Herz und sah ihn mit einer dramatischen Pose starr an. Dann erinnerte sie sich ihres Taschentuchs, drückte es sich, offensichtlich weinend, auf Augen und Nase, drehte sich halb um und stützte sich mit einer Hand auf einen Tisch. So verharrte sie einige Sekunden lang mit gesenktem Kopf und abgewandtem Gesicht. Onkel Ubriaco fragte sich, wie lange diese Pantomime wohl dauern würde. Im Haus herrschte Halbdunkel, da alle Jalousien halb heruntergelassen waren; jeder Dienstbote, der sprach, tat dies im Flüsterton. Der Geruch der Lilien im ganzen Haus war wie der Tod selbst. Schließlich drehte sich die Mutter um und bedeutete Onkel Ubriaco, ihr zu folgen. Sie sprach kein Wort und bewegte sich mit der Würde der leidgeprüften Mutter. Mit einer langsamen, andächtigen Geste öffnete sie die Tür zum Totenzimmer. Francis' Sarg war weiß lackiert und von sechs riesigen Kerzen und einem wahren Liliengarten umrahmt. Zorn stieg in Onkel Ubriaco auf, als er das sah, und er sagte: »O Francis, Francis, sie haben dich in einen weißen Sarg gesteckt! Weiß! Rot, gelb, sogar grün – meinetwegen, aber doch nicht weiß!«

Die Mutter kniete sich am Fußende des Sargs auf einen Betschemel und begann, mit dem Rücken zu Onkel Ubriaco, zu beten. Ein kleiner Hund stieß mit der Schnauze die Tür auf, lief um den Sarg herum, hob an dessen linker Seite fröhlich sein Bein und rannte wieder hinaus.

Ein Lächeln breitete sich auf Ubriacos Gesicht aus.

Stumm verrichtete die Mutter ein paar weitere Gebete, dann stand sie langsam auf. Unweigerlich kam auch wieder das Taschentuch zum Vorschein, und sie verließen den Raum.

Spät in dieser Nacht schlich sich Onkel Ubriaco mit einem Pinsel und zwei Farbtöpfen hinab in das Totenzimmer.

Die Kerzen waren ein Stück heruntergebrannt, und der Liliengeruch war überwältigender denn je. Traurig dachte Onkel Ubriaco daran, wie sehr Francis diese Blumen immer gehaßt hatte. Er blieb einen Augenblick stehen, betrachtete das lange weiße Gehäuse und machte sich dann an die Arbeit. Der eine Lacktopf enthielt gelbe, der andere schwarze Farbe. So pinselte er ein fröhliches Wespenmuster mit abwechselnd gelben und schwarzen Streifen auf den Sarg. Das Ganze dauerte eine Weile, aber pünktlich vor Tagesanbruch war er fertig. Er verneigte sich tief vor dem gestreiften Sarg, verließ das Haus, stieg auf sein Fahrrad und radelte von dannen.

So endet die Geschichte des kleinen Francis.

Unten

den 23. August 1943

Es ist jetzt genau drei Jahre her, daß ich in die Klinik von Dr. Morales in Santander (Spanien) eingeliefert wurde, weil Dr. Pardo in Madrid und der britische Konsul mich für unheilbar geisteskrank hielten. Da ich das Glück hatte, Ihnen, einem so klarsehenden Mann, zu begegnen, habe ich mich vor einer Woche darangemacht, die Fäden zusammenzufügen, die mich zum Überschreiten der ersten Grenze der Erkenntnis gebracht haben könnten. Ich muß diese Erfahrung noch einmal durchleben, denn ich glaube, Ihnen dadurch von Nutzen zu sein, und glaube überdies, daß Sie mir bei der Reise auf die andere Seite dieser Grenze helfen werden, indem Sie mir meinen klaren Verstand erhalten und zulassen, daß ich die Maske, die mich gegen die Feindlichkeit des Konformismus schützen wird, nach Belieben aufsetze und abnehme.
Bevor ich auf die Inhalte dieser Erfahrung zu sprechen komme, möchte ich noch sagen, daß das von der Gesellschaft über mich verhängte Urteil mir wahrscheinlich, ja, mit Sicherheit, zum Guten gereicht hat. Denn ich wußte nicht, wie wichtig es ist, gesund zu sein, das heißt, wie absolut notwendig es ist, daß der Körper keine Probleme aufgibt, damit es, wenn der Geist sich befreit, nicht zum totalen Zusammenbruch kommt. Noch wichtiger ist die Notwendigkeit, daß andere um mich sind, daß wir von unserem Wissen einander mitteilen, um das Ganze zu schaffen. Ich war zu dieser Zeit mit Ihrer Philosophie nicht vertraut genug, um dies verstehen zu können. *Es war noch nicht an der Zeit für mich, zu verstehen*. Es war nur der Embryo von Erkenntnis, und diese embryonale Erkenntnis will ich hier mit der größten Treue und Genauigkeit darzustellen versuchen.

Ich beginne deshalb zu dem Zeitpunkt, als Max zum zweiten Mal in ein Konzentrationslager gebracht wurde, an der Seite einen Gendarmen mit einem Gewehr (Mai 1940). Ich wohnte in Saint-Martin-d'Ardèche. Nachdem ich stundenlang unten im Dorf geweint hatte, war ich wieder zu meinem Haus hinaufgestiegen und hatte mich während vierundzwanzig Stunden, die nur durch einen kurzen Schlaf unterbrochen wurden, immer wieder übergeben. Ich hatte das Erbrechen bewußt herbeigeführt, indem ich das Wasser von Orangenblüten trank. Damals hoffte ich, durch die heftigen Krämpfe, die meinen Magen gleich einem Erdbeben zerrissen, mich von meinem Schmerz ablenken zu können. Jetzt weiß ich, daß dies nur ein Aspekt des Erbrechens war: Ich hatte die Ungerechtigkeit der Gesellschaft kennengelernt, wollte mich zunächst reinigen und so ihre brutale Dummheit hinter mir lassen. Mein Magen war der Sitz dieser Gesellschaft, aber auch der Ort, in dem sich die Elemente der Erde mit mir vereinigten. Er war der *Spiegel* der Erde, dessen Bild dieselbe Realität hat wie die abgebildete Person. Dieser Spiegel – mein Magen – mußte von dicken Schmutzschichten gesäubert werden (den allgemeingültigen Formeln), damit er wieder ein klares und getreues Spiegelbild der Erde abgeben konnte, und wenn ich Erde sage, so meine ich selbstverständlich die Erden, Gestirne und Sonnen des Himmels und die der Erde wie auch die Gestirne, Sonnen und Erden des Sonnensystems der Mikroben.
Während dreier Wochen aß ich nur ganz wenig und mied vor allem Fleisch; ich trank Wein und andere alkoholische Getränke und ernährte mich von Kartoffeln und Salat, etwa zwei Kartoffeln pro Tag. Ich schlief, glaube ich, ziemlich gut. Ich arbeitete in meinem Weinberg und brachte die Bauern zum Staunen über meine Arbeitskraft. Der Johannistag rückte

näher, die Weinstöcke begannen zu blühen und mußten häufig mit Schwefel gespritzt werden. Ich arbeitete auch in meinem Kartoffelfeld, und je mehr ich dabei schwitzte, desto zufriedener war ich, denn auf diese Weise reinigte ich mich. Ich nahm Sonnenbäder und war körperlich so kräftig wie niemals vor oder nach dieser Zeit.
Draußen ereignete sich manches: der Zusammenbruch Belgiens, der Einmarsch der Deutschen in Frankreich. Das alles interessierte mich recht wenig, und ich fühlte in mir keinerlei Angst. Das Dorf war voller Belgier, die in großer Zahl eintrafen, und einmal drangen Soldaten bei mir ein, beschuldigten mich der Spionage und drohten, mich auf der Stelle zu erschießen, weil jemand in der Nacht mit einer Laterne in der Nähe meines Hauses Schnecken gesucht hatte. Dies machte auf mich wirklich wenig Eindruck, denn ich wußte, daß ich nicht sterben würde.
Nachdem ich drei Wochen allein verbracht hatte, traf auf der Flucht aus Paris Catherine ein, die in England lange Jahre meine Freundin gewesen war, zusammen mit Michel Lucas, einem Ungarn. Eine Woche verstrich, und ich glaube, daß sie an mir nichts Ungewöhnliches feststellten. Eines Tages allerdings redete Catherine, die seit langer Zeit in den Händen von Psychoanalytikern war, mir ein, mein Verhalten verrate den unbewußten Wunsch, mich zum zweiten Mal von meinem Vater zu befreien: von Max, den ich eliminieren müsse, wenn ich leben wolle. Sie bat mich, mit der Selbstbestrafung aufzuhören und mir einen neuen Liebhaber zu suchen. Ich glaube, sie irrte sich mit der Behauptung, daß ich mich quälte. Ich glaube, sie interpretierte mich fragmentarisch, was schlechter ist, als überhaupt keine Interpretation zu liefern. Dennoch erinnerte sie mich auf diese Weise an mein sexuelles Begehren. Ich unternahm daraufhin heftige

Anstrengungen, zwei junge Männer zu verführen – ohne Erfolg allerdings. Sie wollten nichts von mir wissen. Ich blieb also jämmerlich keusch.

Die Deutschen rückten rasch näher. Catherine ängstigte mich und beschwor mich, mit ihr fortzugehen; sie sagte, sie würde bleiben, sofern ich nicht mitginge. Ich war einverstanden. Ich war vor allem einverstanden, weil Spanien in meiner damaligen Entwicklung für mich ein Land der Entdeckungen darstellte. Ich war einverstanden, weil ich beabsichtigte, in Madrid den Paß von Max visieren zu lassen, denn ich fühlte mich noch immer an Max gebunden. Das Dokument, das sein Bild trug, wurde für mich zu einem Wesen, so als nähme ich Max mit. Ich war einverstanden, denn Catherines Argumente hatten mich einigermaßen betroffen gemacht. Was sie mir gesagt hatte, gärte in mir und setzte eine Angst frei, die von Stunde zu Stunde wuchs. Für Catherine bedeuteten die Deutschen Vergewaltigung. Davor fürchtete ich mich nicht, ich maß dem keinerlei Wichtigkeit bei. Was in mir Panik entfesselte, war die Vorstellung von automatischen Wesen ohne Verstand und ohne Fleisch und Blut.

Michel und ich beschlossen, nach Bourg-Saint-Andéol zu gehen und uns eine Reiseerlaubnis zu beschaffen. Die Gendarmen zeigten sich vollkommen gleichgültig und uninteressiert. Sie lehnten es ab, uns das Papier auszustellen, verschanzten sich hinter einem »da können wir nichts machen« und rauchten dabei ihre Zigaretten. Wir waren ohne Möglichkeit fortzugehen, gleichwohl wußte ich, daß unsere Abreise am nächsten Tag stattfinden würde. Wir sprachen auch beim Notar vor, wo ich dem Besitzer des Hôtel des Touristes von Saint-Martin mein Haus samt aller meiner Habe überschrieb. Ich kehrte nach Hause zurück und verbrachte die ganze Nacht damit, minutiös auszuwählen, was ich mitnehmen wollte. Alle diese Dinge fanden in einem Koffer Platz, in dessen Leder unterhalb des Schilds mit meinem Namen eine kleine Messingplakette eingelassen war, auf der geschrieben stand: REVELATION.*

Am Morgen des folgenden Tages in Saint-Martin gab die Schullehrerin mir Papiere, die die Stempelmarke der Bürgermeisterei trugen, so daß wir aufbrechen konnten. Catherine machte das Auto reisefertig. Alle Kräfte meines Willens waren auf die Abreise gerichtet. Ich trieb meine Freunde zur Eile an. Ich drängte Catherine zum Auto; sie übernahm das Steuer. Ich setzte mich zwischen sie und Michel. Das Auto fuhr los. Ich vertraute darauf, daß wir am Ziel unserer Reise anlangen würden, doch ich hatte eine schreckliche beklemmende Angst vor Schwierigkeiten, die mir als unausweichlich erschienen. Zunächst verlief die Fahrt ohne Zwischenfall, bis der Wagen, zwanzig Kilometer hinter Saint-Martin, mit blockierten Bremsen stehenblieb. Ich hörte Catherine sagen: »Die Bremsen sind blockiert«. »Blockiert«! Auch ich war in meinem Inneren blockiert, durch Kräfte, die meinem bewußten Willen nicht zugänglich waren und auch den Mechanismus des Autos gelähmt hatten. Dies war das erste Mal, daß ich mich mit der Welt außerhalb meines Körpers identifizierte. Ich war das Auto. Meinetwegen war der Wagen blockiert, weil ich selbst auf dem Weg zwischen Saint-Martin und Spanien blockiert war. Die Macht, die ich auszuüben vermochte, erschreckte mich. In diesem Augenblick befand ich mich ausschließlich in meinem eigenen Sonnensystem und war nicht in der Lage, das der anderen, dessen Bedeutung ich mittlerweile verstehe, wahrzunehmen.

Wir waren die ganze Nacht hindurch gefahren. Vor uns auf der Straße sah ich Lastwagen, aus denen hinten Beine und

* Offenbarung

Arme herabhingen, aber ich war mir nicht sicher und äußerte schüchtern: »Seht mal, da sind Lastwagen vor uns« – um zu erfahren, was meine Freunde antworten würden. Als sie sagten: »Die Straße ist breit genug, wir können sie überholen«, fühlte ich mich bestätigt; ich wußte jedoch nicht, ob sie auch sahen, was diese Lastwagen enthielten. Ich fürchtete, mich ihnen verdächtig zu machen, und war von einem Gefühl tiefer Scham gelähmt. Reihen von Särgen säumten die Straße, doch mir fiel nicht ein, wie ich die Aufmerksamkeit auf diesen beklemmenden Umstand lenken konnte. Ich fürchtete mich sehr: *Es stank nach Tod.* Offenbar waren dies die Leichen der von den Deutschen getöteten Menschen. Später habe ich erfahren, daß in Perpignan ein großer Soldatenfriedhof war.

Als wir um sieben Uhr am Morgen in Perpignan ankamen, gab es keine Hotelzimmer mehr. Meine Freunde hatten mich in einem Café zurückgelassen; von diesem Moment an konnte ich keine Ruhe mehr finden. Ich war davon überzeugt, für sie verantwortlich zu sein. Ich hielt es für nutzlos, sich wegen des Grenzüberschritts an höhere Instanzen zu wenden, und fragte Schuhputzer, Kellner und Passanten um Rat, Menschen, die mir große Macht zu haben schienen.

Zwei Kilometer vor der Grenze zu Andorra trafen wir mit zwei Andorranern zusammen, die uns hinüberbringen sollten; wir mußten ihnen dafür den Wagen überlassen. Catherine und Michel schärften mir ein, daß nicht gesprochen werden dürfe. Ich fügte mich und versetzte mich freiwillig in einen Komazustand.

Als wir dann in Andorra waren, konnte ich nicht mehr gerade gehen. Ich lief wie eine Krabbe und verlor die Kontrolle über meine Bewegungen: der Versuch, eine Treppe hinaufzusteigen, führte zu einer neuen Blockade.

In Andorra – diesem öden und vergessenen Land – wurden

wir als erste Flüchtlinge im Hôtel de France von einem kleinen Hausmädchen empfangen, das alle Verantwortung in dem merkwürdig leeren Haus trug.

Die ersten Schritte auf andorranischem Boden waren für mich die ersten Schritte eines Akrobaten auf dem Hochseil. In der Nacht imitierten meine strapazierten Nerven das Geräusch des Flusses, der unentwegt über ein paar Felsen rauschte: hypnotisierend, monoton.

Am Tag versuchten wir, Ausflüge in die Berge zu unternehmen, doch wenn ich nur einen flachen Hang hinaufsteigen sollte, war ich sogleich wieder wie Catherines »Fiat« blokkiert und gezwungen umzukehren. Ich war blockiert in meiner unbeschreiblichen Angst.

Da begriff ich, daß durch diese Angst mein Geist, wenn Sie so wollen, dabei war, sich auf schmerzhafte Weise mit meinem Körper zu vereinigen; alle Äußerungen meines Geistes wirkten jetzt unmittelbar auf meinen Körper, auf die Materie, ein. Später sollte sich dieser Einfluß auch auf andere Gegenstände erstrecken. Ich machte mich nun ernstlich daran, dieses Schwindelgefühl zu ergründen. Mein Körper gehorchte nicht mehr den Formeln, die in meinem Geist Gültigkeit hatten, den Formeln der alten beschränkten Vernunft; mein Wille vermochte nicht mehr, meinen Bewegungsapparat in Gang zu bringen, und weil er so ohnmächtig war, mußte ich zuerst die Angst loswerden, die mich lähmte, und dann versuchen, zwischen den Bergen, meinem Geist und meinem Körper eine Übereinstimmung herzustellen. Um mich in dieser neuen Welt bewegen zu können, nahm ich mein Erbe an britischer Diplomatie zu Hilfe, ließ meine Willenskraft beiseite und versuchte mit Zartgefühl, das Einverständnis zwischen den Bergen, meinem Körper und meinem Geist zuwege zu bringen.

Eines Tages ging ich allein ins Gebirge. Zunächst vermochte ich nicht zu steigen; daraufhin legte ich mich bäuchlings auf den Hang – wobei ich das Gefühl hatte, ganz und gar von der Erde aufgesogen zu werden. Als ich die ersten Schritte bergauf machte, hatte ich die körperliche Empfindung, unter ungeheuren Anstrengungen durch einen schlammzähen Stoff zu gehen. Doch nach und nach wurde dies merklich leichter, und nach einigen Tagen bereitete es mir keinerlei Schwierigkeiten mehr, mit der Behendigkeit einer Ziege zu springen und senkrechte Mauern zu erklettern. Ich tat mir nur selten weh und verstand nun sogleich, daß es die Möglichkeit eines sehr nützlichen Einverständnisses gab; ich hatte sie bis dahin nur nicht bemerkt. Am Ende erreichte ich, daß ich keinen Fehltritt mehr machte und mich in den Felsen bewegte, wie es mir gefiel.

Natürlich mußte all dies in den Augen der Spießer als etwas Befremdliches und Verrücktes erscheinen: Eine wohlerzogene junge Dame aus England, die auf den Felsen herumsprang und sich auf derart unsinnige Weise die Zeit vertrieb – das mußte auf der Stelle zu Vermutungen hinsichtlich meines Geisteszustands führen. Ich dachte kaum über den Eindruck nach, den meine Erlebnisse bei den Menschen meiner Umgebung hinterlassen mußten, und schließlich waren sie es, die gewannen.

Nachdem ich mein Einvernehmen mit den Bergen hergestellt hatte und mich mit Leichtigkeit selbst in der unzugänglichsten Umgebung bewegte, nahm ich mir vor, Einvernehmen auch zwischen mir und den Tieren herzustellen: Pferden, Ziegen, Vögeln. Es war die Haut, durch die ich mich mit ihnen verständigte, in einer Berührungssprache, die zu beschreiben mir sehr schwer fällt, seit meine Sinne nicht mehr mit der gleichen Schärfe wahrnehmen wie damals. Tatsache ist, daß ich mich Tieren im Freien näherte, dort, wo andere Menschen sie sogleich zur Flucht veranlaßt hätten. Während einer Wanderung mit Michel und Catherine zum Beispiel lief ich voraus zu einer Gruppe von Pferden und gesellte mich zu ihnen. Ich tauschte mit ihnen Zärtlichkeiten aus, bis Catherine und Michel herzukamen und die Pferde flüchteten.

Dies alles ereignete sich in den Monaten Juni und Juli. In dieser Zeit kamen immer mehr Flüchtlinge an. Michel telegraphierte meinem Vater wiederholt wegen der Einreisevisa für Spanien. Ein Priester brachte uns schließlich ein geheimnisvolles und sehr schmutziges Papierstück, das von irgendeinem Repräsentanten der I. C. I. (Imperial Chemicals) kam und uns die Weiterreise ermöglichen sollte. Wir hatten bereits zweimal versucht, die spanische Grenze zu passieren; beim dritten Mal konnten Catherine und ich mit dem kleinen Papierstück des Priesters bis Seo de Urgel durchfahren. Leider gelang es nicht auch Michel, über die Grenze zu kommen; zu zweit brachen wir darum im »Fiat« nach Barcelona auf.

Ich war erschüttert von dieser Einreise nach Spanien. Ich hielt das Land für mein Königreich; die rote Erde war das getrocknete Blut des Bürgerkriegs. Die dichte Gegenwart der Toten in dieser aufgewühlten Landschaft erstickte mich. Als wir am Abend in Barcelona anlangten, war ich sehr erregt und überzeugt, daß wir so schnell wie möglich Madrid erreichen müßten. Ich schlug deshalb Catherine vor, den »Fiat« in Barcelona zurückzulassen; am folgenden Tag nahmen wir den Zug nach Madrid.

Der Umstand, daß ich eine Sprache sprechen mußte, die ich nicht kannte, spielte für mich eine sehr wichtige Rolle. Ich war nicht durch eine bestimmte Vorstellung von dem, was die Wörter bezeichneten, gehemmt und verstand ihre moderne Bedeutung nur zur Hälfte. Dies erlaubte mir, den gängigsten Ausdrücken einen hermetischen Sinn zu verleihen.

In Madrid angekommen, stiegen wir in der Nähe des Bahnhofs im Hotel International ab, das wir wenig später verließen, um uns im Hotel Roma niederzulassen. Am ersten Abend im Hotel International aßen wir auf dem Dach zu Abend; auf einem Dach zu sein entsprach für mich einer tiefen Notwendigkeit, denn ich befand mich in einem euphorischen Zustand. In den politischen Wirren und der schrecklichen Hitze gelangte ich zu der Überzeugung, daß Madrid der Magen der Welt und mir die Aufgabe übertragen worden war, diesen Verdauungsapparat zu heilen. Ich glaubte, die Angst, die sich in mir angesammelt hatte, werde sich schließlich auflösen, und daraus erklärte ich mir die Heftigkeit meiner Empfindungen. Ich hielt mich für fähig, diese schreckliche Last auf mich zu nehmen und so eine Lösung für die Probleme der Welt herbeizuführen. Die Ruhr, die ich in der Folge hatte, war nichts anderes als die *Krankheit* von Madrid, die sich in meinen Eingeweiden manifestierte.

Einige Tage später lernte ich im Hotel Roma einen holländischen Juden kennen, Van Ghent, der irgendeine Verbindung zu der Naziregierung hatte. Einer seiner Söhne arbeitete für den englischen Konzern »Imperial Chemicals«. Van Ghent zeigte mir seinen von Hakenkreuzen verseuchten Paß. Mehr und mehr legte ich Wert darauf, mich von sozialen Zwängen zu befreien; zu diesem Zweck verschenkte ich meine Papiere – ich weiß nicht mehr, an wen – und versuchte, Van Ghent den Paß von Max zu schenken, aber er wies ihn zurück.

Diese Szene spielte sich auf meinem Zimmer ab: Der Blick dieses Mannes war für mich körperlich so schmerzhaft, als ob er mir mit Nadeln in die Augen gestochen hätte. Ich erinnere mich, ihm auf seine Ablehnung hin geantwortet zu haben: »Ah! Ich verstehe, ich soll ihn selber umbringen«, das heißt mich von Max trennen.

Es genügte mir nicht, meine Papiere zu verschenken, vielmehr fühlte ich mich verpflichtet, mich aller Dinge zu entledigen. Eines Abends saß ich neben Van Ghent auf der Terrasse eines Cafés. Ich betrachtete die Madrider, die vorübergingen, und fühlte, daß sie vom Blick dieses Mannes gesteuert wurden. In diesem Augenblick machte er mich darauf aufmerksam, daß ich eine kleine Brosche, die ich unmittelbar zuvor als Erinnerung an das Leiden von Madrid gekauft hatte, nicht mehr an meiner Bluse trug, und setzte hinzu: »Schauen Sie in ihre Handtasche; Sie werden sie dort finden.« Tatsächlich war das kleine Andenken darin. Dies war für mich ein neuerlicher Beweis für Van Ghents finstere Macht. Ich stand empört auf und ging in das Innere des Cafés, entschlossen, den gesamten Inhalt meiner Handtasche unter den Offizieren, die sich dort aufhielten, zu verteilen. Keiner von ihnen wollte etwas annehmen. All dies ging anscheinend in sehr kurzer Zeit vor sich, und plötzlich fand ich mich mit einer Gruppe von Requeté-Offizieren allein. Van Ghent war verschwunden. Einige dieser Männer standen auf und stießen mich in ein Auto. Später stand ich vor einem Haus, dessen Fenster mit schmiedeeisernen spanischen Balkons geschmückt waren. Sie führten mich in einen mit geschmacklosen Chinoiserien dekorierten Raum, warfen mich auf das Bett, und nachdem sie mir die Kleider zerrissen hatten, vergewaltigten sie mich, einer nach dem andern.

Ich wehrte mich so heftig und mit solcher Kraft, daß sie schließlich von mir abließen und ich aufstehen konnte. Während ich vor dem Spiegel meine Kleider zu ordnen versuchte, sah ich, wie einer meine Handtasche öffnete und ihren Inhalt an sich nahm. Dies erschien mir als etwas vollkommen Normales; ebenso normal kam mir vor, daß er eine ganze Flasche Eau de Cologne auf meinem Kopf leerte.

Danach brachte er mich im Taxi zu meinem Hotel zurück. Von dort rief ich – es war vielleicht drei Uhr morgens – den schlafenden Van Ghent an. Es erschien mir vollkommen klar, daß meine Geschichte seine Einstellung zu den Menschen auf der Erde ändern würde, aber er beschimpfte mich wütend und legte auf. Ich ging in mein Zimmer hinauf und fand dort auf meinem Bett Wäsche, die Catherine gehörte und die die Wäscherin aus Versehen dort hingelegt hatte. Ich glaubte, daß Van Ghent in Anerkennung meiner Macht hatte Abbitte leisten wollen und mir deshalb dieses Geschenk schickte. Ich hielt es für unabdingbar, die Nachthemden auf der Stelle anzuprobieren. So verbrachte ich die übrige Nacht damit, kalte Bäder zu nehmen und die Hemden eines nach dem anderen anzuziehen; das eine war aus blaßgrüner Seide, das andere rosa.

Ich glaubte noch immer fest, daß es Van Ghent war, der Madrid, seine Bevölkerung und den Verkehr in der Stadt hypnotisierte, daß er die Menschen in *Zombies* verwandelte und die Angst wie vergiftete Bonbons unter den Leuten austeilte, um sie alle zu seinen Sklaven zu machen.

Eines Abends, nachdem ich auf den Straßen eine ungeheure Menge von Zeitungen zerrissen hatte – ich hielt sie für ein Mittel, mit dem Van Ghent die Stadt hypnotisierte –, stand ich vor dem Eingang des Hotels und sah mit Entsetzen, daß auf der Alameda-Straße Gestalten an mir vorübergingen, die ganz aus Holz zu sein schienen; ich stürzte auf das Dach des Hotels und weinte, während ich auf die gefesselte Stadt zu meinen Füßen schaute, die ich befreien sollte. Ich ging zu Catherine hinunter und flehte sie an, mein Gesicht zu betrachten. Ich sagte ihr: »Siehst du nicht, daß es das genaue Abbild der Welt ist?« Sie wollte mich nicht anhören und jagte mich fort.

Als ich daraufhin in das Vestibül des Hotels hinunterging, fand ich inmitten anderer Personen Van Ghent und seinen Sohn vor, die mir vorwarfen, ich sei verrückt, lege ein obszönes Verhalten an den Tag und so weiter. Zweifellos hatte meine Heldentat mit den Zeitungen am Nachmittag sie erschreckt. Darauf rannte ich hinaus in den Park und spielte dort eine Weile auf dem Rasen – zum großen Erstaunen der Vorübergehenden. Ein Offizier der Falange brachte mich zum Hotel zurück, wo ich die Nacht damit verbrachte, mich immer wieder in kaltem Wasser zu baden.

Van Ghent war mein Vater, mein Feind und der Feind der Menschheit; ich war die einzige, die ihn besiegen konnte, und um ihn zu besiegen, mußte ich ihn verstehen lernen. Er schenkte mir Zigaretten – die in Madrid ziemlich rar waren –, und eines Morgens, als ich besonders erregt war, kam mir der Gedanke, daß mein Zustand nicht allein auf natürliche Ursachen zurückzuführen und seine Zigaretten mit Drogen versetzt seien. Aus dieser Überlegung folgte logisch zwingend, daß ich die Behörden über die schreckliche Herrschaft, die Van Ghent ausübte, informieren und Maßnahmen zur Befreiung von Madrid ergreifen mußte. Eine Verständigung zwischen Spanien und England erschien mir als die beste Lösung. Ich begab mich deshalb in die englische Botschaft und sprach mit dem Konsul. Ich versuchte, ihn davon zu überzeugen, daß der Weltkrieg geführt werde, weil eine Gruppe von Leuten die Menschen hypnotisiere: Hitler und Co., deren Repräsentant in Spanien Van Ghent sei, und daß es genüge, sich dieser hypnotischen Kräfte bewußt zu werden, um ihn zu besiegen; wir würden den Krieg dann beenden und die Welt befreien, die ebenso blockiert sei wie ich und Catherines »Fiat«. Statt sich in Labyrinthen der Politik und der Ökonomie zu verlieren, müsse man an unsere metaphysische Kraft glauben und sie auf alle Menschen verteilen, die dadurch ihre Befreiung finden würden. Der brave britische Bürger stellte sogleich fest, daß ich verrückt war, und telefonierte mit einem Arzt namens Martinez Alonzo, der sich seiner Meinung anschloß, als er die Darstellung meiner politischen Theorien hörte.

Meine Bewegungsfreiheit endete mit diesem Tag. Ich wurde in einem Hotelzimmer im Ritz eingeschlossen. Dort fühlte ich mich vollkommen zufrieden: Ich wusch meine Kleider und stellte aus Badetüchern verschiedene Zeremoniengewänder zusammen, um mich so auf meinen Besuch bei Franco vorzubereiten, der als erster aus seiner hypnotischen Trance befreit werden sollte. Einmal befreit, würde Franco sich mit England verständigen, England mit Deutschland und so weiter. Unterdessen gab mir Martinez Alonzo, der überhaupt nicht wußte, was er von meinem Fall halten sollte, reichlich Bromwasser und beschwor mich, ich solle nicht nackt bleiben, wenn die Kellner mir zu essen brachten. Er war verwirrt und völlig vor den Kopf geschlagen von meinen politischen Theorien, und nach vierzehntägigem Martyrium zog er sich an einen Strand in Portugal zurück. Er überließ mich der Fürsorge eines befreundeten Arztes, Alberto N. Alberto war ein schöner Mann; ich beeilte mich, ihn zu verführen, denn ich sagte mir: »Siehe da, mein Bruder, der mich von den *Vätern* befreien kommt.« Seit Max fort war, hatte ich noch nicht wieder die körperliche Liebe erlebt, und ich hatte große Lust darauf. Leider war auch Alberto ein Dummkopf und wahrscheinlich zudem ein gemeiner Hund. Ich glaube aber wirklich, daß ich ihm gefiel, um so mehr, als er die Macht von Papa Carrington und seinen Millionen kannte, die in Madrid durch die I.C.I. repräsentiert wurden. Alberto führte mich aus, und ich genoß von neuem eine Art provisorischer Freiheit, die übrigens nicht lange währte.

Täglich ging ich zum Chef der I.C.I. in Madrid. Er wurde meiner Besuche bald müde, zumal ich sie dazu nutzte, um ihn über die politischen Verhältnisse aufzuklären. Außerdem bezeichnete ich ihn, ebenso wie Papa Carrington und Van Ghent, als widerliches kleines Würstchen, und dies ihm selbst gegenüber, seiner Frau und seinen Hausmädchen gegenüber, gegenüber den Kellnern im Hotel und gegenüber jedem, der mir nur zuhören wollte. Er ließ einen gewissen Dr. Pardo kommen und ermunterte mich, ihn über die Probleme der Welt aufzuklären. Ich ging in diese erbärmliche Falle und fand mich daraufhin als Gefangene in einem Sanatorium, in dem es von Nonnen wimmelte. Auch dies dauerte nicht lange; die Nonnen wurden nicht mit mir fertig. Es war unmöglich, mich einzuschließen; Schlösser und Fenster waren für mich keine Hindernisse, ich strich in meinem Zimmer umher und richtete meine Blicke auf das Dach, das mir als der einzige Ort erschien, an dem ich bleiben konnte. Nach zwei oder drei Tagen teilte der Chef der I.C.I. mir mit, daß Pardo und Alberto mich zum Strand von San Sebastian mitnehmen wollten, wo sie mir vollkommene Freiheit geben würden. Ich verließ die Klinik und stieg ins Auto nach Santander... Unterwegs gab man mir dreimal Luminal und eine Spritze in die Wirbelsäule: Narkose. Als ich bei Dr. Morales in Santander eingeliefert wurde, war ich ein lebender Leichnam.

Ich fürchte, daß ich jetzt meine Phantasie zu Hilfe nehmen muß, die nicht weniger wahr, aber unvollständig ist. Es fehlen nämlich einige Details, an die ich mich heute nicht mehr erinnern kann und die uns weiterhelfen würden. Heute morgen kam ich wieder auf die Idee des Eies, und ich dachte, ich könnte das Ei wie eine Kristallkugel benutzen, in der ich Madrid im Juli und August 1940 sehen könnte; warum sollte es nicht meine eigene Erfahrung ebenso gut wie die vergangene und die zukünftige Geschichte des Universums enthalten? Das Ei ist der Makrokosmos und der Mikrokosmos, die Scheidelinie zwischen Groß und Klein, und macht es unmöglich, das Ganze zu sehen. Über ein Teleskop zu verfügen, ohne auch sein wesentliches Gegenstück – das Mikroskop – zu besitzen, erscheint mir als Symbol des finstersten Unverständnisses. Die Aufgabe des rechten Auges ist es, in das Teleskop zu blicken, während das linke Auge in das Mikroskop sieht.

In Madrid hatte ich das Leid noch nicht »in seinem Wesen« kennengelernt. Ich irrte im Unbekannten umher mit der Nachlässigkeit und dem Mut der Unwissenheit. Wenn ich auf den Straßen die Plakate betrachtete, sah ich nicht nur die kommerziellen Eigenschaften der Konserven von Herrn X, sondern auch die esoterischen Antworten auf meine Fragen. So las ich, wenn ich »Amazon Company« oder »Imperial Chemicals« las, auch »Chemie und Alchemie«, ein geheimes Telegramm, das sich in der Verkleidung eines Fabrikanten landwirtschaftlicher Maschinen an mich richtete. Wenn das Telefon läutete oder schwieg, wenn es antwortete oder mir nicht antworten wollte, war es die innere Stimme des hypnotisierten Volks von Madrid. (Das ist kein Symbol, sondern ich meine es buchstäblich.) Wenn ich mich mit anderen im Salon des Hotel Roma an einen Tisch setzte, hörte ich die Schwingungen von Lebewesen ebenso deutlich wie Stimmen; aus den Schwingungen jedes einzelnen erkannte ich, wie er dem Leben gegenüberstand, wie mächtig er war und ob er mir gut oder böse gesinnt war. Es war nicht mehr nötig, die Geräusche, die körperlichen Berührungen oder die Empfindungen in rationale Begriffe oder in Wörter zu übersetzen. Ich verstand jede Sprache in ihrer eigenen besonderen Weise: Geräusche, Empfindungen, Farben, Formen und so weiter, all dies hatte eine genaue Entsprechung in mir selbst und antwortete mir mit größter Zuverlässigkeit. Wenn ich der Tür den Rücken zuwandte und die Schwingungen vernahm, wußte ich genau, ob es Catherine, Michel, Van Ghent oder sein Sohn waren, die gerade in den Speisesaal traten. Wenn ich Leuten in die Augen sah, erkannte ich die Herren und die Sklaven und die (wenigen) freien Menschen.

Ich bewunderte mich zu solchen Zeitpunkten sehr; ich bewunderte mich, weil ich mich *ganz* sah – ich war alles, alles war ich. Ich freute mich, daß meine Augen auf geheimnisvolle Weise zu Sonnensystemen geworden waren, die ihr eigenes Licht erleuchtete; meine Bewegungen waren ein großer freier Tanz, in dem jede einzelne Geste die Idee des Ganzen ausdrückte, ein klarer und genauer Tanz; ebensoviel Befriedigung empfand ich über meine Eingeweide, deren Bewegungen im Einklang waren mit der schmerzlichen Verdauung von Madrid. In diesen Tagen sang man in der Stadt »Los Ojos Verdes«, nach einem Gedicht, glaube ich, von García Lorca. Grüne Augen waren für mich immer die meines Bruders gewesen, und jetzt waren sie die von Michel, die von Alberto und die eines jungen Mannes aus Buenos

Aires, den ich im Zug zwischen Barcelona und Madrid kennengelernt hatte ... Die grünen Augen, die Augen meiner Brüder, die mich endlich von meinem Vater erlösen würden. Zwei weitere Lieder gingen mir nicht aus dem Kopf: »El Barco Velero«, das Segelschiff, das mich ins Unbekannte tragen würde, und »Bei mir bist du schön«*, ein Lied, das in allen Sprachen gesungen wurde und mir, dachte ich, bedeutete, Frieden auf Erden zu schaffen.

Meine Regel setzte damals aus; ich bekam sie erst drei Monate später in Santander wieder. Ich verwandelte dieses Blut in umfassende Energie – männliche und weibliche, mikrokosmische und makrokosmische – und in Wein, den der Mond und die Sonne tranken.

Ich muß nun meinen Bericht an dem Zeitpunkt wiederaufnehmen, als ich aus der Narkose erwachte (zwischen dem 19. und dem 25. August 1940). Der Raum, in dem ich aufwachte, war sehr klein; kein Fenster ging nach außen, das einzige Fenster war in die Wand rechter Hand eingelassen, die mich vom Nachbarzimmer trennte. In der linken Ecke, gegenüber meinem Bett, stand ein Kleiderschrank aus lakkiertem Holz, Marke »Billigangebot«; rechts von mir stand ein Nachttisch im gleichen Stil, mit einer Marmorplatte, einer kleinen Schublade und, unten, dem leeren Fach für den Nachttopf; ferner ein Stuhl; auf der anderen Seite des Nachttischs war eine Tür, die, wie ich später erfuhr, zum Badezimmer führte; mir gegenüber befand sich eine Tür mit einer Glasscheibe, die auf einen Gang und eine andere Tür mit Milchglasscheiben führte. Ich belauerte sie begierig, denn durch sie schien ein helles Licht, und es ließ sich erraten, daß sie einen Raum voller Sonnenschein eröffnete.

Meine Rückkehr ins Bewußtsein war zunächst schmerzhaft;

* Deutsch im Original

ich glaubte, ich sei das Opfer eines Autounfalls geworden; die Umgebung erinnerte an ein Hospital, und eine Krankenschwester von abstoßendem Äußeren, die aussah wie eine riesige Flasche Lysol, bewachte mich. Ich hatte Schmerzen und wurde gewahr, daß meine Hände und Füße mit Lederriemen festgebunden waren. Später erfuhr ich, daß ich wie ein Tiger gekämpft hatte, als ich an diesen Ort gebracht wurde, daß der Klinikchef, Don Mariano, versucht hatte, mich zum Essen zu bewegen, und daß ich ihn völlig zerkratzt hatte. Er hatte mich geohrfeigt, gefesselt und gezwungen, durch Röhren, die mir in die Nasenlöcher geschoben wurden, Nahrung zu mir zu nehmen. Ich habe keinerlei Erinnerung daran.

Ich suchte zu verstehen, wo ich war und warum ich hier war. Ein Krankenhaus oder ein Konzentrationslager? Ich stellte der Krankenschwester – vermutlich unzusammenhängende – Fragen, und sie gab mir auf englisch, mit einem sehr unangenehmen amerikanischen Akzent, zumeist negative Antworten. Später habe ich erfahren, daß sie Asegurado hieß (das ist »versichert«, im kommerziellen Sinne des Wortes), daß sie eine Deutsche aus Hamburg war und lange Zeit in New York gelebt hatte.

Ich habe nie in Erfahrung bringen können, wie lange ich nicht bei Bewußtsein gewesen bin: Tage oder Wochen? Als ich wieder bedauernswert vernünftig wurde, erzählte man mir, daß ich mich in den ersten Tagen wie verschiedene Tiere aufgeführt hatte, daß ich mit der Behendigkeit eines Affen auf den Schrank sprang, kratzte, brüllte wie ein Löwe, daß ich wieherte, bellte und so weiter.

Unterdessen bat ich Frau Asegurado höflich – denn die Lederriemen störten mich: »Bitte, binden Sie mich los.« Sie antwortete mir mißtrauisch: »Werden Sie auch brav sein?«

Darüber war ich so verblüfft, daß ich für einige Augenblicke sprachlos blieb und nichts erwidern konnte. Ich hatte nichts als das Beste für die ganze Welt gewollt, und man fesselte mich wie ein wildes Tier! Ich verstand überhaupt nichts mehr; an mein gewalttätiges Verhalten hatte ich keinerlei Erinnerung, und dies hier erschien mir als ein so unsinniges Unrecht, daß ich es mir nur aus dem Machiavellismus meiner Wärter erklären konnte.

Ich fragte: »Wo ist Alberto?« – »Fort.« – »Fort?« – »Ja, er ist nach Madrid gefahren.« – Alberto nach Madrid gefahren ... unmöglich! – »Wo sind wir hier? Weit von Madrid?« – »Sehr weit ...«

Und so ging es weiter. Je länger das Gespräch dauerte, desto weiter schien ich mich zu entfernen, und am Ende war ich allein in einem unbekannten feindlichen Land. Dann sagte sie mir, daß ich hier sei, um mich zu erholen ... Erholen! Schließlich gelang es mir, sie durch Freundlichkeiten und feinsinnige Argumente dazu zu bewegen, daß sie mich losmachte. Voller Neugierde, was es draußen zu sehen geben würde, kleidete ich mich an. Ohne den Versuch zu unternehmen, die Tür mit den Milchglasscheiben zu öffnen, ging ich den Gang hinunter und gelangte in eine kleine quadratische Halle, deren Fenster dicht mit Eisenstangen vergittert waren. Ich dachte: Ein hübscher Erholungsort! Diese Gitterstäbe sind da, um zu verhindern, daß ich hinauskomme. Ich will mich diesem Eisen nähern und es davon überzeugen, daß es mir meine Freiheit zurückgeben muß.

Ich war gerade dabei, mich näher mit der Frage zu befassen: Ich klammerte mich mit den Füßen an die Gitterstäbe wie eine Fledermaus; ich wandte dem Raum meinen Rücken zu und untersuchte die Stäbe von allen Seiten, aus allen Perspektiven, als mich plötzlich jemand ansprang. Auf wunderbare

Weise gelang es mir, auf die Füße zu fallen, und dann stand ich einem Individuum gegenüber, das wie ein Straßenköter aussah und sich ebenso gebärdete. Später erfuhr ich, daß es ein von Geburt an Schwachsinniger war, dem Dr. Morales Aufenthalt gewährte. Als nicht zahlender Patient war er mit der Aufgabe betraut worden, in der Villa Covadonga, dem Pavillon für die gemeingefährlichen Irren und die hoffnungslosen Fälle, der nach Don Marianos Tochter benannt worden war, den Wachhund zu spielen. Da ich sah, daß es nicht den geringsten Sinn hatte, mit einem solchen Wesen zu diskutieren, machte ich kurzentschlossen Anstalten, ihn zu vernichten. Von einem Sessel aus sah Frau Asegurado unserem Kampf zu.

Ich war meinem Gegner an Kraft, Entschlossenheit und Strategie überlegen. Der Idiot lief weinend davon, blutüberströmt und von meinen Prankenschlägen gezüchtigt. Hätte man ihm mit dem Tode gedroht, sagte man mir, so wäre er lieber freiwillig krepiert, als mir nach dieser Schlacht noch einmal zu nahe zu kommen.

Nachdem ich tausendmal versichert hatte, nur in den Garten gehen zu wollen, erklärte Frau Asegurado sich schließlich bereit, mich nach draußen zu begleiten. Der Park war sehr grün, trotz der wolkigen Bläue der hohen Eukalyptusbäume; vor der Villa Covadonga war ein Obstgarten mit Bäumen, die voller Äpfel hingen. Daraus schloß ich, daß Herbst war, und weil die Sonne schon tief stand, daß es Abend wurde.

Ich war wohl noch immer in Spanien. Die Vegetation war europäisch, das Klima mild und die Architektur von Covadonga eher spanisch. Aber ich war mir dessen ganz und gar nicht sicher, und als ich dann sah, welch einer fremdartigen Moral das Verhalten der Menschen folgte, die mich umgaben, fühlte ich mich noch verlorener und glaubte am Ende, daß ich mich in einer anderen Welt, einer anderen Zeit und einer anderen Kultur befand, vielleicht auf einem anderen Planeten, auf dem Vergangenheit und Zukunft und zugleich die Gegenwart herrschten.

Meine Krankenschwester wollte immer, daß ich mich brav auf einen Stuhl setzte. Ich weigerte mich, denn ich mußte »das Problem« so schnell wie möglich lösen. Aber ob ich mich nun nach rechts oder nach links wandte, sie folgte mir. Schließlich setzte ich mich in einer Laube nieder, und plötzlich tauchte ein junger Mann in einem blauen Monteuranzug auf, José, der mir interessiert zusah. Ich war erleichtert, als ich ihn Spanisch sprechen hörte: Ich war also in Spanien! Ich fand, daß er gut aussah und sympathisch war. Er und Asegurado folgten mir, als ich zur Villa Pilar ging, um diesen Pavillon näher zu untersuchen. (Wenn Sie die Karte betrachten, werden Sie sehen, wo die Villa Pilar, die Röntgenstation, Covadonga, Amachu und Abajo (Unten) liegen; Sie werden sich so im Park zurechtfinden können.) Es war ein graues steinernes Haus, und auch hier waren die Fenster mit eisernen Gittern versehen. Zu meinem großen Erstaunen rief mir jemand, der hinter den Gittern verborgen war, aus dem ersten Stock zu: »Leonora, Leonora!«

Ich war vollkommen verblüfft: »Wer sind Sie?« – »Alberto!« Alberto! Er war also hier! In höchster Aufregung wollte ich sogleich zu ihm, aber das halbverdeckte Gesicht, das ich erblickte, war häßlich und verkrüppelt. Tatsächlich war alles nur ein Scherz der Krankenschwestern gewesen, die dies einem Irren namens Alberto eingeredet hatten. Trotzdem freute ich mich über diesen Vorfall, denn ich glaubte, daß Alberto mir gefolgt sei, daß er mich nicht verraten habe und mein Mitgefangener sei.

Ich begann, unter den Apfelbäumen vor Freude herumzuhüpfen, und empfand von neuem die Kraft, die Geschmeidigkeit und die Schönheit meines Körpers. Kurz darauf tauchte in der Allee die kleine, winzige Krankenschwester Mercedes auf, die in gestrecktem Galopp rannte, gefolgt von Moro, einem schwarzen Hund. Hinter ihr ging, langsamer, ein großer, fetter und ebenfalls weißgekleideter Mann. Ich erkannte, daß er eine mächtige Persönlichkeit sein mußte, und beeilte mich, zu ihm zu gelangen, denn ich sagte mir: »Der kennt die Lösung des Problems.« Als ich nahe genug an ihn herangekommen war, war ich unangenehm davon berührt, daß er mich aus Augen ansah, die denen von Van Ghent glichen (ja, noch beängstigender waren). Ich sagte mir: Er gehört zu derselben Bande, er ist besessen wie die anderen, hüte dich! Es war Don Luis Morales, der Sohn von Don Mariano.

Ich näherte mich ihm nur bis auf einen Abstand, doch er versuchte, mich festzuhalten. Obwohl ich in seiner Nähe blieb, gelang es mir doch, zu verhindern, daß er mich anfaßte. In diesem Moment trat plötzlich José hinzu und hielt mich fest. Ich wehrte mich tapfer, bis ein weiterer Mann, Santos, auftauchte und sich in den Kampf einmischte. Don Luis hatte sich bequem zwischen zwei Baumwurzeln niedergesetzt und weidete sich an dem Schauspiel. Nach kurzer Zeit warfen die beiden Männer, José und Santos, mich zu Boden. José setzte sich auf meinen Kopf, während Santos und Asegurado versuchten, mit meinen Gliedern fertig zu werden, die sich noch immer heftig wehrten. Mercedes, bewaffnet mit einer Spritze, die sie wie ein Schwert schwang, stieß mir eine Nadel in den Schenkel.

Ich glaubte, daß es sich um ein Schlafmittel handelte, und beschloß, nicht einzuschlafen. Zu meinem großen Erstaunen

wurde ich nicht schläfrig; vielmehr sah ich, wie mein Schenkel an der Stelle der Injektion immer mehr anschwoll, bis die Schwellung die Größe einer kleinen Melone erreichte.
Frau Asegurado sagte mir, man habe mir einen künstlichen Abszeß an meinem Schenkel beigebracht; der Schmerz und die Vorstellung, infiziert zu sein, hinderten mich zwei Monate lang daran, mich frei zu bewegen. Als sie mich losließen, warf ich mich wütend auf Don Luis und zerkratzte ihn bis aufs Blut, bevor José und Santos mich fortschleppen konnten. Santos drückte mir mit den Fingern die Kehle zu. In der Villa Covadonga rissen sie mir brutal die Kleider vom Leib und banden mich nackt auf dem Bett fest. Dann trat Don Luis in mein Zimmer und betrachtete mich. Ich weinte sehr heftig und fragte ihn, warum ich gefangengehalten und so grausam behandelt werde. Er verschwand ziemlich schnell, ohne mir zu antworten. Daraufhin erschien Frau Asegurado von neuem. Ich stellte ihr Fragen. Sie sagte mir: »Sie müssen wissen, wer Don Luis ist; jeden Abend kommt er, um mit Ihnen zu sprechen; Sie stehen aufrecht auf dem Bett und geben ihm die Antworten, die er hören will.« Daran konnte ich mich nicht erinnern. Ich schwor mir, von diesem Moment an Tag und Nacht wachsam zu bleiben, nicht mehr zu schlafen und mein Bewußtsein zu schützen.
Ich weiß nicht, für wie lange Zeit ich festgebunden und nackt war. Mehrere Tage und Nächte hindurch lag ich in meinen eigenen Exkrementen, meinem Urin und meinem Schweiß und wurde von Mücken gepeinigt, deren Stiche meinen Körper entstellten; ich hielt sie für die Geister der zugrundegerichteten Spanier, die mir vorwarfen, daß ich mich in der Anstalt festhalten ließ, daß ich nicht klug genug war und nichts dagegen unternahm. Meine heftigen Gewissensbisse mach-

ten es mir leichter, ihre Angriffe zu ertragen; der Schmutz machte mir ziemlich wenig aus.

Tagsüber bewachte mich Frau Asegurado, des Nachts José oder Santos. Manchmal steckte mir José seine Zigarette in den Mund, so daß ich einige Züge rauchen konnte; zuweilen wischte er auch mit einem feuchten Handtuch über meinen Körper, der noch immer brannte. Ich war ihm dankbar für seine Fürsorge. Eine schielende Hausangestellte namens Piadosa brachte mir mein Essen, das aus Gemüsen und rohen Eiern bestand, und führte es mir löffelweise in den Mund ein, wobei sie sehr darauf achtete, nicht gebissen zu werden. Ich hatte sie gern, und *ich hätte sie nicht gebissen*. Ich glaubte, daß Piadosa (die Fromme) schmerzende Füße* bedeutete, und sie erregte mein Mitleid, weil sie so viel hatte laufen müssen!

Vor allem nachts dachte ich über meine Lage nach. Ich untersuchte die Riemen, mit denen ich festgebunden war, die Gegenstände und die Personen um mich herum und mich selbst. Eine riesige Schwellung lähmte meinen linken Oberschenkel. Ich wußte, daß ich mir helfen könnte, wenn es mir gelänge, meine linke Hand frei zu machen. (Ich habe immer kalte Hände, und vor der Kühle meiner Hand *mußte* die Hitze in meinem Bein weichen, der Schmerz und die Schwellung verschwinden.) Ich weiß nicht, wie ich dies nach einiger Zeit fertigbrachte; jedenfalls ließen der Schmerz und die Entzündung, wie ich vorausgesehen hatte, bald nach.

Eines Nachts, ich lag vollkommen wach, hatte ich folgenden Traum: Ein Schlafzimmer, so groß wie die Bühne eines Theaters, mit einer gewölbten Decke, auf der der Himmel abgebildet war, alles sehr verfallen, doch auch sehr luxuriös, ein Bett aus alten Zeiten mit zerrissenen Vorhängen und gemal-

* Spanisch: pies dolorosos

ten Amoretten, oder wirklichen ... ich weiß es nicht mehr; ein Park, ähnlich dem, in dem ich am Vortag spazierengegangen war: Er war mit Stacheldraht umgeben, über den meine Hände Pflanzen wachsen zu lassen vermochten, die ihn umrankten, ihn bedeckten und dadurch unsichtbar machten.

Am Tag nach dieser Vision kam Don Luis, um mit mir zu sprechen. Ich hatte die Absicht, ihn um einen Verband für meinen Schenkel zu bitten, doch ich verlor dies sogleich wieder aus dem Gedächtnis. Auch wollte ich ihn fragen, wo Alberto war, aber dieser Gedanke verflüchtigte sich gleichfalls, und ohne es zu wollen, befand ich mich mitten in einer politischen Diskussion. Während ich sprach, wunderte ich mich, weil ich plötzlich in einem Garten war, der dem meines Traumes glich. Wir saßen auf einer Bank in der Sonne, und ich war sauber und bekleidet; ich war glücklich und bei klarem Bewußtsein und sagte unter anderem: »Ich kann alles, dank meines Wissens.«

Er antwortete mir: »Dann machen Sie mich zum größten Arzt der Welt.«

»Geben Sie mir die Freiheit, und Sie werden es sein.«

Weiter sagte ich zu ihm: »Außerhalb dieses Parks, der so grün und fruchtbar ist, ist das Land vertrocknet; linker Hand ist ein Berg, auf dem ein Druidentempel steht. Dieser armselige und in Ruinen liegende Tempel ist mein Tempel: Er ist für mich errichtet worden, die ich auch arm und ruiniert bin. Dieser Ort, an dem es nur trockenes Holz gibt, soll der Ort sein, an dem ich leben werde; ich werde Sie jeden Tag besuchen; dann werde ich Sie mein Wissen lehren.«

Dies waren sinngemäß meine Worte. Freilich, als man mir erlaubte, nach draußen zu gehen, fand ich keinen Tempel, und das Land war durchaus fruchtbar.

Plötzlich kehrte der Gedanke an Alberto und an meinen Schenkel zurück. Sogleich wurde mir bewußt, daß ich nackt, elend und schmutzig auf meinem Bett lag, und Don Luis erhob sich und ging.
Nach dieser Unterhaltung schickte ich ihm durch José ein Dreieck, das ich auf ein Stück Papier gezeichnet hatte (es war sehr schwierig gewesen, einen Bleistift, Papier und die Erlaubnis zu erhalten, meine Hände zum Zeichnen frei zu machen). Dieses Dreieck erklärte – für mich – *alles*.

Mittwoch, 25. August 1943

Nun schreibe ich schon den dritten Tag, und ich glaubte doch, mich meiner Aufgabe in ein paar Stunden entledigen zu können; das ist hart, denn ich durchlebe jene Zeit aufs neue und schlafe schlecht, weil ich mich besorgt und unruhig frage, ob meine Tätigkeit überhaupt einen Sinn hat. Gleichwohl muß ich nun meinen Bericht zustande bringen, um dieser Beklemmung zu entrinnen. Meine Vorfahren fühlen sich ertappt und wollen mir nichts Gutes.
Während der Zeit, als ich so eng an mein Bett gebunden war, hatte ich Gelegenheit, meine merkwürdigen Nachbarn kennenzulernen. Die Bekanntschaften trugen allerdings nicht zur Lösung des Problems bei: Wo war ich und warum war ich hier? Sie kamen, um mich durch die Scheibe in der Tür zu betrachten; manchmal traten sie ein und unterhielten mich: der Fürst von Monaco und Pan America, Don Antonio mit seiner Streichholzschachtel, in der er ein kleines Stück Exkrement aufbewahrte, Don Gonzalo, der vom Erzbischof von Santander verfolgt und gequält wurde, und der

Marquis de Silva mit seinen Riesenspinnen – seine Heroinsucht wurde trockengelegt (auch litt er an derselben Spritze, die auch ich bekommen hatte, obwohl die Krankenschwestern behaupteten, die Schwellung käme von einem Spinnenbiß) –, er war ein intimer Freund von Alfons XIII. und ein Freund von Franco gewesen. Der Marquis hatte großen Einfluß in der Requeté, der karlistischen Partei; er war ebenso freundlich wie kindisch.

Da ich an diesen Herren eine gewisse Extravaganz bemerkte, kam ich zu dem Schluß, daß sie alle unter dem hypnotischen Einfluß von Van Ghents Bande standen, daß folglich mein Aufenthaltsort eine Art Gefängnis war für diejenigen, die der Macht dieser Clique bedrohlich geworden waren, und daß auf mich, die Bedrohlichste von allen, noch schrecklichere Foltern warteten, durch die ich gebrochen und ebenso kindisch wie meine Leidensgefährten werden sollte.

Ich hielt Vater und Sohn Morales für Herren des Universums und für mächtige Zauberer, die ihre Gewalt dazu benutzten, Angst und Schrecken zu verbreiten. Eine Eingebung sagte mir, daß die Welt erstarrt war und daß ich die Aufgabe hatte, die Morales und die Van Ghents zu besiegen, um sie wieder in Gang zu setzen.

Nach einigen Tagen erzwungener Bewegungslosigkeit stellte ich fest, daß mein Gehirn noch immer funktionierte, daß ich also nicht besiegt war; ich war überzeugt, daß die Macht meines Geistes der meiner Feinde überlegen war.

Eines Abends, als José und Mercedes mich bewachten, fühlte ich plötzlich einen ungeheuren Druck auf mir lasten. Ich merkte, wie Don Luis' Geist von mir Besitz ergriff, wie seine Macht in mir anschwoll wie ein riesiger Gummireifen, und ich vernahm sein gewaltiges, allumfassendes Verlangen, das Universum zu *vernichten*. All dies drang wie ein fremder

Körper in mich ein. Es war Folter. In diesem Augenblick war ich davon überzeugt, daß Don Luis ausgefahren war (was zutraf), und hatte nur den einen Gedanken: diese Gelegenheit zu nützen, um der unreinen Macht dieses Menschen zu entkommen. Er hatte mir seine Gewalt gegeben, überzeugt, daß ich nicht in der Lage sein würde, sie festzuhalten; er wußte genau, daß er mein Gegenspieler war, und er war sicher, daß er mich so wie die intravenöse Injektion eines starken Gifts töten konnte. Unter Tränen flehte ich José und Mercedes an, sie möchten mich losmachen und mit mir nach Madrid kommen, weit weg von diesem entsetzlichen Mann. Sie antworteten mir: »Aber es wäre nicht vernünftig, nackt nach Madrid zu fahren!« Dennoch band José mich los, und ich packte meine Sachen (ein ausgesprochen schmutziges Bettlaken und einen Bleistift), während ich die Worte »Freiheit, Gleichheit, Brüderlichkeit« wiederholte. Mühsam ging ich bis zur Halle, mein kleines Gefolge hinterher. Mein linkes Bein schmerzte furchtbar.
Don Luis' Rückkehr ließ nicht auf sich warten: Ich hörte sein Auto. Er kam in Begleitung zweier Männer zurück; der eine behauptete, Mexikaner zu sein, an ihm habe ich mich später in Portugal gerächt; an den anderen kann ich mich nicht mehr erinnern.
Ich weiß nicht, wie lange wir uns unbeweglich gegenüberstanden – ich glaubte, ich hielte sie mit meinem Blick in Schach. Der Mexikaner lachte, die anderen waren wie versteinert. Ich glaube, es war Don Luis, der schließlich den Bann brach. Als meine Aufmerksamkeit für einen Moment nachließ, stürzten José und Mercedes sich auf mich und schleiften mich mit Gewalt in mein Zimmer. Die folgende halbe Stunde war die Hölle: Ich hielt José und Mercedes an den Händen fest und vermochte nicht, sie loszulassen; eine

übermächtige Kraft fesselte uns aneinander, und niemand konnte sprechen oder sich bewegen. Durch eine heftige Willensanstrengung gelang es mir schließlich, meine Hände von den ihren loszumachen, und sogleich fingen alle Anwesenden an, mit erschreckender Schnelligkeit zu reden. Wenn ich ihre Hände von neuem ergriff, herrschte sofort wieder vollkommenes Schweigen, und die Blicke waren wiederum unbeweglich aufeinander geheftet. Dies dauerte möglicherweise mehrere Stunden. Ich erklärte mir dies damit, daß Don Luis sich einen teuflischen Scherz erlaubte, um mir zu beweisen, daß ich mit José und Mercedes wie siamesische Geschwister zusammenwachsen würde, wenn ich den Versuch machte, mit ihnen zu fraternisieren, und daß anderenfalls seine eigene Macht wieder von mir Besitz ergreifen würde, um mich zu vernichten.

Der folgende Tag war zweifellos ein Sonntag, denn ich höre noch heute das Läuten der Glocken, wie es von draußen hereinkam, und das Pferdegetrappel; dies zusammen erregte in mir eine ungeheure Sehnsucht und Lust zu flüchten. Es schien mir unmöglich, mich der Außenwelt verständlich zu machen, und ich fragte mich, wer wohl einer Person würde helfen wollen, nach Madrid zu gelangen, die mit einem Betttuch bekleidet und mit einem Bleistift bewaffnet war.

Ich hatte von verschiedenen Pavillons reden hören; der größte unter ihnen war sehr luxuriös ausgestattet, wie ein Hotel: mit Telefonen und unvergitterten Fenstern. Dieser Pavillon wurde Abajo (Unten) genannt, und die Leute dort waren sehr glücklich. Um an diesen paradiesischen Ort zu gelangen, mußte man geheimnisvolle Mittel anwenden, was meiner Ansicht nach bedeutete, daß ich zur mystischen Erkenntnis der *ganzen Wahrheit* gelangen mußte. Ich war gerade dabei, mir zu überlegen, wie ich auf dem schnellsten Wege dort hinkommen könnte, als das Erscheinen Moros, des Hundes, mir Don Luis' Besuch ankündigte. Don Luis bot einen Anblick, der sich so von dem des Vorabends unterschied, daß ich den Eindruck hatte, die Welt bewege sich rückwärts. Mit der Nacht war auch seine gewohnte Selbstsicherheit verschwunden; seine Haare waren in Unordnung, er war schmutzig, unruhig und verhielt sich geradeso wie ein Geisteskranker. Mit der Hilfe von José und Santos schaffte er alle Möbel aus meinem Zimmer – außer dem Bett, von dem aus ich seine merkwürdige Aktivität beobachtete. Ich wußte, daß meine Kleider und einige kleinere Gegenstände, die mir gehörten, in dem Schrank eingeschlossen waren, den sie forttrugen. Frau Asegurado blieb ungerührt an meiner Seite. Ich glaubte, der Tag des großen Saubermachens sei gekommen, der meine Befreiung ankündigte, und ich war freudig erregt. Doch als sie mein Zimmer völlig geleert hatten, gingen sie fort, ohne eine Erklärung abzugeben.

Frau Asegurado sagte mir, Don Luis sei verrückt geworden. Dann hörte ich über mir ein gewaltiges Hinundhergeschiebe von Möbeln, das unter lauten Rufen und Schimpfen vor sich ging. Moro, der Hund, stand regungslos neben meinem Bett und sah zur Decke. Ich glaubte, daß Moro gegenwärtig die Macht innehabe, während Don Luis, um sich von sich selber auszuruhen, sich einem rasenden Wüten hingebe. In Asegurado sah ich den Telefondraht, durch den Don Luis seinen Willen mitteilte (Frau Asegurado war die denkbar unbeweglichste Frau).

An diesem Tag wurde ich von meinen Fesseln befreit, und von Zeit zu Zeit versuchte ich zu entkommen, doch Asegurado überwachte mich, und zur eigenen Rettung wollte ich einer Frau gegenüber nicht Gewalt anwenden.

Den ganzen Tag hielt der Lärm über meinem Kopf an, und

ich genoß die Vorstellung, daß Don Luis in rasenden Wahnsinn verfallen sei. Gegen Ende des Nachmittags hörte der Lärm plötzlich auf, und ich vernahm Schritte auf der Treppe. Ich stürzte in die Halle; ein kleiner Alter erschien: Don Antonio mit seiner Streichholzschachtel, die immer noch das traurige Stückchen Exkrement enthielt. Ich glaubte, Don Luis sei in den Leib des alten Mannes geglitten. Don Antonio neigte nicht zur Gewalttätigkeit, und ich habe mir die Bedeutung des nicht enden wollenden Lärms an diesem merkwürdigen Sonntag nie erklären können.

Nach Einbruch der Nacht tauchte Don Luis wieder auf, in Begleitung einer Frau, Angelita, deren gepflegte Erscheinung und städtische Kleidung mich mit Hoffnung erfüllten, so daß ich sie folgendem Verhör unterzog:

»Sie sind Zigeunerin?« fragte ich.

»Ja.«

»Woher kommen Sie?«

»Von Unten.«

»Ist es schön, Unten?«

A. – Einöde; Covadongas Friedhof
B. – Hohe Mauer, die den Park umgibt
X. – Parktor
1. – Villa Covadonga
2. – Röntgenstation
3. – Villa Pilar
4. – Apfelbäume; Blick auf die Casa Blanca und über das Tal
5. – »Afrika«
6. – Villa Amachu
6b. – Baum
7. – »Unten«
8. – Küchengarten
9. – Laube und Höhle
10. – Don Marianos »Quartier«
11. – »Straße der Außenwelt«
a. – Mein Zimmer »Unten«, die Sonnenfinsternis und die Vorhölle
b. – Der Schlupfwinkel
c. – Die Bibliothek. Große Allee nach »Unten«

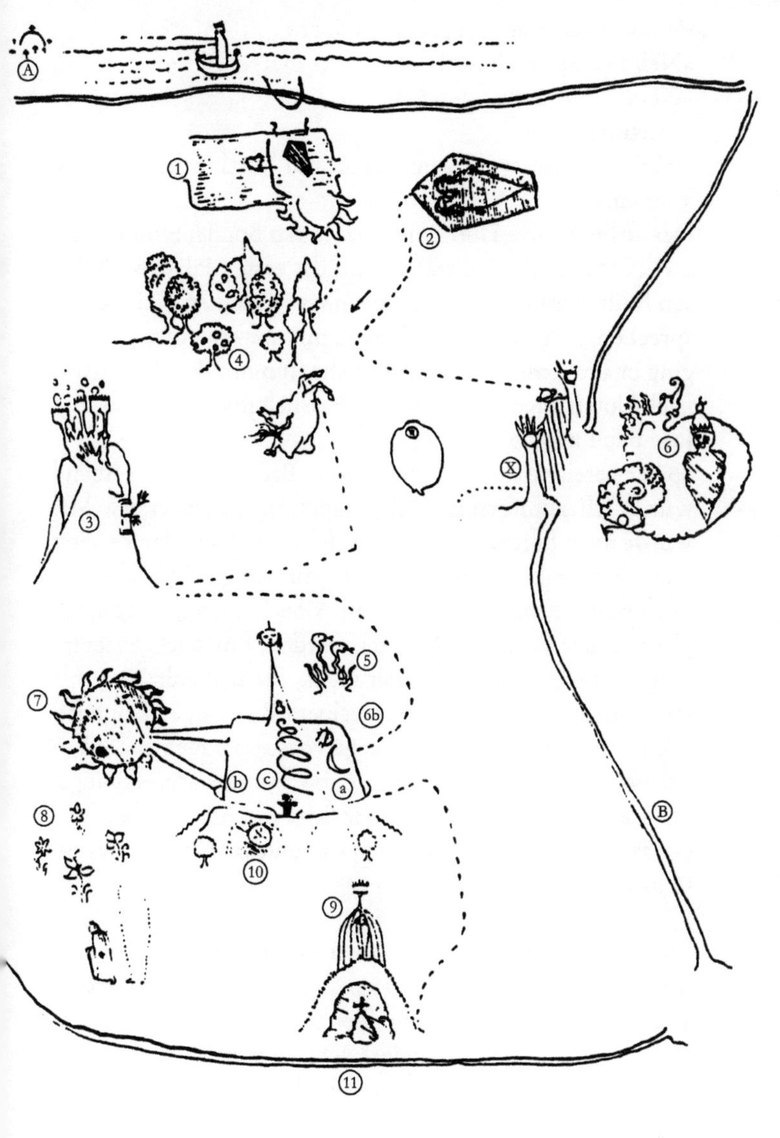
A
1
2
4
3
X
6
5
7
6b
b
c
a
8
10
B
9
11

»Wunderbar, alle sind glücklich dort.«
»Nehmen Sie mich mit!«
»Nein.«
»Warum nicht?«
»Weil Sie nicht wohl genug sind, um dorthin kommen zu können.«
Daraufhin führte Don Luis mich in das Sonnenzimmer, das zu der Stunde dunkel war. Es war das erste Mal, daß ich diesen Raum betrat. Don Luis begann, von meinen Visionen zu sprechen, als ob er sie gleichzeitig mit mir erlebt habe. Dann ging er unvermittelt fort; ich wollte ihm mit der Zigeunerin nach Unten folgen, doch Asegurado hielt mich davon ab, und José band mich wieder fest.
Später bereitete Piadosa für mich ein Bad. An diesem Abend wurde ich zum ersten Mal gebadet, und zum ersten Mal wurde mein Bett saubergemacht. Ich sagte mir: Man bereitet meine triumphale Ankunft Unten vor; ich glaubte, daß man mich reinigte, um mich dann mit Alberto zu vereinigen; ich glaubte, der Palast sei bereitet worden, um mich zu empfangen; ich glaubte, daß damit meine Freiheit anbräche. Als ich dann allein und sauber in meinem Bett lag, angebunden wie gewöhnlich, wurde das kleine Fenster zu meiner Linken beleuchtet, und von ihm ging ein so schönes warmes orangenes Licht aus, daß ich an meiner Seite die Anwesenheit von etwas Wunderbarem fühlte. Ich war glücklich. Später brachte José mir seine Zigarette.

Danach beginnt für mich ein neuer Lebensabschnitt: mit dem furchtbarsten und schwärzesten Tag meines ganzen Lebens. Wie werde ich darüber schreiben können, wenn schon der Gedanke daran mich peinigt? Ich ängstige mich schrecklich, und doch kann ich mit dieser Erinnerung nicht mehr allein weiterleben ... Ich weiß, ich werde befreit sein, wenn ich alles niedergeschrieben habe. Aber werde ich nur in Worten den Schrecken jenes Tages ausdrücken können?

Am folgenden Morgen trat ein Fremder in mein Zimmer; er hatte eine Arzttasche aus schwarzem Leder bei sich. Er sagte mir, er komme, um mir Blut abzunehmen, das man für eine Analyse brauche, und es sei erforderlich, daß Don Luis ihm dabei helfe. Ich antwortete ihm, daß ich gerne einen von ihnen empfinge, aber nicht beide gleichzeitig, weil ich bemerkt hätte, daß die Anwesenheit von mehr als einer Person in meinem Zimmer mir Unglück bringe; im übrigen werde ich nach Unten gehen und unter keinen Umständen zulassen, daß man mir eine Spritze gebe. Die Auseinandersetzung dauerte eine ganze Weile. Am Ende beschimpfte ich ihn, und er verließ das Zimmer. Daraufhin trat Don Luis ein, und ich kündigte ihm an, daß ich fortgehen werde. Mit hinterlistiger Sanftheit begann er, zu mir über diese Blutentnahme zu reden. Ich sprach mit ihm ziemlich lange über meinen Umzug, über Alberto und über verschiedene Dinge, an die ich mich nicht mehr erinnere. Wir sprachen Auge in Auge, und er hielt meine linke Hand. Plötzlich befanden sich José, Santos, Mercedes, Asegurado und Piadosa im Raum. Jeder von ihnen packte mich an einer Stelle meines Körpers, und ich sah, wie *das Innere* aller Augen auf mich in einem gräßlichen Starren geheftet war. Don Luis' Augen zerrissen mir mein Gehirn, und ich stürzte, stürzte in einen Schacht ... immer tiefer ... Am Ende des Schachts erwartete mich der ewige Stillstand meines Geistes in der äußersten Angst.

Durch ein Aufzucken meines Lebenszentrums stieg ich mit atemberaubender Geschwindigkeit wieder an die Oberfläche. Von neuem sah ich die starren, gräßlichen Augen und schrie: »Ich will nicht ... ich will von dieser schändlichen

Kraft nichts wissen. Ich möchte euch befreien, aber ich werde es nicht können, denn diese astronomische Kraft wird mich zerstören, wenn ich euch nicht vernichte, euch alle … alle. Ich muß euch und die ganze Welt zerstören, denn es wird immer größer … immer größer … und das Universum selbst ist nicht groß genug für diesen Drang nach Zerstörung. *Ich wachse. Ich wachse* … und ich habe Angst, denn es wird nichts zu zerstören übrigbleiben.«

Und als ob mein Gebet erhört worden wäre, versank ich erneut in der unendlichen panischen Angst.

Können Sie sich jetzt vorstellen, was die Fallsucht ist? Einen solchen Zustand führt das Cardiazol herbei. Später erfuhr ich, daß dies alles zehn Minuten gedauert hatte; ich wand mich in Krämpfen, bot einen erbärmlich häßlichen Anblick und schnitt Grimassen, die sich auf dem ganzen Körper wiederholten.

Als ich wieder zu mir kam, lag ich nackt auf dem Boden. Ich rief Asegurado zu, sie möchte mir Zitronen bringen, und ich verschlang die Zitronen mitsamt der Schale. Jetzt waren nur noch sie und José bei mir. Ich stürzte zur Badewanne und schüttete Wasser über mich, über die beiden anderen und über alles um mich herum. Darauf ging ich wieder ins Bett, und ich erfuhr Verzweiflung.

Ich gestand mir ein, daß ein Wesen, das genug Macht hatte, um solche Qualen hervorzurufen, mir überlegen war. Ich gestand mir ein, daß ich besiegt war – und mit mir die Welt –, ohne die geringste Hoffnung auf Befreiung. Ich war fremden Mächten ausgeliefert, bereit, die Sklavin des Erstbesten zu werden, bereit zu sterben, das hatte für mich kaum noch eine Bedeutung. Als Don Luis später kam, um nach mir zu sehen, sagte ich ihm, ich sei das schwächste Wesen auf der ganzen Erde, ich sei bereit, seinen wie auch immer ge-

arteten Wünschen zu entsprechen und ihm die Stiefel zu lekken.
Ich muß etwa vierundzwanzig Stunden geschlafen haben. Es war Morgen, als ich aufwachte; ein kleiner alter Mann in einem schwarzen Anzug sah mich an: Ich erkannte, daß er zu den *Herren* gehörte, denn die winzigen Pupillen in seinen hellen Augen waren ähnlich wie die von Van Ghent und Don Luis. Dieser Mann war Don Mariano Morales. Er sprach französisch und sehr höflich mit mir, was inzwischen für mich etwas Ungewohntes war:
»Geht es Ihnen besser, Mademoiselle? Ich sehe keinen Tiger mehr, sondern eine junge Dame.«
Er schien mich zu kennen, und ich wunderte mich darüber, als Don Luis in das Zimmer trat und zu mir sagte: »Sie sehen meinen Vater vor sich.«
Es war Don Mariano, der nun die Anweisung gab, mich loszubinden und mich ins Sonnenzimmer in Covadonga zu führen. Ich ließ mit mir machen, was man wollte, und gehorchte wie ein Ochse.
Das Sonnenzimmer war ein ziemlich großer Raum; eine Seite bestand ganz aus Milchglasscheiben, durch die Licht hereinströmte. Ich war glückselig über die gedämpfte Sonne, und ich hatte das Gefühl, das Schmutzige und Schmerzhafte der Materie hinter mir zurückzulassen und in eine Welt einzutreten, die die mathematische Erscheinungsform des Lebens sein mochte. Der Raum war mit einigen Stühlen, einer lederbezogenen Couch und einem kleinen Kiefernholzschreibtisch ausgestattet. Der Fußboden bestand aus blauen und weißen Fliesen. Stundenlang lag ich ausgestreckt in der Sonne und tat nichts weiter, als langsam ihren Weg hinter den Glasscheiben zu verfolgen. Ich nahm folgsam mein Essen zu mir und rührte mich nicht mehr.

Es war, dessen bin ich mir sicher, in der Nacht, bevor ich die Cardiazolspritze erhielt, daß ich folgende Vision hatte: Die Umgebung erinnerte an den Bois de Boulogne; ich stand oben auf einem kleinen, von Bäumen umgebenen Hügel; etwas weiter unterhalb, auf der Straße, befand sich ein Hindernis von der Art, wie ich sie oft beim Pferderennen gesehen hatte; neben mir standen zwei Pferde, die aneinandergebunden waren; ich wartete mit Ungeduld darauf, daß sie über jene Hecke gingen. Nachdem sie lange gezögert hatten, sprangen sie und galoppierten den Abhang hinunter. Plötzlich löste sich ein kleines weißes Pferd von ihnen; die beiden großen Pferde verschwanden und ließen das Fohlen allein auf dem Weg zurück. Es rollte bergab, bis es unten war und sterbend auf dem Rücken liegenblieb. *Ich selbst war das weiße Fohlen.*

Auf den schrecklichen Sturz in die Tiefe, den das Cardiazol hervorgerufen hatte, folgten ziemlich stille Tage. Gegen acht Uhr morgens hörte ich von weitem die Sirene einer Fabrik, und ich wußte, daß dies das Signal war, mit dem Morales und Van Ghent die *Zombies* zur Arbeit riefen und mit dem sie mich weckten, mich, die ich die Aufgabe hatte, den Tag zu befreien. Darauf trat Piadosa mit einem Tablett ein, auf dem sich ein Glas Milch, einige Biskuits und Obst befanden. Ich nahm diese Mahlzeit nach einem besonderen Ritual zu mir:

1. Aufrecht auf meinem Bett sitzend leerte ich das Glas Milch in einem einzigen Zug.
2. Halb liegend aß ich die Biskuits.
3. Im Liegen verzehrte ich das ganze Obst.
4. Ich stattete dem Badezimmer einen kurzen Besuch ab und

stellte fest, daß die Speisen den Darm passierten, ohne verdaut worden zu sein.

5. Wieder in meinem Bett, setzte ich mich erneut sehr gerade hin und untersuchte die Überreste meines Obstes: Schalen und Kerne. Ich ordnete sie so an, daß sich Muster ergaben, die die Lösung kosmischer Probleme darstellten. Ich war überzeugt, daß Don Luis und sein Vater mir erlauben würden, nach Unten, ins Paradies, zu ziehen, wenn sie sähen, daß ich auf meinem Teller die Probleme gelöst hatte.

Danach erschien Frau Asegurado, um mir ein Bad zu bereiten, und führte mich dann ins Sonnenzimmer. Dort war ich unbelastet von allen meinen gewohnten Gegenständen, die zu einer bewegten und gefühlsbeladenen Vergangenheit gehörten und die ihren Schatten auf die Arbeit geworfen hätten, die ich verrichtete – allein und nackt, mit meinem Betttuch und der Sonne. – Das Laken vereinigte sich mit meinem Körper in einem Tanz. Hier im Sonnenraum hatte ich das Gefühl, ich manipulierte das Firmament: Ich hatte gefunden, was entscheidend war, um das Problem meines Ich in Beziehung zur Sonne zu lösen.

Ich glaubte, daß man mich die Qualen der Reinigung durchleiden ließ, damit ich zur Erkenntnis des Absoluten gelangte und daß ich dann Unten würde leben dürfen. Dieser Pavillon war für mich die Erde, die wirkliche Welt, das Paradies, der Garten Eden und auch Jerusalem. Don Luis und Don Mariano waren Gott und sein Sohn. Ich hielt sie für Juden und glaubte, daß ich, die keltisch-sächsische Arierin, all diese Leiden erduldete, um die Juden für ihre Verfolgungen zu rächen. Danach, wenn ich die vollkommene Klarheit erreicht hätte, würde ich als dritte Person der Dreifaltigkeit im Unten einziehen. Ich fühlte, daß die Sonne mich zu einem androgynen Wesen gemacht hatte, daß ich der Mond, der Heilige Geist, eine Zigeunerin, eine Akrobatin, Leonora Carrington und eine Frau war. Später sollte ich auch noch Elisabeth von England werden. Ich war es, die die Religionen offenbarte und die auf ihren Schultern die Freiheit und die in Erkenntnis verwandelten Sünden der Erde trug, die Vereinigung von Mann und Frau mit Gott und dem Kosmos, die sie alle gleich machte. Die Beule an meinem linken Schenkel schien nicht länger ein Teil meiner selbst zu sein, sondern wurde zu einer Sonne auf der linken Seite des Mondes. Alle meine Tänze im Sonnenzimmer kreisten um diese Beule wie um eine Radnabe. Sie hörte auf zu schmerzen, weil ich mich als Teil der Sonne fühlte. Meine Hände: Eva (die linke) und Adam (die rechte) verstanden einander so gut, daß ihre Geschicklichkeit verzehnfacht war.

Mit Hilfe einiger Stücke Papier und eines Bleistifts, Geschenken Josés, stellte ich Berechnungen an: Ich kam zu dem Schluß, daß der Vater der Planet Kosmos war; für ihn stand das Zeichen des Planeten Saturn. Der Sohn war die Sonne und ich der Mond, ein wesentlicher Bestandteil der Dreifaltigkeit, mit der mikroskopischen Kenntnis der Erde, ihrer Pflanzen und Kreaturen ausgestattet. Ich wußte, daß Christus unwiederbringlich tot war und daß ich seine Stelle einnehmen mußte, denn mangels einer Frau und mikroskopischen Wissens war die Dreifaltigkeit trocken und unvollständig geworden. Christus wurde durch die Sonne ersetzt. Ich war Christus auf Erden in der Gestalt des Heiligen Geistes.

Vielleicht drei Tage nach meiner zweiten Cardiazolspritze wurden mir die Gegenstände wiedergegeben, die bei meiner Einlieferung zurückbehalten worden waren, und ich erhielt sogar einige weitere. Ich begriff, daß ich nunmehr die Pflicht hatte, mit ihnen meine Arbeit zu beginnen: Sonnensysteme

aufeinander abzustimmen, um Ordnung in den Lauf der Welt zu bringen. Ich besaß einige französische Geldstücke, die den Fall der Menschheit durch ihre Geldgier darstellten; diese Münzen mußten wieder ins Sonnensystem eingefügt werden, als Einheiten und nicht als einzelne Bestandteile: Wenn sie sich mit anderen Gegenständen vereinigten, würde der Reichtum kein Unglück mehr nach sich ziehen. Mein Drehbleistift – rot-schwarz und ohne Minen – war die Intelligenz. Zwei Eau-de-Cologne-Flaschen, die eine flach und die andre zylindrisch, bezeichneten die Juden und die Nichtjuden. Eine Dose mit Puder der Marke »Tabu«, deren Deckel halb grau und halb schwarz war, bedeutete Sonnenfinsternis, Komplex, Eitelkeit, Tabu und Liebe. Ein Cremedöschen, das einen schwarzen Deckel hatte: die Nacht, die linke Seite, den Mond, die Frau, Zerstörung; ein anderes – mit einem grünen Dekkel: den Mann, den Bruder, grüne Augen, die Sonne, Aufbau. Meine Nagelbürste, geformt wie ein Boot, ließ in mir die Vorstellung einer Reise ins Unbekannte lebendig werden und erinnerte mich auch an den Talisman, der mich bei dieser Reise schützte: das Lied »El barco velero«. Mein Taschenspiegel hatte die Aufgabe, Das Ganze festzuhalten. Was meinen Lippenstift – Marke »Tangee« – anbetrifft, so habe ich nur noch eine ungenaue Erinnerung an seine Bedeutung; wahrscheinlich stand er für die Begegnung mit Farbe und Wort, der Malerei und der Literatur: für die Kunst.
Ich war glücklich über meine Entdeckungen und ordnete diese Gegenstände in konzentrischen Kreisen an; in aufeinander abgestimmten Bahnen zogen sie ihre Kreise am Himmel, in einem vollkommen harmonischen Rhythmus. Entsprechend ihrer Stellung und ihrem Inhalt verlieh ich den Gegenständen ein alchimistisches Leben. In ihrer Dose mit dem schwarzen Deckel enthielt die Nacht – meine Creme –

die Zitrone, die für mich das Gegengift gegen den Cardiazol-Anfall geworden war.

Bei klarem Bewußtsein wartete ich freudig und voller Ungeduld darauf, daß Don Luis käme. Ich sagte mir: Ich habe die Aufgaben gelöst, die er mir gestellt hat, und ich werde sicherlich nach Unten geführt werden. Deshalb war ich entsetzt, als er, weit davon entfernt, meine Arbeit zu würdigen, mir eine zweite Cardiazolspritze gab.

Daraufhin stellte ich mich auf Abwehr ein. Ich wußte, daß ich dem unerträglichsten Schmerz: dem Blick der anderen – aus dem Wege gehen konnte, wenn ich die Augen schloß. Deshalb weigerte ich mich sehr, sehr lange, sie zu öffnen. Ich büßte so für mein Exil von der übrigen Welt; dies war das Zeichen für meinen Auszug aus Covadonga (für mich Ägypten) und meinen Einzug im Unten (in Jerusalem): Dorthin mußte ich die Erkenntnis bringen. Ich hatte zuviel Zeit damit verbracht, mich in meiner Einsamkeit mit meinem eigenen Wissen zu vergnügen.

Mit geschlossenen Augen fiel es mir viel weniger schwer, die zweite Cardiazol-Prüfung zu erdulden; ich erhob mich sehr schnell wieder und sagte zu Frau Asegurado: »Kleiden Sie mich an, ich muß nach Jerusalem gehen und ihnen sagen, was ich erkannt habe.« Sie zog mich an, und ich ging in den Park, ohne auf ein Hindernis zu stoßen, Frau Asegurado hinter mir her. Ich ging zwischen den Bäumen die Allee entlang, ließ die Apfelbäume und die Villa Pilar zu meiner Rechten liegen; je weiter ich voranschritt, desto reicher und schöner wurde alles um mich herum. Erst vor der Eingangstür von Unten machte ich halt. Eine alte Frau, Doña Vicenta, die Schwester von Don Mariano, trat mit einem Glas Wasser und einer Zitrone aus dem Haus und gab mir beides. Ich trank das Wasser und verwahrte die Zitrone als einen

Talisman, der mir bei der Erfüllung meiner gefährlichen Mission nützen konnte. Ich empfand schreckliche Ängste, als ich am Fuß der Treppe zu meinem Paradies anlangte, Ängste ähnlich jenen, die ich früher angesichts der Berge von Andorra gehabt hatte. Doch wie schon in Andorra fand ich die Kraft, gegen die unsichtbaren Mächte, die mich festhalten wollten, anzukämpfen, und ich triumphierte über sie.

Das Haus hatte drei Stockwerke; auf jedem stand eine Tür offen. In den Zimmern sah ich auf den Nachttischen andere Sonnensysteme, die ebenso vollkommen und vollständig waren wie die meinen. *»Jerusalem besaß schon das Wissen!«* Sie hatten das Geheimnis zur gleichen Zeit durchschaut wie ich. Im dritten Stock kam ich zu einer kleinen Spitzbogenpforte; sie war geschlossen, und ich wußte, daß ich mich am Mittelpunkt der Welt befinden würde, wenn ich sie öffnete. Ich öffnete sie und sah vor mir eine Wendeltreppe. Ich stieg sie hinauf und gelangte in einen Turm; es war ein runder Raum, den fünf Rundfenster beleuchteten: ein grünes (die Erde und ihre Pflanzen), ein durchsichtiges (die Erde und ihre Menschen), ein gelbes (die Sonne) und ein malvenfarbenes (der Mond, die Nacht, die Zukunft). Eine hölzerne Säule, die die Mittelachse dieses sonderbaren Ortes darstellte, ging von der Decke aus und durch die Mitte eines fünfeckigen Tischs, auf dem ein kleines zerrissenes und staubbedecktes rotes Tischtuch lag. Die große Unordnung, die auf dem Tisch herrschte, faßte ich als Ergebnis der Anstrengungen Gottes und seines Sohns auf: Die Unordnung unter den verschiedenen Gegenständen dort war auch die Unordnung im Räderwerk der Menschheitsmaschine, deren Stillstand die Welt in Angst, Krieg, Elend und Unwissenheit gefangenhielt.

Folgende Gegenstände sehe ich noch heute genau vor mir:

zwei dicke Holzstücke mit gezacktem Rand, deren Form an ein vergrößertes Schlüsselloch erinnerte; eine kleine rosa Schachtel mit Goldstaub; Laboratoriumsbecher aus dickem Glas, von denen einige die Form der Mondsichel und andere die des Halbmonds hatten, wieder andere waren vollkommen rund (ich meine mich auch zu erinnern, daß einige dreieckig waren); eine längliche Weißblechdose, auf die Etiketten mit dem Namen Franco geklebt waren und die irgend etwas Schmutziges enthielt; schließlich eine Metallscheibe und eine Jesus-Medaille. An der Wand bemerkte ich drei Behälter mit rechteckiger Oberfläche, die so aufgehängt waren, daß sie in dem runden Raum ein Dreieck bildeten; sie bestanden aus einem Metall, das ich nicht erkennen konnte, da es außen verschmutzt und innen mit einer dicken Farbschicht bedeckt war. Der eine der Behälter war malvenfarben, der andere rosa; an die Farbe des dritten erinnere ich mich nicht mehr. Jeder hatte an einer Seite ein Loch, aus dem der Stiel eines großen Löffels ragte.
Zuerst legte ich die Scheibe neben die Säule und ordnete auf ihr die beiden Holzstücke an (das männliche und das weibliche); dann schüttete ich allen Goldstaub über sie aus: So bedeckte ich die ganze Welt mit Reichtümern. Daraufhin stellte ich die Becher in die Behälter und steckte die Jesus-Christus-Medaille und die Franco-Dose in meine Tasche. Ich öffnete alle Fenster – so, wie ich die Fenster des Bewußtseins geöffnet haben würde – außer dem malvenfarbenen, dem des Mondes, da mein »Mondzyklus«, meine Periode, aufgehört hatte.
Nachdem ich mein Werk vollbracht hatte, stieg ich die Treppe hinunter und kehrte nach »Ägypten« zurück.

Während ich, gefolgt von Frau Asegurado, nach Covadonga ging, begegnete ich Don Mariano, Gottvater; er trug wie immer seinen schwarzen Anzug, der auf der Höhe seines Magens eine Kruste von im Laufe der Zeit angetrockneten Speiseresten hatte. Er beaufsichtigte ein sehr ärmlich aussehendes Kind, das weinend welke Blätter aufsammelte. Ich fragte, was das Kind denn getan habe, und Don Mariano antwortete: »Es hat in meinem Garten einen Apfel gestohlen.«
Empört schrie ich ihn an: »Sie haben doch so viel Äpfel! Bei einer solchen Moral braucht man sich nicht zu wundern, daß die Welt blockiert und in einem elenden Zustand ist. Doch gerade habe ich im Turm Ihren bösen Zauber gebrochen, und jetzt ist die Welt von aller Angst befreit.«
Der Enkel des Marquis de Silva lief vorbei, und Gottvater, der angesichts eines so braven und »wohlerzogenen« Kindes seine Sicherheit wiederfand, lächelte ihm wohlwollend zu.
Ich kehrte nach Ägypten zurück, ziemlich angewidert von der Heiligen Familie ... Durch das Badezimmerfenster betrachtete ich lange eine traurig-grüne Landschaft: platte Felder, die sich bis zum Meer hinzogen, und nahe der Küste ein Friedhof: das Unbekannte und der Tod.
Von Asegurado erfuhr ich, daß Covadonga (die Tochter von Don Mariano) auf diesem Friedhof begraben war. Frau Asegurado sprach zu mir oft von Covadonga und umgab ihren Tod mit Geheimnis. Ich glaubte, Don Luis habe sie getötet, indem er sie, um sie vollkommener zu machen, wie mich folterte. Don Luis suchte in mir eine andere Schwester, die, wenn sie sich als stärker erwies, die von ihm auferlegten Proben bestehen und mit ihm den *Gipfel* erreichen würde. Ich zählte dabei weniger auf meine Kraft als auf meine Geschick-

lichkeit. Eine geheimnisvolle Macht hatte mich in Saint-Martin-d'Ardèche magnetisiert und bis Santander gezogen.
Don Luis versuchte eines Tages, mich die Reiseroute auf dem Papier nachvollziehen zu lassen. Als ich dazu nicht imstande war, nahm er mir den Bleistift aus der Hand und begann, die Strecke aufzuzeichnen. In die Mitte setzte er ein *M*, das für Madrid stand. In diesem Augenblick war mein Bewußtsein zum ersten Mal wieder klar: Das *M* war ich selbst und nicht die ganze Menschheit, diese Sache betraf mich allein. Wenn ich die Reise wiederholen könnte, würde ich, wenn ich Madrid erreichte, wieder zu mir selbst finden, würde ich den Kontakt zwischen meinem Geist und meinem Ich wiederherstellen.
Kurze Zeit nachdem ich Unten meinen Besuch abgestattet hatte, beschloß Don Luis, mich nach Amachu umziehen zu lassen. Dieser Pavillon lag außerhalb der Parkmauern, und ich sollte ihn allein mit meinen Dienstboten bewohnen. Wie kam es, daß ich mich dort von neuem *blockiert* und geängstigt fühlte? Warum glaubte ich, daß man mich nicht würdig fand, im Garten Eden zu leben? Immerhin ließ ich all die Leiden hinter mir, die ich in Covadonga erduldet hatte.
Der Name meines neuen Hauses – Amachu – und die Tatsache, daß es sich um eine Holzkonstruktion handelte, rief in mir die Vorstellung von China hervor – auf halbem Wege zwischen Covadonga (Ägypten) und Unten (Jerusalem); aber noch immer waren Piadosa, José und Asegurado um mich. Don Luis hatte mir gesagt, er glaube nicht, daß er mir weiterhin Cardiazol geben müsse, und er hatte hinzugefügt: »Dieses Haus wird das Ihre sein, Ihr Heim« (ich gab dem Wort *Heim* einen ins Kosmische erweiterten Sinn und ordnete es der Zahl 6 zu), »und Sie werden dafür verantwortlich sein.«
Trotz des Vertrauens, das Don Luis in mich setzte, und trotz

des banalen Aussehens des kleinen Bungalows, das in mir keinerlei Mißtrauen weckte, hatte ich das Gefühl, wie eine Ratte in der Falle zu sitzen, als ich den Flur im Inneren des Gebäudes betrat, von dem die einzelnen Zimmer abgingen. Die Türen dieses Flurs waren wie aus der Wand ausgestanzt und bildeten mit ihr eine Einheit, so daß sie beinahe unsichtbar wurden, sobald sie geschlossen waren. Ich stand vor einem chinesischen Puzzle, das ich mit dem in Ägypten erworbenen Wissen zusammensetzen mußte.

Don Luis kündigte mir eines Tages den Besuch von Nanny an. Nanny war meine Amme gewesen und hatte mich begleitet, bis ich zwanzig Jahre alt war. Als sie ankam, war sie sehr erregt; sie hatte eine schreckliche vierzehntägige Reise in der engen Kabine eines Kriegsschiffs hinter sich. Sie wußte nicht, daß sie mich in einer Irrenanstalt vorfinden würde, und glaubte, sie würde das gesunde kleine Mädchen wiedersehen, das sie vor vier Jahren verlassen hatte. Ich begrüßte sie kalt und voller Mißtrauen: Sie war von meinen mir feindlich gesinnten Eltern geschickt worden, und ich wußte, daß sie mich zu ihnen zurückbringen wollte. Nanny war über mein Verhalten bestürzt und wurde nervös. In Frau Asegurados Augen war ihre Ankunft bedauerlich, jedoch nicht gefährlich für mich. Nanny war tief gekränkt und schrecklich eifersüchtig, als sie sah, daß eine andere Frau ihren Platz an meiner Seite eingenommen hatte. Für mich wurde beider Eifersucht zu einem kosmischen Problem, einer fast nicht zu bewältigenden Aufgabe, mit der ich fertig werden mußte, zu Hause, in Amachu. Wenn ich mit Frau Asegurado in den Park hinüberging, gab ich Nanny irgendeine Beschäftigung, die sie im Haus zurückhielt. Dies geschah jeden Morgen um elf Uhr nach einem regelrechten Ritual.

Ich schickte mich an, durch das Paradiestor zu treten; von der Schwelle aus sahen wir das ganze Anwesen und das Tal zu unseren Füßen liegen; ich war so von Freude erfüllt, daß ich nicht anders konnte, als einige Minuten stehenzubleiben und meine Augen entzückt auf einer ungewöhnlich grünen Wiese ruhen zu lassen, wo ein mit einem Stock bewaffneter kleiner Junge die Kühe hütete. Danach folgten wir dem breiten Weg, der auf Unten zuführte; unterwegs kamen wir an einer Laube vorbei, und ich setzte mich in ihr nieder; vor mir lag der Garten Eden und zu meiner Linken Don Luis' Garage: Ich hoffte immer, daß ich ihn hier ankommen sähe. Aufmerksam und ruhig blieb ich dort sitzen und ließ Frau Asegurado Unten betreten; sie kam wenig später mit einem Tablett zurück, auf dem sich ein Glas Milch, Biskuits und Honig befanden und eine Zigarette aus hellem Tabak: die Speise der Götter, die ich ekstatisch genoß. Zu dieser Zeit begann ich, dick zu werden. Darauf trat ich in mein geliebtes Unten ein. Ich durchquerte die Halle und begab mich unverzüglich in die Bibliothek: einen rechteckigen Raum, der mit einem Schreibtisch und einem kleinen Bücherschrank ausgestattet war. Von ihm gingen zwei weitere Zimmer ab. Durch die halbgeöffnete Tür zur Linken blickte ich eines Tages in ein Zimmer, in dem ich den Raum mit der einen Himmel darstellenden gewölbten Decke wiedererkannte, den ich ährend meiner Vision in Covadonga gesehen hatte; ich nannte es sogleich *mein* Zimmer, das Zimmer des Mondes. Der andere Raum, der zur Rechten, war der der Sonne, mein Zwitter. Nachdem ich ein Buch von Unamuno ausgewählt hatte, in dem er geschrieben hatte: »Gott sei Dank haben wir eine Feder und Tinte«, setzte ich mich an den Schreibtisch; im selben Moment brachte Angelita, die Zigeunerin (eigentlich eine Krankenschwester), die im Unten lebte, mir eine Feder und Papier, und ich stellte das Tageshoroskop, das ich ihr anvertraute, damit sie es Don Luis brachte.

Die Bibliothek führte auf eine große Terrasse, wo ich mich eine Weile ausruhte. Ich befand mich dort über dem Speisezimmer der Morales, und ich ließ die Atmosphäre von Unten in mich eindringen. Dann stieg ich die Treppe zu meiner Linken hinab, die zum Ende des Parks führte. Dort stand auf einem kleinen Hügel eine ziemlich verfallene Laube; Frau Asegurado brachte mir einen Stuhl, und ich setzte mich nieder. Zuerst betrachtete ich das Tal oberhalb des eisernen Tors, dann begann ich, mit den drei Zahlen zu arbeiten, an die ich fortwährend denken mußte: mit der 6, der 8 und der 20; nach langen Berechnungen stieß ich auf die Zahl 1600, die in mir die Vorstellung der Königin Elisabeth weckte ... Ich hielt mich für ihre Reinkarnation. Danach stieg ich aus meiner Laube ab und ging ich um den kleinen Hügel herum, auf dessen Rückseite eine Art Höhle eingelassen war, in der die Gärtner ihre Geräte aufbewahrten. Dort wurde auch das tote Laub aufgehäuft, und der Haufen nahm für mich die Form eines Grabhügels an, unter dem Covadonga und ich selbst lagen.

Eines Tages begegnete ich Don Luis auf dem Weg, der am unteren Ende des Gartens entlangführte. Ich fragte ihn, ob er mit mir nach China kommen wolle. Er antwortete mir: »Ja, aber niemand darf davon erfahren. Sie reden zuviel. Sie müssen lernen, all das, was sie bewegt, für sich zu behalten.« (Dies war das Signal für meine erste Verdrängung, für meinen Rückzug in den Hermetismus.) Dann schenkte er mir einen Stock, den er meinen Philosophierstab nannte und der mein Gefährte auf allen Spaziergängen wurde ... Danach ging ich in den Park unter die Apfelbäume und fand mich zum Mittagessen wieder in Amachu ein.

Am Abend stattete ich dem Fürsten von Monaco in der Villa Pilar einen Besuch ab. Wir hörten gemeinsam Radio Andorra, und ich war glücklich, während der Fürst auf seiner Schreibmaschine wie wild nie enden wollende diplomatische Briefe tippte. Wenn er innehielt, tauschten wir mit großem Ernst Ideen aus. Die Wände seines Zimmers hingen voller Landkarten; eine davon interessierte mich ganz besonders: die von Frankreich und Nordspanien, auf der meine Reiseroute mit Rotstift eingezeichnet war. Ich glaubte, daß der Fürst mir etwas über meine Reise beibringen wollte.
Um Mitternacht erhielt ich Besuch von Don Luis; seine Anwesenheit in meinem Zimmer, zu einer solchen Stunde, weckte in mir eine heftige Begierde auf ihn. Er sprach sehr sanft zu mir, und ich glaubte, daß er auf der Suche nach meiner »fixen Idee« sei. Ohne abzuwarten, daß er mir hierüber Fragen stellte, sagte ich zu ihm: »Ich habe keine fixe Idee, ich spiele. Wann werden Sie davon ablassen, mit mir zu spielen?« Verblüfft, mich bei so klarem Verstand zu sehen, sah er mich an und lachte. Darauf sagte ich:
»Wer bin ich?« und meinte damit: Wer bin ich *für Sie*?
Er ging fort, ohne zu antworten, völlig entwaffnet.
In einem klaren Moment begriff ich die Notwendigkeit, die Personen, die in mir wohnten, aus mir zu entfernen. Nur der Beschluß, Königin Elisabeth zu vertreiben, blieb mir bewußt. Von allen war sie die Person, die mir am meisten mißfiel. Ich kam auf den Gedanken, in meinem Zimmer ihr Bildnis anzufertigen: Ein dreifüßiges kleines Tischchen stellte ihre Beine dar; darauf stellte ich, anstelle des Rumpfs, einen Stuhl und auf den Stuhl eine Karaffe, die für mich ihr Kopf war. In die Karaffe stopfte ich Dahlien und rote und gelbe Rosen: Elisabeths Bewußtsein. Anschließend zog ich ihr meine Klei-

der an und stellte auf die Erde, vor die Füße des Tischchens, Asegurados Schuhe.

Ich hatte einen Menschen nachgebaut, damit er mich verlassen konnte. Ich mußte all das loswerden, was meine Krankheit mit sich gebracht hatte, mußte diese Personen entfernen und so mit meiner Befreiung beginnen.

Glücklich über meinen Erfolg, ging ich in den Garten. Auf dem Weg nach »Unten« bemerkte ich ein riesiges Büschel Schilfrohr, das in einem alten Granattrichter gewachsen war; spontan nannte ich diesen Ort »Afrika«, begann, Stengel und Blätter abzupflücken und bedeckte mich von Kopf bis Fuß damit. Ich kam in einem Zustand großer sexueller Erregung nach Amachu zurück. Es erschien mir ganz natürlich, Don Luis in meinem Zimmer vorzufinden, er untersuchte gerade die Königin Elisabeth darstellende Puppe. Ich setzte mich neben ihn; er streichelte mein Gesicht und steckte seine Finger sanft in meinen Mund. Ich empfand dabei ein starkes Lustgefühl. Dann nahm er mein Heft und schrieb auf eine Seite: »O Corte, o cortijo« (Sie gehören in einen Palast oder in eine Hütte). In diesem Augenblick begann ich, ihn schrecklich zu begehren und ihm täglich zu schreiben.

Eines Tages beim Mittagessen erregte der ekelhafte Gestank, der in meinem Raum herrschte, meinen heftigen Widerwillen – die Felder in der Nachbarschaft wurden mit Mist gedüngt –; ich vermochte nicht zu verstehen, wie Gottvater es zulassen konnte, daß man mir so mein Essen vergiftete. Empört stand ich auf und suchte, gefolgt von Frau Asegurado, Don Mariano in seinem Eßzimmer auf. Don Luis wandte sich meiner Krankenschwester zu und richtete auf deutsch das Wort an sie; ich ärgerte mich, weil ich nicht verstehen konnte, was er ihr sagte, und ich war eifersüchtig, weil er mit *ihr* und nicht mit mir sprach. Deshalb setzte ich mich zwischen sie. Mit klarem Verstand stellte ich fest, daß ein elektrischer Strom durch mich hindurchging, der vom einen zum anderen floß. Um ganz sicherzugehen, stand ich auf und entfernte mich von ihnen; sogleich fühlte ich, wie der Strom aufhörte, mich zu durchfließen. Ich wußte, daß es sich um das Fluidum der Angst handelte, die sie beide vor mir hatten.

Don Mariano erlaubte mir umzuziehen, und so kam es, daß ich nach Unten durfte. Nanny ängstigte sich bei dem Gedanken, im Park wohnen zu müssen, wo sie den Irren zu begegnen fürchtete, und versuchte, mich davon abzubringen, daß ich in Unten einzog. Es sei, so sagte sie, ein gefährlicher und verhexter Ort. Ich bestand jedoch so heftig auf meinem Umzug, daß sie nachgab.

Endlich kam ich in jenes Zimmer mit der gewölbten Decke, das ich in meiner Vision zu Beginn meiner Krankheit gesehen hatte. Der Raum war so, wie ich ihn mir vorgestellt hatte, nur kleiner; und die gemalte Decke war flach statt gewölbt. Ich betrat ihn ohne besondere Erregung, beinahe enttäuscht. Ich untersuchte sorgfältig die Fenster – denn ich mußte in Erfahrung bringen, ob man an ihnen keine Mikrophone angebracht hatte –, als eine große Libelle hereingeflogen kam, sich auf meine Hand setzte und sich mit ihren Beinchen an meiner Haut festklammerte; ihre Flügel zitterten, und sie klebte an mir, als ob sie nie mehr von mir loskommen könne; ich verharrte einige Minuten und betrachtete sie, ohne meine Hand zu bewegen – bis sie tot auf die Fliesen fiel …

Als ich zur Abendessenszeit den runden Speisesaal in Unten betrat, sagte man mir, daß ich mir einen Tisch aussuchen dürfe; ich entnahm daraus, daß ich in dem Kreis meinen Platz finden mußte, und setzte mich in einem Winkel von 45° links von der Eingangstür hin. Dies war im ganzen Raum der beste Ort, um alle interessanten Ströme zwischen den Menschen mitzubekommen.

Wenige Tage später lud mich Don Luis zu meinem ersten Ausflug ein und nahm mich im Auto zu seinen Hausbesuchen mit. Ich begleitete ihn zu einer schwangeren jungen Dame, der er eine Spritze geben mußte (ich glaubte, es handele sich um Cardiazol und ich selbst sei das Kind, das sie trug). Sie schenkte mir eine Schachtel Zigaretten; dann ließen sie mich allein in einem düsteren Salon zurück. Ich stürzte mich auf den Bücherschrank und nahm eine Bibel hervor, die ich auf gut Glück aufschlug. Ich stieß auf die Stelle, an der der Heilige Geist sich auf die Apostel herabsenkt und ihnen die Macht gibt, in allen Sprachen zu reden. Ich war der Heilige Geist und glaubte mich in der Vorhölle, und die Vorhölle war mein Zimmer, in dem Mond und Sonne einander in der Morgen- und Abenddämmerung begegnen. Als Don Luis in Begleitung der jungen Frau wieder herunterkam und diese mich auf deutsch ansprach, verstand ich jedes Wort, obwohl ich diese Sprache nicht kenne. Sie schenkte mir die Bibel. Ich klemmte sie fest unter meinen Arm, ängstlich darauf bedacht, wieder nach Hause und zu meinem Philosophierstab zu gelangen, den mitzunehmen mir Don Luis verboten hatte.

Als ich in die Bibliothek meines Pavillons trat, fand ich dort Nanny mit meinem Stab. Sie habe ihn genommen, sagte sie, um sich gegen die Irren zu verteidigen. Wie konnte sie nur daran denken, solchen Gebrauch von meinem lieben Gefährten, von meinem sichersten Erkenntnismittel zu machen! In diesem Augenblick haßte ich sie.

Meine zweite Ausfahrt machte ich im Pferdewagen. Don Luis fuhr mich nach Santander, zum Leichenbestatter, und mietete dort für mich einen Wagen, vor den ein schwarzes Pferdchen gespannt war. Man gab mir zur Begleitung einen ganz kleinen Jungen mit, der sich neben mich setzte. Ich trieb mein Pferd zur Eile an und erreichte bald eine atemberaubende Geschwindigkeit, während das Kind erregt rief: »Schneller, schneller!« In einer großen Allee holten wir eine Kompanie Soldaten ein, die sangen: *»Ay, ay, ay, no te mires en el río«* (Blick dich nicht an im Fluß). Als ich heimkam, war ich überzeugt, daß ich eine Tat von größter Wichtigkeit vollbracht hatte.

Eines Morgens riet mir Don Luis, ich solle wieder zu lesen beginnen. Er gab Frau Asegurado eine Liste mit Buchtiteln und trug ihr auf, mich in die Stadt zur Buchhandlung zu führen. Ich war ruhig und recht glücklich angesichts einer solchen Menge von Büchern, unter denen ich frei wählen zu können glaubte. Ich mußte mir jedoch plötzlich eingestehen, daß sich meine Hand und mein Willen in entgegengesetzte Richtungen bewegten und daß die Hand sich Bücher nahm, die ich überhaupt nicht haben wollte. In diesem Augenblick sah ich, wie Frau Asegurado hinter mir stand; sie wirkte auf mich wie ein *Staubsauger*. Jedesmal wenn ich ein Buch aus den Regalen nahm, sah ich in der Liste nach, in der Hoffnung, daß der Titel sich auf ihr nicht finden würde; doch jedesmal erschien dieser Buchtitel. Ich bat sie daraufhin, mein Gehirn in Frieden zu lassen, und bestand heftig auf meiner Willensfreiheit. Den ganzen Heimweg über war ich ungemein wütend. Frau Asegurado blieb passiv und gefühllos – so, als ginge sie dies alles gar nichts an. Gleich nach meiner Ankunft erschien Don Luis in meinem Zimmer. Ich schrie ihn an: »Ich akzeptiere Ihre Macht nicht, die Sie alle gegen mich ausüben; ich will meine Freiheit, zu handeln und zu denken, haben; ich hasse und verwerfe Ihre hypnotische Kraft.« Er nahm mich am Arm und führte mich in einen verlassenen Pavillon.

»Hier bin ich der Herr.«

»Ich bin nicht das öffentliche Eigentum Ihres Hauses. Auch ich habe eigene Gedanken und meinen eigenen Wert. Ich gehöre Ihnen nicht.«

Und plötzlich brach ich in Tränen aus. Darauf nahm er mich am Arm, und ich wurde zu meinem Entsetzen gewahr, daß ich meine dritte Cardiazolspritze erhalten sollte. Ich versprach ihm, was ich nur könnte, um ihn von der Injektion abzuhalten. Unterwegs hob ich eine kleine Eukalyptusfrucht auf, denn ich glaubte, daß sie mir Hilfe bringen würde. Er hatte über mich gesiegt und brachte mich in den Röntgenpavillon. Ich fand mich damit ab, die Stelle seiner Schwester einzunehmen und die letzte Prüfung über mich ergehen zu lassen, durch die ihm Covadonga in meiner eigenen Person zurückgegeben würde.

Der Raum war mit einer Tapete ausgestattet, auf der silberne Kiefern auf rotem Grund zu sehen waren; in meiner panischen Angst sah ich Tannen im Schnee. Von Krämpfen geschüttelt, durchlebte ich noch einmal alle Schrecken meiner ersten Injektion und verfiel wieder in den gleichen Zustand wie nach der ersten Cardiazolspritze: bewegungsunfähig, starr, eine schreckliche Realität. Ich wollte nicht die Augen schließen, denn ich glaubte, daß der Moment meiner Opferung gekommen sei, und war entschlossen, mich mit all meiner Kraft dagegen zu wehren.

Dann brachte man mich in kataleptischem Zustand nach Unten. Nanny wiederholte unaufhörlich: »Was hat man nur mit dir gemacht …, was hat man nur mit dir gemacht?« und weinte an meinem Bett, da sie mich für tot hielt. Ihre Erschütterung aber rührte mich nicht, sondern machte mich

wütend, denn ich begriff in diesem Augenblick, daß meine Familie mich durch sie noch immer an sich zu ziehen versuchte. Ich jagte sie fort, doch auch aus dem Nachbarzimmer, in das sie sich zurückgezogen hatte, fühlte ich noch immer diesen Sog auf mich wirken. Ich merkte noch, wie sie hinausging, und verfiel schließlich, ohne weiter zu leiden, in den Zustand vollkommener Erschöpfung, der auf eine solche Behandlung folgt. Als ich aufwachte, saß Don Mariano neben meinem Bett. Er gab mir den Rat, nicht zu meiner Familie nach England zurückzukehren. In diesem Augenblick fand ich mein klares Bewußtsein wieder. Meine kosmischen Gegenstände, meine Nachtcremes und Nagelleder, hatten ihre Bedeutung verloren.
Zur selben Zeit tauchte auch Etchevarria auf. Ich saß im Park, als ein anderer Insasse, Don Gonzalo, herankam und mir in dessen Namen ein Buch schenkte; Etchevarria ließ sich dafür entschuldigen, daß er es mir nicht selbst bringen könne, da er an diesem Tag das Bett hüten müsse. Zwei Tage später traf ich in der Bibliothek einen kleinen Mann von etwas grauem Aussehen, der in seinen warmen Kleidern verschwand. Das war Etchevarria. Er sprach mit mir in freundlichen Worten über mein Heimatland. Im Speisesaal setzte er sich an den Tisch neben meinem; dann betrachtete er mich lange mit Wohlwollen und sagte schließlich zu mir: »Sie werden nicht lange mehr hierbleiben.«
Ich spürte eine innige Freude, die langsam in mir wuchs, da ich mit einem vernünftigen Menschen sprechen konnte, der mir keine Angst einflößte und mich mit viel Sympathie ernst nahm. Ich erzählte ihm von meiner Macht über Tiere. Er antwortete mir ganz ohne Ironie: »Macht über die Tiere ist etwas Natürliches bei einer so sensiblen Person, wie Sie es sind.« Ich erfuhr so auch, daß Cardiazol eine gewöhn-

liche Spritze und kein hypnotischer Effekt war; daß Don Luis kein Zauberer, sondern ein Bandit war; daß Covadonga und Amachu und Unten nicht Ägypten, China und Jerusalem, sondern Pavillons waren, in denen man Irre behandelte, und daß ich zusehen mußte, so schnell wie möglich von hier fortzukommen. Er nahm das Geheimnis von mir, das mich umschloß, das man scheinbar nach Belieben um mich her verdichtete.

Nach langen Unterhaltungen über Lust und Begierde riet Etchevarria mir, mich mit José einzulassen. Mein Interesse für Don Luis erlosch, und ich begann, José zu begehren. Ich traf ihn in verschiedenen abgelegenen Winkeln des Parks, und unter den mißtrauischen Blicken von Frau Asegurado und Mercedes tauschten wir hastige und unbefriedigende Küsse. José mochte mich sehr. Wann immer er konnte, schenkte er mir Zigaretten ...

Er weinte, als ich fortging.

In Santander hatte ich in dem anderen, dem großen, normalen Krankenhaus einen entfernten Verwandten. Er war Arzt und hieß Guillermo Gil, und ich glaube, er war mit den Bamfords, der Familie meiner Großmutter in Cheshire, verwandt. Er war halb Engländer, halb Spanier. Es war ein Zufall, daß er dort war. Er kam mich besuchen, aber sie wollten nicht, daß irgend jemand mich sah. Doch er war Arzt und bestand darauf, und so hatte ich eine Unterredung mit ihm, und er sagte: »Ich möchte gern, daß du einen Tee mit mir trinkst. Das können sie nicht ablehnen.« Sie konnten es wirklich nicht. Und so plauderten wir miteinander, und am Ende sagte er: »Ich werde dem Botschafter in Madrid schreiben und dich hier herausholen.« Das tat er dann auch. Sie schickten mich mit Frau Asegurado, meiner Wärterin, nach Madrid.

Es war Silvester, ich erinnere mich noch sehr gut. Zu der Zeit war es extrem kalt, und wir wurden in Ávila, der Geburtsstadt der heiligen Teresa, aufgehalten. Da stand ein langer Zug mit vielen offenen Güterwaggons voller Schafe, die wegen der Kälte alle jämmerlich blökten. Es war fürchterlich – Spanier können zu Tieren schrecklich grausam sein. Ich werde mich bis an mein Lebensende an die erbärmlich leidenden Schafe erinnern. Es war wie die Hölle. Wir wurden, ich weiß nicht, warum, stundenlang aufgehalten und hörten dieses absolut höllische Geblöke, und ich war allein mit Frau Asegurado.

Dann kamen wir in Madrid an und stiegen in einem großen, ziemlich teuren Hotel ab. Es ist etwas heikel, über diese Zeit zu sprechen, weil Imperial Chemicals wirklich hinter allem möglichen steckte. Der Mann, der die Sache in der Hand hatte, tauchte wieder auf, und er durfte mich ohne Frau Asegurado zum Mittagessen und manchmal auch abends ausführen. Eines Tages war ich bei ihm und seiner Frau zum Abendessen, und sie hatten Angst vor mir, weil ich gerade aus dem Irrenhaus kam. Ich sah, daß die Frau zögerte, mir Messer und Gabel zu geben. Ich mußte mich zusammennehmen, um nicht laut zu lachen, so komisch war die Situation. Sie war vor lauter Angst vor mir völlig gelähmt; beide waren es. Danach wollte sie mich nicht mehr sehen. Ich war viel zu beängstigend, um in der Madrider Gesellschaft zu verkehren.

Eines Abends war es sehr windig – es war ja, wie Sie sich erinnern, Winter, und dann ist es in Madrid sehr kalt –, da ging ich mit ihm in ein sehr teures Restaurant, und er sagte: »Ihre Familie hat beschlossen, Sie in ein Sanatorium in Südafrika zu bringen, wo es Ihnen sehr gut gefallen wird, weil es dort so schön ist.«

»Da bin ich mir nicht so sicher«, sagte ich.

»Ich habe eine andere Idee«, fügte er hinzu, »ganz persönlich natürlich: Ich könnte Ihnen hier eine schöne Wohnung mieten und Sie dort sehr, sehr oft besuchen.« Und er legte seine Hand auf meinen Oberschenkel.

So stand ich nun vor einer großen Entscheidung: Entweder ich wurde per Schiff nach Südafrika verfrachtet, oder ich ging mit diesem entsetzlichen Menschen ins Bett. Ich lief zur Toilette. Aber als ich wieder herauskam, hatte ich mich immer noch nicht entschieden. Wir wollten das Restaurant gerade verlassen, als plötzlich ein gewaltiger Windstoß heranfegte und das metallene Restaurantschild direkt vor meinen Füßen zu Boden krachte. Es hätte mich erschlagen können, also drehte ich mich zu ihm um und sagte: »Nein. Die

Antwort ist nein.« Mehr sagte ich nicht. Mehr brauchte ich auch nicht zu sagen. »Dann eben Portugal und danach Südafrika«, sagte er.

Sie leiteten alles in die Wege, um mich wegzubringen, und Frau Asegurado fuhr zurück nach Santander. Ich wurde mit meinen Papieren, was immer für welche es waren, in den Zug gesetzt. Die hatte ich alle verschenkt, aber sie schienen wiederaufgetaucht zu sein. Man wollte mich loswerden. Sie schämten sich meiner.

»Nach Südafrika und in ein weiteres Sanatorium gehst du nicht!« sagte ich mir. Doch kam es mir nicht in den Sinn, den Zug zu verlassen, bevor ich in Lissabon ankam.

Ich stieg also erst in Lissabon aus und wurde von einer Abordnung von Imperial Chemicals in Empfang genommen – von zwei Männern, die aussahen wie Polizisten, und einer Frau mit einem sehr, sehr harten Gesicht. »Sie haben großes Glück«, sagten sie, »Sie werden mit Mrs. Soundso in einem schönen Haus in Estoril wohnen.«

Ich hatte inzwischen gelernt, mich nicht mit solchen Leuten anzulegen. Du mußt schneller denken als sie, dachte ich, deshalb sagte ich: »Das ist schön.«

Wir kamen zu dem besagten Haus in Estoril, das ein paar Meilen außerhalb von Lissabon liegt. Da gab es kaum einen Tropfen Badewasser, aber eine Menge Papageien. Ich übernachtete dort und dachte scharf nach, und am nächsten Tag sagte ich: »Das Wetter ist furchtbar für meine Hände. Ich brauche Handschuhe. Und einen Hut habe ich auch nicht.«

»Du mußt irgendwie nach Lissabon«, dachte ich mir. Es klappte. »Natürlich brauchen Sie welche. Kein Mensch geht ohne Handschuhe.«

Also fuhren wir los. Wir kamen in Lissabon an, und ich sagte mir: Jetzt oder nie. Ich mußte ein Café ausfindig machen, das groß genug aussah, und dann: »Ah, ah!« rief ich und hielt mir den Bauch. »Ich muß auf die Toilette.« »Ja, sofort«, sagte die Person, die mich begleitete. Sie führte mich hinein. Ich hatte mich nicht getäuscht: Es war ein Café mit zwei Ausgängen. Ich flitzte hinaus, stieg in ein Taxi – ich muß ein bißchen Geld für die Handschuhe bei mir gehabt haben – und sagte auf spanisch zu dem Chauffeur: »Mexikanische Botschaft.«

Renato Leduc hatte ich in Madrid wiedergetroffen. Bei einem Tanztee war ich ihm in die Arme gelaufen. Ich durfte den anderen beim Tanzen zuschauen, aber selber zu tanzen war mir natürlich nicht erlaubt. Ich war ja mit meiner Wärterin, Frau Asegurado, dort. Renato kannte ich aus Paris. Er war mit Picasso befreundet. Ich erzählte ihm, was geschehen war, und fragte ihn: »Wo um Gottes willen willst du denn hin?« Wir mußten uns in knappen Worten auf französisch unterhalten, das meine Wärterin nicht verstand. Er wolle nach Lissabon, antwortete mir Renato.

So landete ich nun also im mexikanischen Konsulat, und da gab es einen Haufen Mexikaner, die ich noch nie gesehen hatte. Ich fragte sie, ob Renato da sei, und sie sagten nein, und sie wüßten auch nicht, wann er zurück sein würde. Ich sagte, ich würde dableiben und warten. Sie protestierten: »Aber Señorita ...« und dergleichen. Also sagte ich: »Die Polizei ist hinter mir her.« Was ja mehr oder weniger stimmte. »Wenn das so ist ...« Sie zwinkerten mir zu. »Sie können auf Renato warten.«

Der Botschafter war dann später ganz wunderbar zu mir. Ich bin wohl zu ihm hineingegangen, und er sagte: »Sie befinden sich auf mexikanischem Boden. Nicht einmal die Engländer können Ihnen hier etwas anhaben.« Ich weiß nicht mehr, wann Renato auftauchte. Jedenfalls sagte er am Ende:

»Das beste wäre, wenn wir heiraten würden. Ich weiß, es ist furchtbar für uns beide, weil wir an so etwas nicht glauben, aber ...«

Zu der Zeit fürchtete ich mich vor meiner Familie genausosehr wie vor den Deutschen. Ich hatte Renato attraktiv gefunden, als ich ihm das erste Mal begegnet war, und fand ihn immer noch sehr attraktiv. Er hatte einen dunklen Teint wie ein Indianer und schlohweiße Haare. Nein, ich fühlte mich geistig völlig normal. Ich spürte nur, daß ich alles tun würde, um nicht nach Afrika geschickt zu werden, um mich nicht den Plänen meiner Familie zu beugen.

Dann tauchte, zusammen mit Peggy [Guggenheim], Max auf, und wir waren ständig zusammen, wir alle. Es war eine ganz komische Sache mit den vielen Kindern und all den Ex-Ehemännern und Ex-Ehefrauen. [Auch Laurence Vail, Peggy Guggenheims früherer Mann, war mit seiner neuen Frau, Kay Boyle, da.] Ich hatte das Gefühl, daß an Max' Beziehung zu Peggy etwas ganz und gar nicht in Ordnung war. Ich wußte, daß er Peggy nicht liebte, und ich habe immer noch diesen sehr puritanischen Zug an mir, daß man nicht mit jemandem zusammenleben soll, den man nicht liebt. Es wird viel Negatives über Peggy erzählt. Dabei war sie eine ziemlich noble, großzügige Frau, und sie war bestimmt nie unfreundlich. Damals hat sie mir angeboten, mir den Flug nach New York zu bezahlen, so daß ich mit ihnen hätte hinüberfliegen können. Aber das wollte ich nicht. Ich war mit Renato zusammen, und zuletzt reisten wir per Schiff nach New York, wo ich nahezu ein Jahr blieb, bevor wir nach Mexiko weiterfuhren.

Das war die Geschichte.

Meine Mutter ist nach Mexiko gekommen, als 1946 mein Sohn Pablo geboren wurde. Aber wir haben nie über diese

Zeit gesprochen. Das ist etwas, worüber Engländer ihrer Generation nicht redeten. Das war halt *eine* Seite des eigentümlichen, ziemlich vielschichtigen Charakters meiner Mutter.

Man hätte meinen können, sie wären seinerzeit selbst nach Santander gekommen. Aber wie Sie wissen, taten sie das nicht. Sie schickten mein Kindermädchen Nanny. Sie können sich denken, wieviel Spanisch Nanny sprach. Es ist ein Wunder, daß sie überhaupt dort angekommen ist. Schrecklich ist, daß die Wut, die man hat, erstickt wird. Ich bin nie wirklich wütend geworden. Ich hatte das Gefühl, daß ich dafür eigentlich keine Zeit hatte. Mich verfolgte vielmehr der Gedanke, malen zu müssen, und als ich von Max fort und zunächst mit Renato zusammen war, begann ich unverzüglich zu malen.

Meinen Vater habe ich nie wiedergesehen.

Nach einem Gespräch mit Marina Warner,
New York, Juli 1987

Zu dieser Ausgabe

»Das Haus der Angst«: geschrieben 1937-38 auf französisch, veröffentlicht 1938 in Paris mit einem Vorwort und drei Illustrationen von Max Ernst. Deutsche Übersetzung von Heribert Becker (revidiert); zuerst veröffentlicht 1986 in: *Die ovale Dame. Magische Erzählungen* (Ullstein-Buch 30178). Abdruck des Vorwortes mit Genehmigung von Adagp (© ADAGP, Paris 2007).

»Die ovale Dame«: Die fünf Erzählungen wurden 1937-38 auf französisch geschrieben und 1939 in Paris mit sieben Collagen von Max Ernst veröffentlicht. Deutsche Übersetzung von Heribert Becker (revidiert); zuerst veröffentlicht 1986 in: *Die ovale Dame. Magische Erzählungen.*

»Der kleine Francis«: geschrieben 1938 in Saint-Martin-d'Ardèche auf englisch. Erstveröffentlichung auf französisch 1986 in Cognac. Deutsche Übersetzung von Heribert Becker; deutsche Erstveröffentlichung.

»Unten«: geschrieben auf englisch (der Text ging verloren), 1943 Jeanne Megnen auf französisch diktiert, 1944 (in einer Übersetzung aus dem Französischen) auf englisch publiziert. 1946 erschien die diktierte französische Fassung in Paris. Deutsche Übersetzung von Edmund Jacoby (revidiert), zuerst veröffentlicht 1981 (Band 737 der Bibliothek Suhrkamp).

Die Originalrechte liegen bei Leonora Carrington – mit Ausnahme der Erzählungen »The Oval Lady« (»Die ovale Dame«), »The Debutante« (»Die Debütantin«), »The Royal Summons« (»Die königliche Order«) und »A Man in Love« (»Der Verliebte«), an denen Flammarion, Paris, die Rechte hält.
Die deutsche Übersetzung dieser Erzählungen und von »The House of Fear« (»Das Haus der Angst«) sowie »Uncle Sam Carrington« (»Onkel Sam Carrington«) erscheint in Absprache mit der Edition Nautilus, Verlag Lutz Schulenburg, Hamburg.

1917 Leonora Carrington wird am 6. April 1917 in Clayton Green, Lancashire, England, geboren; ihre Mutter ist Irin, der Vater ein Textilunternehmer, später Präsident des Chemiekonzerns ICI (Imperial Chemical Industries).

1920 Umzug der Familie nach Crookhey Hall, Lancaster. Das geschichtsträchtige Anwesen und seine gruftartige Architektur hinterlassen bleibende Erinnerungen und prägen zahlreiche Erzählungen und Gemälde Carringtons (»Crackwood«).

1926 Leonora erweist sich früh auch in der Schule als widerborstig und desinteressiert am Allgemeinunterricht, entwickelt statt dessen bald auffällige, exzentrische Interessen; so ist das Mädchen fasziniert vom Leben der Heiligen, für deren metaphysische Experimente sie sich begeistert; sie erfindet Geschichten, die sie illustriert. Zum Schreiben benutzt sie konsequent Spiegelschrift.

1932 Ein neunmonatiger Studienaufenthalt in Florenz ist für die künstlerische Entwicklung prägend; Leonora begegnet den phantastischen mittelalterlichen Gemälden mit all ihren religiösen Szenen, der Apokalypse, den christlichen Martyrien und opulenten Schilderungen von Grausamkeiten. In den Ungeheuern der flämischen Malerei entdeckt sie die Existenz anderer Welten und die eigene Affinität zum Unwirklichen.

1935 Widersetzt sich den Versuchen ihrer Eltern, sie in die Londoner Gesellschaft einzuführen und adlig zu verheiraten. Sie ist fest entschlossen, Künstlerin zu werden.

1936 Erste Studentin der neu gegründeten Kunstschule des puristischen Malers Amédée Ozenfant in London. Von ihrer Mutter erhält sie ein Exemplar des Buches *Surrealism* von Herbert Read, auf dessen Umschlag Max Ernsts *Deux enfants menacés par un rossignol* (1922) abgebildet ist, ein Bild, das sie sofort »entflammt«. Bald darauf Begegnung mit Max Ernst bei einem Dinner; Beginn einer leidenschaftlichen und für ihr künftiges Leben wegweisenden Liebesbeziehung.

1937 Leonora lebt gemeinsam mit Max Ernst in Paris, vom eigenen Vater aus der Familie verstoßen. Sie erfindet einen persönlichen Stil der erzählenden Malerei; umgekehrt sind ihre Texte von den Figuren ihrer Bildwelten bevölkert.

1938 Carrington und Ernst installieren im südfranzösischen Saint-Martin-d'Ardèche ihr Künstlerdomizil, legendär geworden durch die von beiden für das restaurierte Anwesen geschaffenen Skulpturen von mythischen Fabelmonstern und *Loplop*-Darstellungen. Beteiligung Carringtons an der *Exposition internationale du surréalisme*, Galerie Beaux Arts, Paris.

1939 Der Erzählband *La dame ovale*, illustriert von Max Ernst, erscheint. Nach Kriegsausbruch wird Max Ernst als »feindlicher Ausländer« verhaftet und im Lager Les Milles bei Aix-en-Provence interniert, im Dezember wieder aus der Haft entlassen.

1940 Erneute Internierung Max Ernsts. Die verlassene Geliebte in der Provinz ist traumatisiert und flieht mit durchreisenden Freunden nach Santander, Spanien, wo sie einen Nervenzusammenbruch erleidet und für einige Monate in eine psychiatrische Anstalt eingewiesen wird.

1941 Befreit sich aus den Fängen ihrer Familie, die sie als familiären Schandfleck zur medizinischen Behandlung von Portugal nach Südafrika abzuschieben versucht. Carrington heiratet aus diesem Grund in Lissabon den mexikanischen Diplomaten Renato Leduc.

1942 Lebt mit Leduc in New York, wo sie viele emigrierte Künstlerfreunde wiedertrifft, u.a. auch André Breton und Max Ernst, mittlerweile liiert mit Peggy Guggenheim.

1943 Umzug nach Mexico City und bald danach Scheidung von Leduc. Begegnung mit dem ungarischen Photographen Emerico (»Chiki«) Weisz. Carrington schließt sich einem Kreis von Surrealisten in Mexiko an, wo sie u.a. mit Remedios Varo, Luis Buñuel, Wolfgang Paalen, Octavio Paz, Frida Kahlo, Diego Rivera und Benjamin Péret zusammentrifft.

1944 Publikation von *Down Below*, dem autobiographischen Bericht ihres Aufenthalts in der psychiatrischen Anstalt in Santander. Begegnung mit Edward James, der zum wichtigsten Sammler ihres Werks wird.

1946 Heirat mit Emerico (»Chiki«) Weisz. Geburt ihres Sohnes Gabriel. Publikation des Theaterstücks *Pénélope*. Frz. Ausgabe des autobiographischen Berichts *En bas.*

1948 Geburt des Sohnes Pablo. Erste Einzelausstellung in der Pierre Matisse Gallery, New York. In den folgenden Jahren zahlreiche Einzelpräsentationen in Mexico City und Paris.

1965 Einzelpräsentation in der Galería de Arte Mexicano, Mexico City.

1967 Beteiligung an der IX. Biennale von São Paulo, Brasilien.

1974 Publikation ihres Romans *The Hearing Trumpet* (*Das Hörrohr*) in frz. Übersetzung: *Le Pornet acoustiqe*, mit einem Vorwort von André Pieyre de Mandiargues. Einzelausstellung bei Alexandre Iolas, New York, und Retrospektive im Center for Inter-American Relations, New York.

1976 Publikation des Erzählbandes *La Porte de pierre* (Das steinerne Tor) in frz. Übersetzung. Erste englische Ausgabe von *The Hearing Trumpet.*

1980 Erste deutsche Ausgabe von *Das Hörrohr* erscheint.

1981 Erste deutsche Ausgabe von *Unten* erscheint.

1985 Nach dem schweren Erdbeben von Mexico City Umzug nach New York, wo Carrington fünf Jahre lebt und arbeitet.

1989 Publikation des Erzählbandes *The Seventh Horse and Other Tales* (Das Siebente Pferd und andere Erzählungen) sowie *The House of Fear. Notes from Down Below* (*Das Haus der Angst*); zusammengenommen enthalten die beiden Ausgaben den überwiegenden Teil von Carringtons Kurzgeschichten aus den Jahren 1937 bis 1971.

1990 Rückkehr nach Mexico City, wo sie bis heute lebt.

1991-92 Einzelausstellung in der Serpentine Gallery, London, und Ausstellung *The Mexican Years 1943-1985* in The Mexican Museum, San Francisco.

1994-95 Umfassende Retrospektive im Museo de Arte Contemporaneo de Monterrey und dem Museo de Arte Moderno, Mexico City.

2005 Gemeinschaftsausstellung mit Arbeiten von Carrington, ihrem Mann Emerico Weisz und ihren zwei Söhnen Pablo und Gabriel Weisz im Museo del Palacio de Bellas Artes, Mexico City.

2007 Tod des Ehemanns Emerico Weisz.

Interview mit Leonora Carrington
Von Paul de Angelis

PDA: Zu Anfang, glaube ich, sollten wir ein paar biographische Fakten anführen. Geboren sind Sie also in …

LC: Ich bin im Norden Englands geboren, in South Lancashire. Mein Großvater hat einen Webstuhl erfunden, der offenbar ein bißchen besser funktionierte als andere. Er war nur ein Erfinder, der dann über seinem Stand geheiratet hat.

PDA: Aber oft ist Carrington ein Adelsname, oder?

LC: Mag sein, aber nicht unser Carrington. Nun, meine Mutter neigte zu gewissen Phantasien, was *ihre* Abstammung betraf. Daher führten wir uns ihrerseits auf König Malcolm zurück, der noch vor Ethelred dem Roten im ersten Jahrhundert gelebt hat. Aber nach ihrem Tod hatte ich ein interessantes Gespräch mit meinem inzwischen verstorbenen Onkel Gerald, der mir erzählte, daß die Moorheads in Wirklichkeit Zigeuner waren, Kesselflicker.

PDA: Sie waren die einzige Tochter?

LC: Ja, und ich hatte drei Brüder. Erst wohnten wir in einem Haus namens Westwood, dann Crookhey. Irgendwie waren wir ständig am Umziehen. Das heißt, die Häuser wurden immer größer – riesig. Statt zwei Dienern waren es dann zehn. Ja, und ein Chauffeur.

PDA: Hat es Sie geärgert, ein Mädchen zu sein?

LC: Ja, weil es Sachen gab, die ich als Mädchen nicht durfte: beißen, treten, meine Brüder kratzen, schreien – überhaupt streiten. Meine Brüder waren manchmal abscheulich.

PDA: Wann haben Sie angefangen zu malen?

LC: Ich fing an wie alle Kinder, spontan, sobald ich die Wände bekritzeln konnte. Alle machten das so. Meine Mutter malte Wandbilder, oder was so aussah wie Wandbilder, auf Kartons für den Trödelbasar, sie hätten von Juan Miró sein können. Ich habe am liebsten Pferde gezeichnet.

Ich muß acht oder neun gewesen sein, als sie mich wegschickten, zur Schule, ins Kloster zum Heiligen Grab. Ich blieb da etwa ein Jahr, aber es hieß, ich würde mich nicht einfügen. Ob mich meine Eltern bitte abholen könnten. Ich hatte nämlich beschlossen, eine Heilige zu werden. Wahrscheinlich habe ich es übertrieben.

PDA: Inwiefern?

LC: Mich lockte vor allem die Vorstellung, schweben zu können, glaube ich. Dann kam ich in den Konvent St. Marien, nach Ascot. Es war schrecklich. Ein Jahr blieb ich dort ... Ich würde mich nicht einfügen, hieß es ... Darauf behielt mich meine Familie eine Weile da, aber nur widerstrebend, weil mich meine Mutter unbedingt irgendwo unterbringen wollte, um meinen Charakter zu bändigen. Also wurde ich nach Italien geschickt, nach Florenz – ich war dreizehn oder vierzehn –, zu Miss Penrose an der Piazza Donatello. Dort kriegte ich eine Blinddarmentzündung, die in Bern operiert wurde. Und ich kam zurück nach England.

Darauf beschlossen sie, mich nach Paris zu schicken, wo ich aus einem französischen Mädchenpensionat flog. Es dauerte nur ein paar Monate. Jetzt sagte mein Vater, du brauchst etwas, wo du richtig hart angefaßt wirst. Also wurde ich zu Miss Sampson nach Paris geschickt und bekam ein kleines Zimmer über einem Kirchhof, einem Friedhof. Das gefiel mir nicht, und ich entwischte über Nacht. Ich ging zu einer Familie, von der ich gehört hatte, nur gehört, über eine Freundin meiner Familie. Sie hießen Simon. Monsieur Simon war Kunstprofessor. Ich hatte sie nie zuvor gesehen, aber sie nahmen mich trotzdem auf. Gott weiß, warum. Und dort blieb ich, bis ich bei Hof eingeführt wurde, es war die letzte Cour unter George V. Damit war ich auf dem Heiratsmarkt.

Ich durchlief die Saison in London, mit der königlichen Gartenparty, das heißt Tee in einem Zelt am Buckingham Palace, man läuft mit der Teetasse herum. Für den Anlaß braucht man ein besonderes Kleid, sehr teuer. Dann geht es nach Ascot, zu den Rennen, und man sitzt auf der königlichen Tribüne. Doch in jenen Tagen, bitte schön, durfte man als Frau nicht wetten. Man durfte nicht mal zum Sattelplatz, wo die Pferde gezeigt werden. Also nahm ich mir ein Buch vor. Was sollte ich sonst tun? Es war *Geblendet in Gaza* von Huxley, und ich las es in einem Zug durch. Schließlich – ich hatte dieses Leben gründlich satt – wurde ich zurückgeschickt nach Nordengland. Da sagte ich zu meinen Eltern: Das war's, ich werde Künstlerin. Ich habe mich entschieden, ich habe diesen ganzen Unsinn mitgemacht, nun mache ich, was ich will. Kommt gar nicht in Frage, sagten sie. Mein Vater sagte: Du kannst hierbleiben. Hier hast du jede Menge Platz zum Malen. Hier in diesem Haus. Nun, am Ende setzte ich meinen Kopf durch, mit Hilfe verschiedener Leute, und ging zur Chelsea School of Art. Ich machte mir Rührei auf dem Gasherd und malte und malte. Aber mein Vater hatte einen Spion in London, der mich wöchentlich besuchte, Serge Chermayeff. Und Serge sagte, Sie sollten wenigstens versuchen, zeichnen zu lernen. Gehen Sie zu Amédée Ozenfant. Also wurde ich dorthin geschickt. Das war eine winzige Kunstschule, in einem Schuppen in West Kensington. Ich brachte mit, was ich hatte, Ozenfant schaute es an und sagte: Aha! Morgen fangen wir an. Ab jetzt wird richtig gearbeitet. Und er ließ mich ackern wie der Teufel. Man mußte die chemische Zusammensetzung aller Materialien kennen, einschließlich Bleistift und Papier. Man bekam einen Apfel, ein Stück Papier und einen Bleistift, etwa 9H, das war wie Zeichnen mit einem Stück Stahl. Und man mußte eine Strichzeichnung machen, mit einem einzigen Strich. Ich zeichnete den Apfel sechs Monate lang, immer denselben Apfel, der sich schon in eine Art Mumie verwandelt hatte. Ozenfant war ein sehr guter Lehrer, weil er den Blick hatte, einen aber nie entmutigte.

Er nahm niemals mehr als zehn Schüler. Unter ihnen gab es eine Ursula Goldfinger. Ernö Goldfinger war ein ungarischer Revolutionär und Architekt, aber Ursula war eine Miss Blackwell gewesen, von Cross and Blackwell, der Marmeladenfirma. Und Ursula war es, die mich zu dem Dinner einlud, bei dem ich Max Ernst kennenlernte. Wir waren zu viert: nur Max, Ernö, Ursula und ich. Max hatte eine Ausstellung in London. Das war nach der großen Surrealisten-Ausstellung … Ich wußte schon, wer Max war, weil mir meine Mutter, das ist das Verrückte daran, Herbert Reads Buch über den Surrealismus geschenkt hatte. In dem Buch sah ich *Deux enfants menacés par un rossignol* und war geschockt. Das, dachte ich, kenne ich genau. Das ist ein Bild, das ich verstehe.

PDA: Und Sie wußten, daß Max zum Dinner kam?

LC: O ja, ja, ja. Ich war sehr, sehr aufgeregt. Schließlich war das der große – ich weiß nicht, was. Ursula meinte nur, ich als hübsche junge Frau würde Max gefallen.

PDA: Sie gingen also zum Dinner.

LC: Hören Sie, den Rest kennt doch jeder. Ich brannte durch

nach Paris. Nicht mit Max, sondern allein. Wenn ich weglief, dann immer allein.

PDA: Aber Sie waren schon füreinander entflammt.

LC: Sofort. Sofort. Wir verbrachten einen Tag auf dem Land, da erschloß sich mir eine ganze Welt. Er zeigte mir, wie er eine »Frottage« machte, mit Stift und Papier, dazu Gras und was nicht alles, Blätter und dergleichen. Dann wurden wir alle nach Cornwall eingeladen, wir hatten es wunderschön dort, für ein oder zwei Wochen. Aber damals wurde Hitler gerade zur Bedrohung. Die Zeit verging, es muß Winter geworden sein, das war noch immer in England, in London.

Ich zog nach Paris. Dort gab es die Gruppe der Surrealisten, die sich in Saint-Germain-des-Prés in einem Café traf – ich glaube, es war das Flore –, um zu beraten, wie sie Leuten aus Deutschland heraushelfen konnten. Ich hatte eine Wohnung in der Rue Jacob, und Max wohnte bei mir.

PDA: Was wurde aus seiner Frau, Marie-Berthe?

LC: Nun, die tauchte hin und wieder auf.

PDA: Und Max kam auf die Idee, Paris zu verlassen, um ihr zu entkommen?

LC: Mehr oder weniger, ja. Ich hatte ein kleines Haus in Saint-Martin-d'Ardèche gekauft. Woher ich das Geld hatte, weiß ich nicht mehr. Wahrscheinlich habe ich's meiner Mutter abgeluchst.

PDA: Die Kritiker haken Sie gern unter Max Ernst ab, aber wenn ich Ihre und seine Arbeiten aus dieser Periode sehe, staune ich, wie sehr Sie ihn beeinflußt haben. Meinen Sie nicht auch, daß es in Wirklichkeit ein Geben und Nehmen war?

LC: Jede große Veränderung, glaube ich, übt auch einen großen Einfluß aus, ganz gleich, ob körperlich, seelisch, negativ, positiv ... Aber damals habe ich nicht in diesen Kategorien gedacht. Ich lebte intensiv wie nie zuvor, weil wir durch die ganze Provence kamen, Avignon – herrliche Orte, der Wein, das Essen ... das war so etwas wie die paradiesische Phase meines Lebens, aber mit schrecklichen politischen Untertönen natürlich ... Max war vollauf damit beschäftigt, herauszubekommen, was sich in Deutschland tat. Seine erste Frau, Lou, war noch in Deutschland mit seinem Sohn Jimmy. Lou blieb dort hängen, Jimmy kam heraus.

PDA: Und Max wurde nach Kriegsausbruch in ein Lager gesteckt. Als Deutscher wurde er von den Franzosen interniert.

LC: Bald kam er wieder frei. Später internierten die Franzosen wieder alle Deutschen in der Umgebung von Marseille, wo ich ihn einmal für ganz kurze Zeit sah. Dann sah es aus, als würden die Deutschen kommen, daher beschlossen einige Freunde und ich zu fliehen. Das ging nur in südlicher Richtung. Wir fuhren nach Perpignan und weiter nach Andorra, dort schickte uns mein Vater einen geheimnisvollen Jesuiten, der uns nach Spanien brachte. An diesem Punkt hielten es meine Eltern für besser, mich aus dem Verkehr zu ziehen. Sie wollten, daß ich zurück nach England komme, was ich nicht tat, weil ich Max herausholen wollte. Ich glaubte, er sei noch immer im französischen Konzentrationslager. Also reisten wir mit diesem Jesuiten weiter, per Schiff zu einem Ort in Katalonien, Seo de Urgel, von dort fuhren wir mit dem Auto nach Barcelona. Wir versuchten, uns nach Portugal durchzuschlagen, doch dann traf ich in Madrid auf Renato Leduc, den ich aus Paris kannte. Er war ein Freund von Picasso.

PDA: Nachdem Sie für ein paar Monate in Santander interniert gewesen waren. Nachdem Sie verrückt geworden waren ...

LC: Richtig. Nach der Entlassung aus der Irrenanstalt, aber noch mit meiner Pflegerin.

In einem Café bin ich der Pflegerin entwischt. Ich sagte, ich muß zur Toilette, und verschwand durch die andere Tür. Mit dem Taxi fuhr ich geradewegs zur mexikanischen Botschaft. In der britischen Botschaft habe ich Renato geheiratet, vor der Abreise nach Amerika.

PDA: Sie mochten Renato, aber haben ihn nicht geliebt.

LC: Mehr oder weniger, ja.

PDA: Weil Sie sich immer noch um Max sorgten?

LC: Na gut. Um den mußte ich mich nicht sorgen. Ich hatte ihn schon wiedergetroffen. Er war mit Peggy Guggenheim in Portugal, da gab es keinen Grund zur Sorge mehr.

PDA: Das muß alles sehr verwirrend für Sie gewesen sein.

LC: Ja, das war ein großes Hin und Her in Portugal, wie eine Art Comic strip, Seifenoper. Lachhaft.

PDA: Und am Ende haben Sie Renato geheiratet.

LC: Das war die einzige Möglichkeit, wegzukommen.

PDA: Aber Max schaffte es dank Peggy, die Amerikanerin war.

LC: Kann man es ihnen vorwerfen?

PDA: Und Sie gingen nach New York und blieben dort etwa ein Jahr?

LC: Ja. Renato arbeitete in der mexikanischen Botschaft, und ich war immer mit den Surrealisten zusammen. Oft sah ich Breton, Buñuel war dort, Masson war dort ... alle waren dort, Chagall, Ozenfant. Und Duchamp wohnte zu der Zeit bei Max und Peggy. Sie hatten eine Villa am Sutton Place.

Aber Renato bekam New York gründlich satt. Er war

Dichter, doch was ihn eigentlich interessierte, war die mexikanische Politik. Als Junge war er schließlich der *telegrafista* von Pancho Villa gewesen. So etwa 1943 fuhren wir mit dem Auto los, zusammen mit anderen mexikanischen Diplomaten.

Zuerst nach Nuevo Laredo. Ich weiß noch, wie das war – plötzlich eine völlig andere Welt. Ein Gefühl wie im Orient. Das war in den Vierzigern. Dort ritten sie noch auf Pferden herum, mit großen Hüten. Dann fuhren wir weiter nach Mexico City. Das war aufregend und absolut fremdartig. Die Bäume waren anders, alles war anders. Es gab riesige Märkte dort, mit diesen völlig unergründlichen Mexikanern und lauter exotischen Dingen, Früchten, die ich noch nie gesehen hatte, *cherimoyas* und was nicht alles.

PDA: Haben Sie zu der Zeit geschrieben oder gemalt?

LC: Ich habe beides gemacht, und das ununterbrochen. Gemalt habe ich in der großen Wohnung in der ehemaligen russischen Botschaft, die voller *chinches* war – Wanzen. Nachts fielen sie wie eine Armee über uns her, und wir haben sie mit Kerzen verbrannt.

Nach etwa drei Jahren traf ich Chiki und zog sofort aus ... Ich glaube, Renato war erleichtert. Er hat sich sehr anständig verhalten. Chiki Weisz war ein Freund von Remedios Varo und Benjamin Péret; bei ihnen wohnte ich, als ich von Renato wegging.

PDA: Gab es zu der Zeit eine surrealistische Gruppierung in Mexiko?

LC: Nun, es gab Pierre Mabille, der mich anregte, *Down Below* zu schreiben, Remedios, Péret und Octavio Paz, der ein Freund von Renato war. Dann war da noch Diego Rivera, und manchmal sah ich Frida Kahlo, aber nicht sehr oft. Gelegentlich traf ich auch Orozco. Diego und Frida Kahlo heirateten ein zweites Mal, in Coyoacán, und ich war dabei. Eine Riesenparty. Ich unterhielt mich lange mit Diego, der mir eine Menge Klatsch erzählte. Er war amüsant, ich mochte ihn, weil er so lustig war, voller Leben, übersprudelnd. Aber Frida hatte es sehr schwer. Ihre Krankheit verschlimmerte sich, und sie war ans Bett gefesselt, nur wenig später.

PDA: Als Sie nach Mexiko kamen, war gerade eine große anthropologische Entdeckung gemacht worden.

LC: Ja. Ich glaube, es war Bernal, der mit den Grabungen begonnen hatte – Ignacio Bernal, Direktor des Instituto de Antropología. Er besaß auch ein Bild von mir. Wir besuchten eine Menge Pyramiden. Für mich kam der Zusammenprall mit der mexikanischen Kultur unerwartet, und er war ziemlich erschreckend... das hatte etwas Blutrünstiges, Düsteres, Bedrohliches. Ich fühlte mich davon immer bedrückt. Sie wissen ja, es gab da massenhaft Menschenopfer. Obwohl, wenn ich das mit den Kriegen vergleiche, die wir erlebt haben, dann war es nicht so schlimm wie der letzte Weltkrieg. Aber zu der Zeit machte mir das ein bißchen angst.

PDA: Einige Kritiker sagen, daß Ihr Schaffen in Mexiko an Eigenart gewann.

LC: Nun, vielleicht wurde es individueller, weil ich weniger Kontakt zu »koscheren Surrealisten« hatte, sozusagen.

PDA: Es gibt deutliche Parallelen zwischen Ihren Bildern und denen von Remedios Varo. Haben Sie einen gemeinsamen Stil entwickelt?

LC: Nein, eigentlich nicht, aber als ich sie kennenlernte, malte sie abstrakt, eher kubistisch.

PDA: Also stand sie gewissermaßen in Ihrer Nachfolge?

LC: Ja, das eher. Aber ich war auf der Suche und von vielen Dingen beeinflußt.

PDA: Wann haben Sie Ihr erstes Bild verkauft?

LC: Remedios und Péret hatten einen Freund – ein Spanier namens Esteban Francés. Esteban kam mit dem englischen Sammler Edward James zu mir, und Edward war einer der ersten, die Bilder von mir kauften. Er hatte eine Menge Dalí gesammelt, Picasso und alles mögliche. Aber es dauerte lange, bis mich eine mexikanische Galerie akzeptierte. Meine erste mexikanische Ausstellung war in einem Möbelgeschäft, das muß vor 1947 gewesen sein, denn Edward sorgte mit Pierre Matisse für eine Ausstellung in New York, und als die eröffnet wurde, lag ich im Krankenhaus und bekam Pablo, und Pablo wurde 1947 geboren. Während der Schwangerschaft mußte ich hart arbeiten, ich lebte am Rand der Armut.

PDA: Hat es Ihre Kunst beeinflußt, daß Sie Mutter wurden?

LC: Das weiß ich nicht, aber ich weiß, daß ich keine Ahnung vom Mutterinstinkt hatte, daß er mehr oder weniger Besitz von mir ergreifen würde. Vor der Geburt meiner Söhne hatte ich nichts davon gemerkt, aber das kam aus den Tiefen …

Nach der Ausstellung bei Matisse schrieben die mexikanischen Kritiker über mich. Inés Amor, die Besitzerin der Galería de Arte, begann sich für mich zu interessieren, wegen der Presse, und machte einen ziemlichen Wirbel um mich.

PDA: Wie kam es, daß Sie *Das Hörrohr* geschrieben haben? Das ist praktisch ihr einziger umfänglicher Roman.

LC: Es hat mir Spaß gemacht. Mit Remedios habe ich vieles zusammen geschrieben. Aber das muß schon vor Jahrzehnten in jemandes Mülltonne gelandet sein. Ich schrieb ein Kapitel, ohne ihr zu sagen, was drinstand. Sie schrieb dann das nächste, und als wir etwa fünf Kapitel hatten, fügten wir die zusammen, das war sehr lustig. Doch beim *Hörrohr* war es so, daß ich mich einfach hinsetzte und schrieb.

PDA: Haben Sie dabei ans Altwerden gedacht?

LC: Vermutlich ja. Das Buch schrieb ich in den fünfziger Jahren, also muß ich um die Vierzig gewesen sein. Ich tippte es selbst, auf einer Remington, einem Riesending, etwa so groß wie ein Kühlschrank, sehr laut, man konnte sie nicht anheben.

PDA: Oft werden Sie mit dem esoterischen oder okkulten Teil des Surrealismus in Verbindung gebracht. Ich würde gern etwas mehr über die Ursprünge Ihres Denkens erfahren.

LC: Nun, seit meiner Kindheit, und das ist so bei viel, viel mehr Leuten, als man glaubt, hatte ich seltsame Erlebnisse mit allen Arten von Geistern und Visionen und Dingen, die von der orthodoxen Religion verdammt werden. Daher kann ich nicht sagen, ob es an meiner katholischen Erziehung lag oder an der keltischen Mythologie, mit der wir aufgewachsen sind, aber ich habe diese Art von Mentalität. Für mich kam das alles ganz natürlich.

PDA: Man bringt Sie auch oft mit verschiedenen esoterischen Sekten oder Vertretern dieser Sekten in Verbindung. Aber Sie selbst ...

LC: Ich wurde nie zu irgendeiner Sekte oder einem Kult bekehrt. Wer meinen Überzeugungen noch am nächsten kommt, sind die tibetanischen Buddhisten. Woran die glauben, ist wirklich außergewöhnlich.

PDA: Sehen Sie sich solidarisch mit Frauen, mit der Frauenbewegung?

LC: Nur deshalb, weil ich glaube, daß Frauen unterdrückt werden und daß viele Frauen nicht ihr Potential entfalten konnten, weil sie als minderwertig galten. Aber das heißt nicht, daß ich die Frauen über die Männer stelle oder die Männer über die Frauen. Klar ist nur, daß Unterdrückte primär daran interessiert sind, nicht unterdrückt zu werden.

PDA: Es ist eine Tatsache, daß die »bedeutenden« Surrealisten durchweg Männer waren, daß die weiblichen Surrealisten ignoriert wurden.

LC: Nun, ihnen wurde eine Art Rolle aufgezwungen – die der Muse. Man sollte also eine leicht verrückte Muse sein. Das, dachten sie, war genau das Richtige für die Frauen.

PDA: Es hat auch den Anschein, daß sich bei Frauen wie Frida Kahlo, Remedios Varo und Ihnen der wesentliche Teil des Werks in anderer Weise entwickelte …

LC: Außerhalb des Surrealismus. Ich glaube, das stimmt für Frauen wie Frida, die außer in Paris nur wenig mit den Surrealisten in Berührung kam, weil sie in Mexiko allein arbeitete und sehr isoliert war, genauso wie Remedios und ich. Remedios sah ich oft, ansonsten war ich ziemlich isoliert. Man braucht Zeit, um das Eigene zu entwikkeln. In der hitzigen Frühphase spielen alle möglichen Dinge mit hinein. Aber es war eine männerdominierte Bewegung.

PDA: Eine letzte Frage: Gibt es Menschen, die Sie kennen oder deren Werk Sie kennen und die Sie zutiefst bewundern?

LC: Nun, ich glaube nicht, daß es gut ist, jemanden maßlos zu bewundern, und das schließt auch Gott ein, weil man damit eine wichtige Seite des Menschen ausblendet, und das ist seine dunkle Seite, die dazugehört. Wenn es das gibt, was die Menschen Gott nennen – ich weiß nicht, ob es einen gibt, aber wenn es ihn gibt –, muß dieser Gott auch eine dunkle Seite haben, und das trifft genauso auf die Menschen zu. Menschen haben eine dunkle und eine lichte Seite, wie also kann man irgend jemanden aufrichtig und ohne jede Einschränkung bewundern?

Aus dem Englischen übersetzt von Chris Hirte

Nachwort
Topographie der Erinnerungen

»I am armed with madness for a long voyage« – so lautete Leonora Carringtons Motto, als sie im Jahr 1948 ihre Bilder in der renommierten New Yorker Pierre Matisse Gallery ausstellte. Das spröde Personal ihrer Erzählungen wie auch ihrer Gemälde ist von Wahnsinn illuminiert; er ist beides zugleich: Sprengsatz und Wissensvorsprung. Mischwesen schickt sie uns, die schwermütig an dem ihnen eingezeichneten und unbegriffenen Schicksal tragen. Doch kaum haben wir sie kennengelernt, sitzen sie uns mit ihrer latenten Hyperaktivität bedrängend im Rücken. Und Leonora Carringtons Erzählungen machen Lärm, sonderbaren Lärm. Ähnlich der Guggemusik bei den alemannischen Fasnachtszügen, wo durch endlos wiederholtes Abspielen von Melodiefolgen in ungewöhnlich hoher Tonlage ein tranceähnlicher Zustand des Abgehobenseins erzeugt wird. »Die Aufgabe des rechten Auges ist es, in das Teleskop zu blicken, während das linke Auge in das Mikroskop sieht«* – so hat Leonora Carrington selbst die Technik ihrer Kompositionen beschrieben, die diesen gezügelten Taumel auszulösen vermag. Die Erzählungen sind disharmonische Bildcollagen, die ihre störrische Unvereinbarkeit zelebrieren.

Dazu fügt sich die von André Breton in seiner *Anthologie des Schwarzen Humors*** kolportierte Anekdote aus den spä-

* Im vorliegenden Band auf Seite 166.

** André Breton, *Anthologie des Schwarzen Humors*, München 1972, S. 525. Unter den fünfundvierzig in diesem Klassiker vorgestellten Literaten sind Leonora Carrington und Gisèle Prassinos die beiden einzigen weiblichen Autoren.

ten 1930er Jahren, Leonora Carrington habe sich, eingeladen in ein vornehmes Pariser Restaurant, mitten in angeregter Unterhaltung mit ausgesuchten Gästen die Schuhe ausgezogen, um sich die Füße ganz gelassen mit Senf zu bestreichen. Will man dem Glauben schenken, so trifft diese Szene ganz den Nerv der Erzählungen: mit beißenden Absonderlichkeiten zu verblüffen.

In ihre Erzählung *Der kleine Francis* (geschrieben 1938) hat Leonora Carrington die Schauplätze »der paradiesischen Phase« ihres Lebens im südfranzösischen Künstlerdomizil Saint-Martin-d'Ardèche mit unverkennbar autobiographischen Details eingewoben; die Zwanzigjährige war damals die Geliebte des längst berühmten Malers Max Ernst. Sie dachten nie »daran, was gerade für ein Wochentag war. Sie vergaßen sogar, sich an den Sonntagen zu langweilen.« (S. 101) Schon nach den ersten Seiten ahnt der Leser, daß es um die – schließlich tragisch endende – Liebe zwischen Onkel Ubriaco und seinem mädchenhaften Neffen Francis, zu Besuch aus England, geht. Die Verschwiegenheit dieses nebulösen Paars auf der Flucht vor der eifersüchtigen Tochter Ubriacos wirkt im Rahmen dieser mit Kunstfiguren und landschaftlichen Bühnenbildern wuchernden Erzählung als anrührendes Moment von Intimität. Unabhängig von den Überschneidungen mit der Biographie Leonora Carringtons kann man im *Kleinen Francis* die Thematik der von den Surrealisten als Muse gefeierten »femmes-enfants« und ihrer ambivalenten Rolle als erotisches Modell gespiegelt lesen. Mit seinem »durch ein gebrochenes Herz entstandenen Pferdekopf« wird Francis zur Touristenattraktion des Dorfes, um bald darauf ermordet in einem kleinen weißen Sarg in seiner (und Carringtons) englischen Heimat Crockney aufgebahrt zu liegen. Abgesehen von der metaphernreichen Handlung, besticht Carrington schon im *Kleinen Francis* durch den lakonischen Ton, den sie in darauf folgenden Erzählungen noch schärft. »Schließlich kamen sie an einen Fluß mit weißem, steinigem Ufer. Francis hatte noch nie solche Wasser gesehen, so gleißend, tief und grün. Am Abend fuhren sie über eine lange, schmale Brücke und bogen gleich dahinter scharf rechts in das Dorf Saint-Roc ab. Es war gerade noch hell genug, um mitten auf der Straße zwei überfahrene Igel zu sehen.« (S. 51)

Mit *Unten* (geschrieben vor 1943) ist Leonora Carrington wenige Jahre später dann ein Wurf geglückt. *Unten* implodiert wie ein mittels Sprache operierendes Objekt ganz im Sinne der Surrealisten und André Bretons Schöpfung *Nadja*. Darüber hinaus: Mit dieser Geste nimmt die junge Malerin Abschied von ihrem 25 Jahre älteren Geliebten Max Ernst. Schon im Titel ist Direktheit, Subtilität, Ambivalenz und Taumel; *Unten* ist die Ortsangabe eines sowohl seelischen wie körperlichen Zustands, der sich selbst zu bestimmen, seine Abgründe auszuloten sucht und seine Auflösung anstrebt. Mit dem schmalen Prosastück wagt sich Carrington an die Lagebeschreibung ihrer peinigenden Erinnerungen, die Aufzeichnung der zerrüttenden, schließlich erlösenden Krise. Zusammen mit der dem Text beigefügten schmucklosen Lageskizze und ihrem Kommentar im Vorspann hat sie ein Dokument fingiert, das im Tonfall des Erlebten, des Echten berichtet. Gerade noch war sie die spöttische englische Schönheit mit der rauhen Stimme, die Muse Max Ernsts – »die Frau, um deren Oberarm sich eine dünne Blutspur windet – sollte das niemand anderer als die Windsbraut sein?« (S. 7) Nun meldet sich eine hochkarätige Schriftstellerin auf Augenhöhe mit den literarischen Experimenten jener Zeit zu Wort.

Leonora Carrington – und mit ihr andere Künstlerinnen von Rang wie Meret Oppenheim, Louise Bourgeois und Unica Zürn – hat zumindest für kurze Zeit im Sog der schillernden Symbol- und Phantasiewelt der Surrealisten gelebt und in dieser turbulenten, anregenden Umgebung zunächst ihre künstlerische Initiation erfahren. Aber erst der eigenmächtig und tatkräftig vollzogene Schritt in späteren Jahren, die Legenden aus der Zeit des surrealistischen Ausnahmezustands zu korrigieren, hat für Nachruhm gesorgt und sie als feste, nicht mehr wegzudenkende Größe der Kunstgeschichte installiert. Das Maß ihres Desinteresses an diesem verspäteten Ruhm und eine bisweilen provokative Blasiertheit in der Rückschau auf die berühmten Protagonisten wie André Breton, Paul Éluard, Max Ernst, Benjamin Péret, Man Ray u. a. zeigt uns die Entschlossenheit des Abschieds an, bar aller Larmoyanz.

Für das Erscheinen einer französischen Neuausgabe von *Unten** stellt Leonora Carrington Bedingungen. »Wie ein alter Maulwurf, der unter den Friedhöfen schwimmt, bin ich mir bewußt, daß ich immer blind war – ich suche den Tod kennenzulernen, um weniger Angst zu haben, ich versuche die Bilder, die mich blind gemacht haben, loszuwerden«,** schreibt Leonora Carrington 30 Jahre später, 1973, in einem Brief an ihren Verleger und Übersetzer Henri Parisot in Pa-

* *En bas*, Le Terrain Vague, Paris 1973. Die frz. Erstausgabe erschien bereits 1946 bei La Fontaine.

** In der deutschsprachigen Erstausgabe von *Unten*, Frankfurt am Main 1981, S. 7 f.

ris und besteht darauf, diesen Brief als Vorwort abzudrukken. »Ich bin nicht mehr das entzückende junge Mädchen, das einmal verliebt durch Paris gegangen ist. (...) Ich bin eine alte Dame, die viel erlebt hat, und ich habe mich verändert – wenn mein Leben etwas wert ist, bin ich das Ergebnis der verstrichenen Zeit. (...) Ich akzeptiere meinen gegenwärtigen Zustand ehrenwerten Verfalls.« Leonora Carrington schließt den Brief mit der entschiedenen Abwehr neuer Projektionen: »Wenn die jungen Leute mir heute sagen, daß ich einen jungen Geist habe, fühle ich mich beleidigt – Ich habe einen alten Geist. Versuchen Sie, das zu verstehen.« Eingeleitet sind damit Auftritte eigenwilliger und mit Geist und Selbstironie gealterter Künstlerinnen, die sich nonchalant und ohne rückwärtsgewandte Attitüde äußern. Wie später Meret Oppenheim und Louise Bourgeois irritiert Carrington mit dieser nachdrücklichen Geste das Kunstpublikum und trifft ins Schwarze: Es geht um Enträtselung, um die Erdung der kursierenden Projektionen. Die Stimmen der einstigen Musen kommen jetzt direkt und schnörkellos daher.

Doch warum war *Unten* für Leonora Carrington ein so entscheidender Schritt? *Unten* ist der lakonische Erlebnisbericht ihres Aufenthalts in einer psychiatrischen Anstalt im spanischen Santander in den Kriegswirren des Jahres 1940. Vorausgegangen war die Verhaftung Max Ernsts und seine Internierung im südfranzösischen Lager Les Milles bei Aix-en-Provence. Drei Jahre später, innerhalb von vier Tagen – vom 23. bis 26. August 1943 – schreibt Carrington, mittlerweile verheiratet und im mexikanischen Exil lebend, den Bericht nieder. Sie hat den Anspruch, der Wahrheit möglichst nahezukommen, auch dort, wo ihre Geschichte des

Deliriums ohne dichterische Erfindung nicht auskommt. So notiert sie am 24. August 1943 zur kurz bevorstehenden gewaltsamen Einweisung: »Ich fürchte, daß ich jetzt meine Phantasie zu Hilfe nehmen muß, die nicht weniger wahr, aber unvollständig ist.« (S. 166) Das dokumentarisch nüchterne Protokoll *Unten* ist für Carrington der Ort ihrer sprachlichen Besinnung und Selbstfindung. Diese Prosaform kann als ein auch für andere Surrealistenfreunde wegweisendes Textmodell angesehen werden – denken wir an Unica Zürns Roman *Der Mann im Jasmin*. *Unten* ist also nicht nur die tagebuchartige Geschichte einer vorübergehenden seelischen Verrückung, die die heute 91jährige Carrington bekanntermaßen überstanden hat. Im Text entrümpelt sie ihre Vorstellungswelt von wiederkehrenden zutraulichen Phantasiemarionetten und allem symbolischen, unberechenbaren Gruselpersonal. Eine Weiterentwicklung dieser dokumentarisch verankerten Prosa findet sich in der Erzählung *Das Hörrohr*, die in den 1950er Jahren in Mexiko entstand.
Am bewegendsten ist *Unten* an Stellen, wo der Text in provisorischer Lage tätig wird, er sich in seiner Materialität einer offenen, durchlässigen Darstellung mit schlichten Mitteln nähert. Leonora Carrington, bekannt für ihre Illustration literarisch-phantastischer Sujets, findet hier zu einer Gebrauchsanleitung in Sachen Exorzismus. Nach der in der Klinik verabreichten dritten Spritze Cardiazol, das die Patientin Leonora für ein hochwirksames hypnotisches Gift hält, begreift sie »die Notwendigkeit, die Personen, die in mir wohnten, aus mir zu entfernen. Nur der Beschluß, Königin Elisabeth zu vertreiben, blieb mir bewußt. Von allen war sie die Person, die mir am meisten mißfiel.« (S. 200) Leonora verfällt auf den Gedanken, in ihrem Zimmer das Bildnis der Königin Elisabeth anzufertigen. Die Prozedur erinnert

an Verfahrensweisen zur Herstellung der *Cadavres exquis**, einer von den Surrealisten erfundenen Spielart der Zufallstexte und -collagen: »Ein dreifüßiges kleines Tischchen stellte ihre Beine dar; darauf stellte ich, anstelle des Rumpfes, einen Stuhl und auf den Stuhl eine Karaffe, die für mich ihr Kopf war. In die Karaffe stopfte ich Dahlien und rote und gelbe Rosen: Elisabeths Bewußtsein. Anschließend zog ich ihr meine Kleider an und stellte auf die Erde, vor die Füße des Tischchens, Asegurados Schuhe. Ich hatte einen Menschen nachgebaut, damit er mich verlassen konnte. Ich mußte all das loswerden, was meine Krankheit mit sich gebracht hatte, mußte diese Personen entfernen und so mit meiner Befreiung beginnen.« (S. 200 f.) Ein anderes Mal betritt Piadosa, Bedienstete der Anstalt, das Zimmer von Leonora mit einem Tablett, auf dem sich ein Glas Milch, einige Biskuits und Obst befinden. Sie nimmt diese Mahlzeit nach einem besonderen Ritual zu sich: »1. Aufrecht auf meinem Bett sitzend leerte ich das Glas Milch in einem einzigen Zug. 2. Halb liegend aß ich die Biskuits. 3. Im Liegen verzehrte ich das ganze Obst. 4. Ich stattete dem Badezimmer einen kurzen Besuch ab und stellte fest, daß die Speisen den Darm passierten, ohne verdaut worden zu sein. 5. Wieder in meinem Bett, setzte ich mich erneut sehr gerade hin und untersuchte die Überreste meines Obstes: Schalen und Kerne. Ich ordnete sie so an, daß sich Muster ergaben, die

* *Cadavre exquis* bezeichnet ein auch als Kinderspiel bekanntes, von den Surrealisten wiederentdecktes Verfahren, dem Zufall bei der Entstehung von Bildern und Texten Raum zu geben. Man zeichnet auf ein Blatt Papier und faltet es so, daß die Zeichnung verdeckt wird. Der nächste zeichnet und verdeckt durch Falten auch den eigenen Beitrag – und so weiter. Das Ergebnis sind überraschende Collagen, bei denen der jeweilige Anteil der Mitwirkenden unklar bleibt, auch dreidimensionale *Cadavres* entstehen. Der Ausdruck des »köstlichen Leichnams« geht auf den ersten, auf analoge Weise entstandenen und von Breton überlieferten Beginn des Satzes zurück: »Le cadavre exquis boira le vin nouveau«. *Cadavre exquis* bildet eine Art Gegenstück zur *écriture automatique*.

die Lösung kosmischer Probleme darstellten.« (S. 188 f.) Leonora, Patientin wider Willen, entwirft in diesem Moment der äußersten Verzweiflung ein eigenes Regelsystem, um die Wirksamkeit und Macht des ärztlich verordneten außer Kraft zu setzen.

Leonora Carrington hat eine Lageskizze jenes Klinikgeländes angefertigt, auf der wie auf einem Suchbild alle erwähnten Pavillons, Wege und Orientierungspunkt eingezeichnet und mit Nummern versehen sind. Anders als ihre Gemälde ist diese Skizze bemerkenswerterweise unbewohnt und menschenleer. Mit der Zeichnung unterstreicht Carrington noch einmal den Charakter des Textes als Dokument, als Zeugenaussage in eigener Sache: Sie macht den Text dadurch endgültig zu einem Objekt, das gerade durch den Mechanismus seiner stufenweisen Enträtselung überhaupt erst Magie gewinnt.

Von hochkarätiger dichterischer Kompetenz ist auch bei Meret Oppenheim zu sprechen, die in diesen turbulenten Pariser Jahren mit großer Leichtigkeit ihre schönsten Gedichte schreibt. Das Moment der Porosität, der feinsinnigen Enträtselung ist für ihr bildnerisches und dichterisches Schaffen insgesamt konstitutiv, angefangen bei ihrem Geniestreich, dem surrealen Paradestück des *Déjeuner en fourrure* (1936), von ihr schlicht *Pelztasse* genannt. *Husch, husch, der schönste Vokal entleert sich,** konstatiert sie in der Schlußzeile eines ihrer frühesten Gedichte, einem Liebesgedicht. Es ist zugleich der Titel eines Ölgemäldes aus dem Jahre 1934, welches Max Ernst gewidmet war – die damals 21jäh-

* Meret Oppenheim, *Husch, husch, der schönste Vokal entleert sich. Gedichte und Prosa*, hrsg. von Christiane Meyer-Thoss; Neuausgabe mit unveröffentlichten Texten aus dem Nachlaß, mit CD; Frankfurt am Main 2002.

rige Meret war drei Jahre vor Leonora Carrington ebenfalls die Geliebte des Malers. Bezeichnenderweise markieren Gedicht und Bild als Abschiedsgeschenk die Trennung von Max Ernst.
Meret Oppenheim standen noch weitere wirksame Instrumente zur Bewältigung und zum bezeichnenden Eingrenzen von Krisensituationen zur Verfügung. Sie beschäftigte sich auf geradezu konzeptuelle Art mit ihren Träumen. Die Künstlerin hütete und protokollierte sie in allen Lebensphasen als kostbare Dokumente und Originale, vermied bei der schriftlichen Wiedergabe jede Poetisierung. Vergleichbar mit Carringtons Erzählperspektive in *Unten* ist Oppenheims Aufmerksamkeit in diesen *Aufzeichnungen** auf die Wirklichkeit, das Ereignis, die Normalität des Traums gerichtet. Dem Konvolut dieser »Dokumente« fügte sie im Einzelfall – wie auch Leonora Carrington – Zeichnungen und ebenfalls Lageskizzen hinzu, sogar die genauen Himmelsrichtungen ihrer Träume hat sie dort vermerkt.

Es liegt nahe, in diesem Zusammenhang noch auf eine andere radikale Topographin der Krise, Louise Bourgeois, zu sprechen zu kommen. Die 1911 in Paris geborene Künstlerin, die wie Leonora Carrington bei Amédée Ozenfant und Fernand Léger Malerei studiert hatte, begann erst nach ihrer Umsiedlung nach New York im Jahre 1938 mit ihrer bildhauerischen Arbeit und gab dort endgültig ihre noch surrealistisch beeinflußte Malerei auf. »Ich brauche meine Erinnerungen. Sie sind meine Dokumente. Ich wache über sie. Sie bilden meine Intimsphäre, und ich hüte sie eifersüchtig …« Doch müsse man Erinnerungen differenziert betrach-

* Meret Oppenheim, *Aufzeichnungen 1928-1985, Träume*; hrsg. von Christiane Meyer-Thoss, Bern/Berlin 1986.

ten: »Wendest du dich ihnen zu, oder kommen sie zu dir? Wenn du dich ihnen zuwendest, verschwendest du Zeit. Nostalgie ist unproduktiv. Kommen sie zu dir, sind sie der Keim einer Skulptur.«* Louise Bourgeois ist Übertreibungskünstlerin in Person und genießt heute Kultstatus. Komik und Gelassenheit sind auch in ihrem Fall hart erarbeitet. Aus der »Angst, zu fallen«, wie Bourgeois ihr Frühwerk begreift, sei später »die Kunst, zu fallen: Wie man fällt, ohne sich zu verletzen«, geworden, »noch später, die Kunst, auszuharren«. Die eloquente Künstlerin selbst hat ihre Arbeit mit dem Begriff der »emotionalen Abstraktion« gekennzeichnet. Ihre Skulpturen verstehen sich als Monumente für »die verheerende Wirkung der Empfindungen, die man durchlebt«. Wie weit sich Bourgeois vom surrealistischen Mystizismus ihrer Pariser Studienjahre entfernt hat, mag man ihren entwaffnend lakonischen Äußerungen entnehmen. »I'm a woman without secrets.« Und: »I'm not searching for an identity. I have too much identity.« Unermüdliche Schleifarbeit und Verdichtung kennzeichnen die Texte Bourgeois', wenn sie auf ihre Arbeit zu sprechen kommt. In den 1940er Jahren entstehen auch Prosaminiaturen, die sie in Zeichnungen und Lithographien mittels architektonischer Elemente oder durch Ortsangaben illustriert.

»I have been to hell and back. And let me tell you, it was wonderful.« Diese Botschaft ließ Louise Bourgeois in Versalien auf ein blau-weiß gestreiftes, schmutziges Taschentuch sticken, um es als Objekt (1996) zu präsentieren. Ein Souvenir für die Unberechenbarkeit von Kunst und Leben, für das Amalgam von Ironie und Pathos, für gelebte Punkpose und *Göttliche Komödie*.

* Christiane Meyer-Thoss, *Louise Bourgeois. Konstruktionen für den freien Fall*, dt./engl., Zürich 1992, S. 155.

Mit ihrer verwegenen Rhetorik kann man sich die heute 96-jährige New Yorkerin als eine der apodiktischen Stimmen in Leonora Carringtons barockem *Hörrohr* vorstellen. Der in den 1950er Jahren entstandene, zwischenzeitlich verschollene und 1946 in französischer Übersetzung erschienene Roman *Das Hörrohr* liest sich so, als wäre Leonora Carrington beauftragt worden, aus der dramatischen Vorlage der Erzählung *Unten* eine komödiantische Groteske zu entwikkeln. Aus den Insassen der Irrenanstalt in *Unten* sind im *Hörrohr* rebellische Greisinnen geworden, Bewohnerinnen einer utopischen Wohnanlage irgendwo in den Weiten von Mexiko, deren Überlebensnahrung verwegene Selbstironie ist. »Wissen Sie, Herr Doktor, ich strenge mich wahrhaftig an, aber ich vergesse immerfort, mich selbst zu erkennen, es ist einfach erniedrigend.«* Leonora Carrington gibt Freuds Psychoanalyse und die ausgedienten Mythen des Surrealismus zum Abschuß frei. Und auch die hierarchisch angeordneten Pavillons aus *Unten* tauchen wieder auf. Im *Hörrohr* werden sie Bungalows genannt und haben phantastische Züge angenommen. Da gibt es das Chalet in Gestalt einer Kukkucksuhr, bewohnte ägyptische Mumien, Eisenbahnwaggons und Fliegenpilze. Die 92jährige Hauptperson Marian lebt in einem dreistöckigen weißgetünchten Turm, der an Jean Dubuffets begehbare Hourloupe-Skulpturen denken läßt: »Das einzige wirkliche Mobiliar bestand aus einem Rohrstuhl und einem Tisch. Alles andere war gemalt. Ich will damit sagen, daß die Wände mit Möbeln bemalt waren, die in Wirklichkeit gar nicht existierten. Ich versuchte, einen gemalten Wandschrank und eine ebenfalls gemalte Buchvitrine zu öffnen, in der man die Bücher und ihre Titel erkennen konnte. Aus einem offenen Fenster flatterte

* Leonora Carrington, *Das Hörrohr*. Roman; Frankfurt am Main 1986, S. 45.

im Wind ein Vorhang, oder besser, er hätte geflattert, wenn er echt gewesen wäre. (...) Diese eindimensionale Ausstattung machte einen seltsamen Eindruck, so, als hätte man seine Nase gegen eine Glastür gestoßen.« (S. 38) In dieser phantastischen literarischen Lagebeschreibung sind nicht nur künftige und vergangene Gemälde, sondern auch Skulpturen, Installationen und noch zu erfindende Kunstgattungen entworfen. In einer vielstimmigen Rollenprosa beweist Leonora Carrington ihre gewonnene Mobilität, ihre noch unausgeschöpften Möglichkeiten, aber auch ihre ironische Distanz zu all diesen Selbstentwürfen und Maskeraden.

Man hat Leonora Carrington mit der Figur der Winnie aus Samuel Becketts *Glücklichen Tagen* verglichen. In unserem Fall sitzt Winnie gelassen vorm Schminktisch, mit banalen, abgenutzten Utensilien kosmische Verbindung mit der Welt haltend. »All diese Weiber«, schallt es aus dem *Hörrohr* (S. 51), »es ist einfach erbärmlich. Der Platz wimmelt derart von Ovarien, man möchte schreien. Ebensogut könnten wir in einem Bienenstock leben.«

Inhalt

Suhrkamp Verlag GmbH
Torstraße 44, 10119 Berlin
info@suhrkamp.de
www.suhrkamp.de